【博学文库】

理性化与人类生存境况

——韦伯理性化思想研究

王善英 著

北京师范大学出版集团
BEIJING NORMAL UNIVERSITY PUBLISHING GROUP
安徽大学出版社

图书在版编目(CIP)数据

理性化与人类生存境况——韦伯理性化思想研究 / 王善英著.—合肥:安徽大学出版社,2011.12

ISBN 978-7-5664-0314-8

Ⅰ.①理… Ⅱ.①王… Ⅲ.①韦伯,M.(1864～1920)—哲学思想—研究 Ⅳ.①B516.59

中国版本图书馆 CIP 数据核字(2011)第 199547 号

理性化与人类生存境况

——韦伯理性化思想研究

王善英 著

出版发行: 北京师范大学出版集团
安 徽 大 学 出 版 社
(安徽省合肥市肥西路 3 号 邮编 230039)
www.bnupg.com.cn
www.ahupress.com.cn

经　　销: 全国新华书店
印　　刷: 合肥远东印务有限公司
开　　本: 152mm×228mm
印　　张: 17.25
字　　数: 232 千字
版　　次: 2012 年 2 月第 1 版
印　　次: 2012 年 2 月第 1 次印刷
定　　价: 35.00 元

ISBN 978-7-5664-0314-8

责任编辑: 卢　坡　刘中飞　　**装帧设计:** 陈庆军　李　军
责任印制: 陈　如

版权所有　侵权必究

反盗版、侵权举报电话:0551－5106311
外埠邮购电话:0551－5107716
本书如有印装质量问题,请与印制管理部联系调换。
印制管理部电话:0551－5106311

目 录

前　言

当今世界，随着现代化的深入发展，科技日新月异、经济蓬勃发展、多元价值文化冲突日益激烈、全球化趋势日益加强，人类面临诸多的现实社会发展难题和生存困境，比如技术理性的双面性问题、人类精神信仰危机问题、环境污染问题、能源短缺问题等等，这些都是现代化和理性化进程中摆在我们面前的重大现实问题，需要我们深思和研究。现代化虽然肇始于西方社会，但现代化问题也首先暴露在西方社会。目前看来，现代化问题早已不再是西方社会的专利，它已经成为具有世界普遍性意义的重大课题。中国作为迅速崛起的发展中国家，现代化发展突飞猛进，许多理性化和现代化问题也逐渐暴露出来，这要求我们对这些问题作深入研究并探寻解决这些问题的有效途径。我们必须认真研究国内外许多富有见地的理论成果，吸取他们的经验和教训，以便摸清现代化建设的规律，找准现代化问题的症结所在，从而有的放矢，以便在现代化进程中少走弯路。在这些理论成果中，德国著名社会学家、思想家马克斯·韦伯(Max Weber，1864—1920)的思想就不可忽略。众所周知，韦伯是一位百科全书式的人物，其思想博大精深。有些研究者称其为"现代性的诊断者"，毫不为过，他对现代性构建过程中理性化矛盾的精彩论述切中了现代化命题的要害，对技术理性的批判与对人类生存境况的忧虑都值得我们深入研究，这对于我们进一步认识现代化或理性化发展的规律、发展趋势等重要问题都大有裨益。

目前，国内、外研究者对韦伯理性化问题的研究已有一些成果，许多研究者承认韦伯思想的核心就是理性化问题，进而对理性化的内涵、分类等问题作了深入研究，但他们对理性化和人类生存境况的关系，即韦伯对理性化给人类生存带来的影响这一问题关注得不够。与其说韦伯思想的核心是理性化问题，倒不如说是“理性化与人类生存境况”问题。本书将韦伯的理性化问题与人类生存境况紧密结合起来，以韦伯的研究路径和话语体系为出发点，从文化、经济、政治、法律四个层面全面梳理和评价韦伯的理性化思想及其现实意义。这一研究不仅有利于我们更好地理解韦伯理性化思想的生存论意义和深厚的人文意蕴，从而更为全面和深刻地把握韦伯的理性化思想，而且有利于我们在新形势下更好地应对现代化和理性化的挑战。

韦伯被认为是新康德主义者，他承袭了威廉·文德尔班(Wilhelm Windelband, 1848－1915)、海因利希·李凯尔特(Heinrich Rickert,1863－1936)等新康德主义者的观点，认为自然科学与社会历史科学是有区别的，这决定了它们的研究方法、研究目的等的不同。韦伯认为许多社会现象中存在的文化意义是无法根据以往自然科学的方法来加以衡量和把握的，理解和诠释是把握文化意义唯一的途径，基于此，韦伯通过一种理想类型的建构对社会实在问题进行分析，来把握历史事件或文化现象的价值意义。韦伯理想类型的建构为其对资本主义实在问题的分析提供了理论上的依托，也为韦伯之后西方社会理论者提供了一种问题分析纬度，当然，这种研究方法也存在一定的缺陷。确立了研究方法之后，韦伯设置了理性化问题分析的话语体系，即以社会行动为核心的概念体系，它在韦伯整个思想体系中起到提纲挈领式的作用。他对社会行动作了目的理性式、价值理性式、情感式和传统式的划分，目的理性式与价值理性式行动属于理性的社会行动范畴，而情感式和传统式属于非理性的社会行动范畴。为了更好地表达目的理性式与价值理性式行动在社会领域中的体现，韦伯又引入了“形式理性”与“实质理性”的概念。在文化领域，韦伯惯常使用目的理性与价值理性；而在社会制度层面，韦伯一般运用形式理性和实质理性的概念。西方资本主义社会的产生与发展就是人类行动由非理性向理性逐步发展的进程，理性化成为近代资本主义的根本特征。在这一理性化的进程中，目的理性与价值理性之间，形式理性与实质理性之间产生了矛盾。韦伯就是通过这两对矛盾来揭示现代社会中人类生存境况的，它体现在文化、经济、政治以及法律四个方面。

肇始于新教伦理的西方文化理性化对人类生存境况产生了重要影响，它是西方社会之所以率先走上资本主义道路的内在动力，表明了西方文明的独特性，这是韦伯通过东、西方宗教伦理对资本主义的实际影响进行比较得出的结论。文化理性化产生了现代意识结构，导致了文化统一性意义的丧失以及人类生存意义的丧失，随之而起的是多元化价值对立的局面，这是社会行动渐趋理性化的结局，是目的理性日益强大而价值理性日益萎缩的结果。显然，韦伯夸大了文化理性化对人类生存造成的负面影响，也正因此，他被称作“文化悲观主义者”。经济理性化体现在理性的经济行动以及理性的货币和资本计算上，它在西方社会的兴起是各种因素综合作用的结果，其中宗教、政治和法律的作用不可忽视，而西方城市的独特性以及货币和工业技术的迅速发展也是西方经济理性化产生的重要影响因素。与传统生产条件相比，经济理性化具有固定资本、自由劳动、理性的劳动专门化与劳动结合、纯粹流通经济的劳务分配，以及建立在资本主义营利经济基础上的理性经营等根本特征。资本主义经济达到了高度形式理性化的程度，经济利益成为人们行为的根本准则，这导致了传统社会关系的改变。同时，严密的经济机制也将人类牢牢地束缚于其中，导致人类的异化状态。有效需求和实际需求之间的矛盾以及计划经济和流通经济的矛盾则体现了形式理性经济与实质理性经济之间的矛盾。韦伯认为形式理性经济与实质理性经济之间的矛盾会愈演愈烈，他一直坚持其文化悲观主义论调。西方政治支配形态也经历了从卡理斯玛支配到传统型支配再到现代社会中法制型支配的理性化进程，人类生存境况也随着政治秩序类型的改变而改变。在卡理斯玛支配下，社会关系全然是私人性的，它以个人人格的卡理斯玛特质的妥当性和实证性为基础，它对应着韦伯对人的行为类型划分中的情感型行为，是一种非理性的行为。卡理斯玛支配的特点决定了它的不稳定性，在理性化大潮趋势的推动下，人类行为由非理性向理性发展，这决定了卡里斯玛支配必将被传统型支配所代替。在传统型支配下，支配者的权威不是因为个人的人格特质，而是依据传统的规则及其神圣性，这样，支配者权威的基础便从一种纯粹个人内在的力量转化为一种外在的约束，但这种外在约束不是形式上的法律和行政法规，此种境况在现代法制型社会支配下得以改观。在法制型社会支配下，支配者的权威来自一种明确的理性法律规定，而不是来自某种人格特质或神圣传统，韦伯以官僚制为例来说明法制型支配的特点和影响。在他看来，官僚制支配的影响具有两面性：一方面它促进了人类民主和平等，另一方面限制了人的创造性和自主性的发挥，从而造成人类自由丧失的危险。而人类自由的丧失是形式理性化与实质理性化之间矛盾的体现，这与文化理性化以及经济理性化的主旨一脉相承，成为韦伯思想的落脚点。自身就具有形式特质，又深受罗马法理性特质影响的西方法律也经历了一个由非理性向理性的发展进程，法的发明与法创制的方法，法律思维或法律教育的特点以及政治权力的干涉都成为西方法律向形式化、逻辑化特征发展的重要影响因素。法律体系的建构对于处身其中的人类来说具有双重性的作用：一方面它有利于保障人类的权益；另一方面对人类自由也形成一定的限制，即自由与限制并存。随着西方法律形式理性化的发展，人类实质理性化的程度却在减弱，形式理性与实质理性之间的矛盾凸显出来，这使韦伯对法律理性化的判断与对文化、经济、政治领域中理性化矛盾的判断相契合。

总之，在韦伯看来，文化理性化、经济理性化、政治理性化以及法律理性化在各自的领域对人类生存境况产生了重要影响，它们改变了人们传统的生存方式。在现代社会中，目的理性与形式理性大行其道，而价值理性与实质理性却日益萎缩，这是理性化的困境，也是人类在现代化阶段必须面对的生存矛盾，这是韦伯对理性化发展趋势和人类生存境况作出的悲观预测。韦伯何以如此悲观？

首先，这源于韦伯对理性化的内在矛盾设置了一种片面的关系模型，他忽视了理性化内在关系的辩证性，这是韦伯对理性化发展趋势持悲观态度的方法论根源。事实上，目的理性与价值理性之间，以及形式理性与实质理性之间存在着相互对立又相互依存的矛盾关系，价值理性与实质理性的发展以目的理性与形式理性的发展为依托，同时又为目的理性与形式理性的发展提供价值导向。韦伯看到二者矛盾的方面并加以夸大，却忽视二者能够和谐、平衡发展的可能性。现代西方的社会理论者恰是认识到目的理性与价值理性或形式理性与实质理性之间平衡的可能性，才在批判韦伯理性化思想的基础上建构自己的理论体系，企图解决韦伯的难题，从而超越韦伯。

其次，韦伯的悲观主义还与他对人性的看法相关，这体现在两个方面：第一，人是理性因素与非理性因素的完整统一，正因此，在由理智以及理智而来的科技理性占据支配地位的现代社会中，人类才会感到痛苦和失落。第二，人是物质性存在与精神性存在的统一体，人既有物质追求，也有价值追求，只有两者统一起来，才构成完整而健全的人，这就是为什么在目的理性与形式理性高度发达、价值理性和实质理性相对减弱的现代社会里，人类要追问价值与自由的原因。基于此，我们要极力促进人性自身的和谐，既要使理性与非理性因素在人类行为中处于相对平衡状态，又要使目的追求与价值追求相协调，从而促进人的完整性存在和全面性发展。

最后，韦伯深刻认识到“知识”的地位和功能在现代社会的转变是理性化困境难以克服的又一因素。理性知识在现代社会丧失了其在古希腊时期那种具有通向真实生活之路、通向真实艺术之路以及通向上帝之路的全面性功能，这是西方传统哲学中理性主义过分凸显、启蒙运动对人的主体性过分张扬以及自然科学迅猛发展的结果。

韦伯理性化思想涉及的诸多现实问题使本书的研究具有一定的现实意义和理论意义。(1)现实意义在于:首先,中国现代化的深入发展,产生了许多社会矛盾与问题,如价值失落、信仰危机问题,实质上与韦伯所揭示的目的理性与价值理性的矛盾问题相似,韦伯的思想启示我们在注重经济发展的同时,也不能忽略文化和价值领域的建设。其次,关于韦伯理性化与人类生存问题的研究,警示我们在社会现代化建设过程中要更加关注人类生存问题,让我们更加深入地思考如何在促进社会发展的同时促进人的发展,保持社会发展与人的发展的双赢状态。(2)理论意义在于:首先,由于理性化问题本身既是哲学的问题,又是社会学的问题,还是生存论的问题,而韦伯的理性化思想既涉及哲学理论问题,又涉及社会的现实生存问题。本书将韦伯的理性化问题与人类的现实生存问题紧密结合起来进行研究,既有利于深化理性化在哲学视域中的研究,也有利于更为深刻和全面地把握韦伯思想的深层人文意蕴。其次,由于韦伯对理性化问题的深刻揭示以及由此对人的生存境况的忧虑被西方社会批判理论者,尤其是法兰克福学派看作社会批判理论的思想来源,所以对韦伯这一思想的研究,不仅有利于澄清韦伯对理性资本主义社会的立场,而且有利于我们更好地理解社会批判理论的实质。

导论

一、研究现状分析

目前学术界对韦伯理性化思想的研究主要集中在理性化内涵、分类等问题上，而理性化导致的人类生存问题却没有得到应有的重视，研究者没有将理性化问题与生存问题很好地结合起来进行系统研究。正如高承恕所言："往往在他精密的分析中，我们有时会忘记了在那理论性文字中的生活蕴涵。于是在念《新教伦理与资本主义精神》时，我们忙着找出他如何将宗教与经济连接的理路，却没有掌握到韦伯对西方人在近代整个生命情调转折的反省与体认。"[①]高承恕先生无疑正确地指出了目前韦伯思想研究中的一个缺陷，即忽视韦伯思想中对人类在"近代整个生命情调转折的反省与体认"。更进一步说，忽视了韦伯思想的人学意蕴和人文情怀，忽视了韦伯对理性社会中人的命运、人的价值、人的生存选择等重大问题的深入和系统研究，而这恰是本书要强调和

① 张维安、翟本瑞、陈介玄：《韦伯论西方社会的合理化》，台北巨流图书公司 1989 年版，第 1 页。

研究的部分重要内容。

目前学术界对韦伯理性化问题的研究主要体现在以下方面：

(一)对理性化[1]内涵的研究

许多研究者都对韦伯思想中的理性化概念作过论述，因为这是正确把握韦伯理性化思想的关键，这些研究者指出了韦伯"理性化"概念的多层次内涵，为我们的研究提供了有益的借鉴，但这一重要概念需要更为明晰和清楚的解说。

施路赫特(Schluchter)从人的认知能力、理论体系的系统化以及生活态度的系统化三个方面概括了韦伯理性主义的内涵：1. 理性主义指一种通过计算来支配事物的能力。这种理性主义是习得经验知识及技能的结果，可说是广义的科学—技术的理性主义。2. 理性主义意味着意义关联的系统化，即把"意义目的"加以知性探讨和刻意升华的成果。这源自文化人的"内心思索"：人们不但要求将世界看作一个充满意义的宇宙来把握，更必须表明自己对此世界的态度。这层含义下的理性可称为"形而上学—伦理的理性主义"。3. 理性主义代表一种有系统、有方法的生活态度。由于它是意义关联及利害关系制度化的结果，可称为"实际的理性主义"。[2] 施路赫特实际上指出了韦伯理性主义的三个主体和两个特征：三个主体分别是技术、伦理和生活态度，两个特征分别是科学化和系统化。但显然这三个主体却不是同一个层次上的主体，他对理性主义特征的概括也是不全面的。安东尼·克

---

① 理性、理性化及理性主义三个概念在韦伯的著作中都出现过，有时韦伯将其混用，许多研究者也因此而不加区分。其实它们是有区别的，理性系英语单词 rational 或 reason，见吴景荣、程镇球主编《新时代汉英大词典》，商务印书馆 2001 年版，第 955 页。rational 指合理的、有理性的，见《朗文现代英汉双解》，现代出版社 1988 年版，1167 页。reason 强调思考、理解和组织能力，见《朗文现代英汉双解》，现代出版社 1988 年版，1173 页。理性化和理性主义分别系英语单词 rationalization、rationalism，理性化强调一个动态的过程，而理性主义指一种思想潮流。

② [德]施路赫特：《理性化与官僚化——对韦伯之研究与诠释》，顾忠华译，广西师范大学出版社 2004 年版，第 5 页。

隆曼指出了韦伯理性概念的四种内涵:1. 表示受一般性规则或原则的约束。2. 表示系统性。3. 建立在对意义的逻辑解释基础上。4. 可以为人类智力所把握的。[①] 安东尼·克隆曼显然直接混淆了理性主义的主体和特征。苏国勋曾概括了韦伯"合理性"的四种含义:1. 表示有法律和法规所支配的事物,在此意义上,事物的实质内容和程序状态是合理性的。2. 指法律关系的体系化特征。3. 用于说明基于抽象阐释意义的法律分析方法。4. 由理智控制的消除分歧的手段是合理性的。[②] 苏国勋只是指出了韦伯理性主义的一个主体即法律主体,而这仅只是理性主义的一个方面而已。马尔库塞也曾描述过韦伯的"理性"概念的三种特征:1. 经验和知识存在着一种逐渐数学化的趋向,这是一种从自然科学极其不寻常的成功开始,扩展到其他科学乃至"生活行为"本身的数学化。2. 在科学和生活行为的组织中,对理性经验和理性证据的必要性的执著。3. 一种普遍的经过技术训练的官员组织的创始和巩固。[③] 马尔库塞显然也是混淆了理性主义的主体和特征,而且这些主体和特征同样是不全面的。

总之,这些研究者从不同的角度揭示了韦伯的"理性化"概念的部分主体和特征,而其他研究者也都存在相似的问题,即他们对韦伯的"理性化"概念的把握是不全面和系统的。韦伯的"理性化"概念本身就是一个极其复杂的概念,它涉及经济、文化、政治、社会等各个层面,又具有诸多特征。连韦伯自己都承认其理性主义含义殊多,他说:"若就体系思想家之于世界图像的理性观点而言,理性主义指:以越来越精确的抽象概念为手段,越来越能理论性地支配现实。换一个观点思考,理性主义又可以是:以越来越

① 苏国勋、刘小枫等:《韦伯:法律与价值》,上海人民出版社 2001 年版,第 75—76 页。

② 苏国勋:《理性化及其限制——韦伯思想引论》,上海人民出版社 1988 年版,第 220—221 页。

③ [德]马尔库塞:《现代文明与人的困境——马尔库塞文集》,李小兵等译,生活·读书·新知三联书店 1989 年版,第 79 页。

精确的计算合适的手段为基础，有条理的达成一特定既有的现实目的。”[①]韦伯又说：“‘理性的’也可意指一种‘计划性的安排’。”[②]韦伯指出了“理性化”的三种内涵：1. 理论体系上的抽象化和概念化。2. 现实行为的计算化。3. 安排的计划性。可见，韦伯的“理性化”概念至少有以下几个根本特征，即系统化、逻辑化、数学化或计算化、技术化、专业化，它体现在人的价值观念、人类行为、社会组织和社会秩序各个方面，构成韦伯所划分的目的理性、价值理性、形式理性或实质理性。我们只有搞清楚理性主义的多重主体和特征，才能清楚把握韦伯的理性化思想，因为韦伯就是利用人的行为的理性化的分类以及社会秩序的理性化分类的特征来解释西方资本主义产生与发展的进程，进而揭示现代社会中人类面临的生存问题的。

（二）对理性化发展困境的研究

韦伯在其著作中揭示了理性化发展的困境问题——目的理性与价值理性的矛盾问题，即在现代社会中，目的理性与形式理性高度发达而价值理性与实质理性却逐渐衰微，并不断被目的理性与形式理性所排挤这一状态。对此问题，许多韦伯研究者从各个角度进行表述和理解：有人称之为“理性化的矛盾”，如施路赫特；有人称之为“理性化的限制”，如苏国勋；有人称之为“现代社会的困境”，如王威海等人。实质上，理性化的困境即现代社会的困境，亦即人类生存的困境，这在本质上都是同一个问题。

施路赫特在《理性化的矛盾——韦伯论“伦理”与“世界”的关系》一文中对理性化的困境曾有所揭示。施路赫特企图把韦伯的理性化分解在所谓的“世界图像”层次上进行重建，这种重建的根本目的在于为现代社会中的人类找到一种适合的伦理生活方式。施路赫特将这种重建限定在韦伯宗教伦理思想领域，运用伦理理

① ［德］韦伯：《中国的宗教；宗教与世界》，康乐、简惠美译，广西师范大学出版社 2004 年版，第 492 页。

② ［德］韦伯：《中国的宗教；宗教与世界》，康乐、简惠美译，广西师范大学出版社 2004 年版，第 493 页。

性主义、科学理性主义以及实践理性主义三种理性主义之间的关联来解释韦伯的思想。他认为，韦伯“指出了我们在现代社会中不痛快的理由，却也让我们明白，为什么我们对于这种不适意、不痛快甘之如饴，而不轻言放弃”。[①] 根据施路赫特的分析，韦伯认为人类在现代社会不痛快的理由就是在宗教被除昧之后，在以神为中心的二元世界图像被打破，而以科学为中心的二元世界图像建构时，人类无法自由地在道德与效率之间作出选择。科学要处理好人与世界的关系，就必然要求人类按照自己的意志来形塑世界，“但是，人类的意志并非完全自由的，它会发现形塑世界受到种种条件的限制。人类意志与世界的关系因此可说有两种意义，这种关系可以立于注重效率的‘理念’上，或是立于道德合宜性的‘理念’上面。在这两种‘理念’之间存在着紧张”。[②] 由此，施路赫特在韦伯信念伦理与责任伦理之间又提出了适应伦理的观点，他把韦伯的信念伦理看作道德最大化的追求准则，而所谓的适应伦理则是效率最大化的行为准则，他认为二者都无法在现实世界中为人类找到平衡点。而责任伦理虽然能对效率与道德二者进行批评考量，但也不能解决这种对立。显然，施路赫特利用自身对韦伯理性主义内涵的分析，揭示了理性化存在的问题，是深刻而富有启发意义的，然而，理性化带来的困境绝不仅仅是效率与道德的两难选择，这种困境在韦伯的思想中有着更为丰富的意义，有待我们进一步挖掘和思考。

显然，施路赫特分析了韦伯思想中涉及的一个重要关系，即人与世界的关系。人与世界之间发生关系总是要有一个纽带，这个纽带最初是神或上帝等某些信仰对象，随着近代自然科学的兴起，这种纽带逐渐被科学所代替。那么人与世界的关系，就由人—神(上帝)—世界的关系转变为人—科学—世界的关系。在

① [德]施路赫特:《理性化与官僚化——对韦伯之研究与诠释》，顾忠华译，广西师范大学出版社2004年版，第54页。

② [德]施路赫特:《理性化与官僚化——对韦伯之研究与诠释》，顾忠华译，广西师范大学出版社2004年版，第51页。

这个关系中人总是会被联系他和世界的纽带所控制，而人的处境总会流落到要摆脱这种控制的局面。相反，这个纽带又总是僭越了它本身的功能，总是企图将发明或创造它的人控制于股掌之中。从本质上看，这就是我们通常所说的异化问题。而我们要考虑的是究竟这种反常的人—纽带(上帝或科学或者其他)—世界的关系应该归罪于人，还是归罪这种纽带，抑或世界本身？我想，世界本没有错，它只是以它本来的样子，按照自身的规律来运行。纽带自身是人发明或创造的，它要为人服务，成为人的奴婢，可是它总是想成为人的主人。究竟为何？我想问题在于，当纽带自身的功能被人无限地扩大，它就不得不僭越自身的功能，将自身的奴婢地位摇身变为主人。说到底，人要为自身的不自由来买单。它的永无止境的意志与欲望淹没了自身存在的本性，也淹没了连接他和世界之纽带的本性。

苏国勋也曾对理性化的限制问题进行过分析。在《理性化及其限制——韦伯思想引论》一书中，苏国勋论述了韦伯的宗教社会学、政治社会学以及韦伯的社会科学方法论问题，其中在对韦伯的政治社会学思想分析中有“现代社会的二难抉择”一节。苏国勋认为，韦伯从对目的合理性与价值合理性或者形式合理性与实质合理性的二元对立入手，认为理性的二元性是现代社会两难处境的根源。他说：“韦伯的社会学分析就是循着这一思路进行的，合理性的二元性以及伴随而来的人的两难处境贯穿在经济、法律、政治社会各个生活领域中，它统摄了整个社会生活。”[1]“形式合理性和实质合理性的二难推理是一个使韦伯长期感到困扰和痛苦的理论难题，也是他最终对社会生活理性化发展的前景持悲观主义态度的思想根源”。[2] 在此基本认识的基础上，苏国勋具体分析了韦伯在经济行为和官僚制问题上指出的二难选择。显

① 苏国勋：《理性化及其限制——韦伯思想引论》，上海人民出版社1988年版，第236页。

② 苏国勋：《理性化及其限制——韦伯思想引论》，上海人民出版社1988年版，第236页。

然，苏国勋抓住了韦伯分析理性化困境的两对核心概念：目的理性和价值理性、形式理性和实质理性，但是他没有清楚地区分目的理性与形式理性以及价值理性与实质理性的异同。苏国勋认为："实质上，形式合理性与工具合理性（即目的合理性）、实质合理性与价值合理性基本是同义的。如果要进一步区别它们之间的细微含义的差别，那么可以勉强地说，韦伯在一般哲学高度论述合理性时，按照康德的纯粹理性与实践理性的区分把合理性区分为工具合理性和价值合理性；当论述这两种合理性在生活领域的具体表现时，韦伯称之为形式合理性和实质合理性，在这个意义上，他们又分别与康德的理论理性和实践理性类同。"①事实上，在韦伯的著作中，只有《社会科学和经济科学"价值无涉"的意义》一文中涉及康德《实践理性批判》的文字，②韦伯的这些理性概念显然较之康德的"理性"概念要简单得多。根据韦伯的著作，我们能确定韦伯在论述社会行动的分类时，运用"目的理性"与"价值理性"的概念区分，而在论述政治、经济和法律领域理性化的发展特征时，运用了"形式理性"与"实质理性"的概念区分。显然，目的理性和价值理性是以人为主体的，是从人的行为的角度作出的划分，而形式理性与实质理性则是以客观世界为主体的，具体来讲，韦伯从社会秩序发展特征的角度作出的划分。这两对概念的区别以及划分意义等问题，我们会在社会行动理论部分给予详细的论述。

另外，顾忠华在《韦伯学说》中，从韦伯诠释的典范转移和韦伯学研究入手，为我们提供了大量关于韦伯思想的研究情况，对我们全面了解韦伯思想在各个时期的主要研究问题和研究角度提供了很好的帮助。其中，顾忠华探讨了"'现代性'的社会学分析——从韦伯到哈贝马斯"这一问题，并对海峡两岸的三本韦伯

---

① 苏国勋：《理性化及其限制——韦伯思想引论》，上海人民出版社1988年版，第233—234页。

② ［德］韦伯：《社会科学方法论》，韩水法译，中央编译出版社2005年版，第151页。

研究专著[1]进行了评价，在此基础上对韦伯的社会科学方法论、政治社会学、经济社会学以及宗教社会学思想分别加以探讨。顾忠华把韦伯称为“全新时代的诊断者”，他深刻地认识到韦伯对于现代社会生存困境的一种体悟与忧虑，他说：“现代社会虽然形式理性已在高涨，但他仿佛仍有若有所失的地方。这点，我觉得是韦伯社会学的迷人之处。他对现代性并非一味赞扬，在现代性中每一个人都有苦难，而意义丧失、工具性的人际关系盛行等等现代社会的负面代价，在当时韦伯都已预见其愈演愈烈的趋势。以一种关心全人类文化发展的高度来盱衡前景，这是韦伯不单单只是一个经济学家或社会学家，而可被誉为一个全新时代之诊断者的理由所在。”[2]显然，顾忠华高度评价了韦伯思想中的人文关怀，但他只是从社会学的角度做出的阐释，而我们更倾向于从一种哲学的和生存论的角度来理解韦伯的这一思想。

当然还有其他一些研究成果中也提到韦伯的理性化困境问题，但总体而言，这些成果没有从一种哲学的高度对理性化困境问题作更加深入、全面和系统的研究。

（三）以哲学人类学为视角对理性化问题的研究

以哲学人类学为视角解读韦伯理性化思想的主要是国外一些研究者，但总体上他们缺乏对韦伯理性化思想在人类学层面的全面梳理，也缺乏一种从生存论着眼的高度。特纳（Bryans · Turner）认为韦伯关于理性化的思想中隐含着哲学人类学思想，并认为这种人类学在韦伯著作中的重要性不亚于马克思著作中

① 此三本著作指张维安、翟本瑞、陈介玄合著的《社会实体与方法——韦伯社会学方法论》和《韦伯论西方社会的合理化》以及苏国勋著的《理性化及其限制——韦伯思想引论》三本著作，其中后两本著作我们在上面已提及。

② 顾忠华：《韦伯学说》，广西师范大学出版社2004年版，第184页。

的人类学的重要性。[1] 在特纳看来，韦伯把理性化作为一种历史性的过程的讨论，既是对一种新的特殊的意识形式出现的讨论，又是对一种规范和组织人的身体的新型的纪律出现的一种讨论。理性化的过程既是人自身意识发展的过程，也是对人的外在约束系统不断发展的过程。[2] 另外，特纳在《探讨马克斯·韦伯》一文中也指出："目前看来，韦伯的核心问题中就包括了在人类学意义上深入考察人性，考察我们的本体存在如何沦为某种'生命秩序'的产物。帕森斯(Pasons)将韦伯表现为一位秉承价值中立的立场研究社会行动的社会学家，这种诠释现在已日益受到另一种观点的挑战，即认为韦伯的作品实际上从属于德国哲学人类学的悠久传统。"[3]特纳无疑看到了韦伯理性化在人和社会制度两方面的体现。在人这方面的理性化体现在人的内在意识形式的不断系统化和逻辑化，在社会制度方面的理性化体现在外在社会规范和组织的科学化、技术化。显然，特纳已经将人的因素在韦伯思想中的重要性凸显出来，这为我们研究韦伯思想提供了一种人类学的视角。

亨尼斯(Wilhelm Hennis)根据玛丽安娜·韦伯(Marianne Weber)提供的韦伯在1910年秋于法兰克福社会学会议上发言的记录，认为韦伯关注的核心问题就是"development of

---

① Max Weber, rationality and modernity, edited by Sam Whimster and Scott Lash, 1987, London 224. "My argument is that there is an implicit philosophical anthropology in Weber's account of rationalization, and this anthropology is not entirely unlike the anthropology that we know to be significant in the work of Karl Marx."

② Max Weber, rationality and modernity, edited by Sam Whimster and Scott Lash, 1987, London 223. "I shall suggest that Weber's discussion of rationalization as an historical process can be seen as a discussion of both the emergence of a particular form of consciousness and as the analysis of the emergence of new forms of discipline that regulated and organized the energies of the human body."

③ [德]韦伯：《学术与政治》，冯克利译，生活·读书·新知三联书店2005年版，第191页。

mankind”,即人性的发展问题。另外根据蒙森(Wolfgang Mommsen)的观点,Lowith,Jasper,Landshut 都强调韦伯思想中人的存在的人类学基础。[①] 比瑟姆在《马克斯·韦伯与现代政治理论》中也指出了这一点:“勒维特的论点是,不论是韦伯还是马克思,其科学著作都超越了纯粹的科学性而把握着有关人类现实与命运的问题,在这个意义上,他们都是哲学家。但是,马克思的分析使他得出通过革命改变人类情境的结论,而韦伯只能提供对这种困境的理解以致认为人类只能适应之。‘马克思提出了疗法之处,韦伯则给出了诊断’。亚伯拉莫夫斯基则反对勒维特的论点,认为在韦伯所有科学分析之后,在其所研究的通史之后,是一个现实问题:什么使理性化过程对于人类的本性产生效应?‘在科层化日益张大,世界日益为科学所羁勒的条件下,人类的自由、负责任的行动以及有意义的存在怎样才是可能的?’两位学者的一致之处是,只有‘个人独立决定与行动的自由’这种价值观才是韦伯的理性化过程的意义所在。”[②]事实上,亚伯拉莫夫斯基的观点是较符合韦伯的文本精神的,韦伯并非没有为现代社会中陷入理性困境中的人指出道路,在文化政治等领域,韦伯都做出了许多尝试性的探求。例如,学术界许多人都认为韦伯对卡理斯玛领袖的描述就是韦伯对解决政治理性化困境的一种寄托。在具体论述韦伯的政治理性化问题时我们会详述之。可以断言,韦伯不仅仅是现代社会的诊断者,同样也是拯救者,不管其拯救道路本身是否有实际的效果,这一点都是值得肯定的。

特纳、亨尼斯、吕维特等人都强调韦伯思想中的人类学基础,从一种更为广泛的意义上来说,人类学本质上就是对人作为类存

---

① Max Weber, rationality and modernity, edited by Sam Whimster and Scott Lash, 1987, London. 39. “In contrast to this Hennis takes up an order tradition, that of Lowith, Jasper and Landshut, who had mainly emphasized the anthropological basis of human existence in Weber's thinking.”

② [英]比瑟姆:《马克斯·韦伯与现代政治理论》,徐鸿宾等译,浙江人民出版社 1989 年版,第 23—24 页。

在的问题研究，其实，韦伯是在关注个体人的价值和自由问题的同时关注整个人类的生存问题。比如，早在1993年，Andrew M. Koch就有关于韦伯思想中的理性化与个体价值之间的关系问题的论述，Andrew M. Koch认为韦伯的关注点是在现代化、工业化和官僚化的社会里个体的命运问题。[①] 这些研究者从人类学的角度触及韦伯思想的生存论研究向度，但是他们也仅仅指出了韦伯思想中的人类学倾向，而没有做具体的梳理工作，更没有从一种生存论的层面来把握韦伯的理性化思想。

（四）生存论层面上对理性化问题的研究

在韦伯思想研究中，理性化思想的生存论和价值论层面的研究者很少，更无所谓系统而全面的研究。在《韦伯合理化概念与合理化讨论之外》一文中，陈介玄企图从"方法概念、知识论及价值意涵的角度处理韦伯的合理化"问题，尤其对韦伯的合理化的价值意涵的理解，触及了韦伯思想的深层人文意蕴，即韦伯对人的价值之衡定问题。陈介玄指出："如同雅斯贝尔斯所说：'作为一个广泛的知识追求者，韦伯的兴趣在于人。'他受法律训练、研究神学、熟悉过去、现在中国、印度、西方、东方之历史，全部这些仅表现了他那不平常的胸壑，人是他整个学术活动的轴心，但非空洞抽象的人，而是在历史社会变迁中具体确实的人，不管是工业劳工之心理研究，或神学教义之理性内涵，或各文明城市角色的探讨，他质问的对象总是人。"[②]陈介玄明确指出了韦伯关注的核心在于社会历史变迁中现实的具体的人，并从韦伯的政治、法律和音乐思想中寻找韦伯思想的人文意蕴。

① Rationality, Romanticism and the Individual: Max Weber's "Modernism" and the confrontation with "Modernity". Andrew M · Koch, Canadian Journal of Political Science/Revue canadiennede science politique, Vol. 26, No. 1. (Mar, 1993)., pp126. "Also in Heidelberg was Weber's circle, a group dominated by the personalituy of Max Weber and his concerns for the fate of the individual in the modern, industrial, bureaucratic society."

② 张维安、翟本瑞、陈介玄：《韦伯论西方社会的合理化》，台北巨流图书公司1989年版，第264页。

陈介玄认为，韦伯在音乐、法律合理化中对承携者（也就是这些合理化的主体）的论述都表明了韦伯思想的历史底蕴与人文意义，他通过对韦伯与布贺岱的相关思想的比较以及韦伯对卡理斯玛[①]禀赋的论述来说明这一问题。陈介玄承认韦伯对历史发展中的结构性、制度性的重视，这一点与布贺岱是相同的，只是韦伯比布贺岱多了对人的存在空间的描述，而这种描述就是人对结构和制度的反动。正是在这里，韦伯隐含着担忧与希望，担忧在于结构制度对人的生存空间的挤压，希望在于无论何时，人都在努力反抗这种挤压。卡理斯玛甚至有超出制度与结构的力量，"克里斯玛是种面对结构、制度，却又反结构、制度的东西"。[②] 陈介玄认为，韦伯论述卡理斯玛的意义就是给人类带来希望，"克里斯玛可说是在一个过度制度化与结构化情境的生机所在，也是希望所在。所以面对历史结构的限制，韦伯若是有悲观，也不是一种虚无的悲观。而是在悲观中又点燃了无穷的希望。对韦伯而言，西方这种文明的特色，固然充满了悲剧的色彩，但有了悲剧才会有英雄，悲剧中的英雄，宛如黑暗中可以期待的一盏明灯，此正如尼采对于超人的期待一般"。[③] 由此，陈介玄指出，韦伯对卡理斯玛的论述就是韦伯对人的价值和意义关怀的体现，也是韦伯对人类摆脱秩序性困境的途径探求，是人类追求自由的希望所在。事实上，韦伯论述卡理斯玛的根本意图并非如此，他在其政治社会学以及宗教社会学中都有对卡理斯玛的论述，其根本目的在于论述各种政治支配类型。陈介玄因为韦伯对人的价值的关怀而据此把韦伯与马克思相提并论，他说："所以 Lowith（吕维特）认为：马克思和韦伯都可说是哲学的社会学家，不是因为他们发现了任何

---

① "卡理斯玛"，英文系"Charisma"。除了引文中有诸如"克里斯玛"等说法外，本书均用"卡理斯玛"。

② 张维安、翟本瑞、陈介玄：《韦伯论西方社会的合理化》，台北巨流图书公司1989年版，第267页。

③ 张维安、翟本瑞、陈介玄：《韦伯论西方社会的合理化》，台北巨流图书公司1989年版，第268页。

特殊的社会哲学，而是因为他们在面对我们人类生存中之实际问题，能就其作品之基本原则，去质问在资本主义课题下，当代人类生活情境之整体性的问题。”[1]当然，韦伯与马克思在对人的问题的研究上还有非常大的区别，我们会在以后的章节中有所涉及。根据韦伯思想的以上解读，陈介玄认为必须在存有哲学的层次上来理解韦伯的合理化思想，也正是在这里韦伯的思想进入了价值哲学的领域。显然，陈介玄为我们从生存论的层面解读韦伯的思想指出了一个方向。事实上，陈介玄对韦伯思想的解读涉及韦伯思想中一个非常复杂的关系，即人与社会秩序之间的关系问题，韦伯较多地强调社会秩序对人的一种限制和人对社会秩序的一种抵制，即二者之间的矛盾关系，却没有正确认识二者之间相辅相成关系，人与社会秩序谁离开谁，社会都无法正常发展，社会的发展恰恰是在人与社会秩序的良性互动基础上进行的。

总之，无论国内还是国外的研究者，都较注重对理性化内涵的理解，对理性化原因及过程的描述，而对理性化导致的生存问题关注不够，不能将理性化问题与人的生存问题很好地结合起来进行系统而综合的研究，且缺乏深度。本书力图在现有研究成果的基础上，将理性化问题与生存问题结合起来，从文化、经济、政治、法律四个方面进一步阐释理性化的发展进程以及理性化对人类生存境况的深刻影响，从而揭示理性化的困境和人类生存的困境；以一种辩证的观点看待目的理性与价值理性之间以及形式理性与实质理性之间的关系，并从韦伯的著作中进一步挖掘理性化困境产生的人性论和知识论方面的理论根源，从而更为全面和深刻地把握韦伯的理性化思想。

二、准确把握韦伯思想的核心——理性化与人类生存境况问题

理性化问题是韦伯思想的核心，国内外许多研究者都指出了

---

① 张维安、翟本瑞、陈介玄：《韦伯论西方社会的合理化》，台北巨流图书公司1989年版，第269—270页。

这一点。德国著名的韦伯思想研究者施路赫特(Schluchter)认为:“以理性主义或理性化的问题作为整体观察韦伯立场的重心,乃是最恰当的。”[①]日本学者金子荣一指出:“韦伯学术研究最根本的问题,在于探究近代资本主义及近代欧洲理性主义的性格。”[②]“在腾布鲁克看来,韦伯‘毕生的论题’就是‘何为理性’的问题。为了解决这一问题,韦伯着手研究了西方社会的理性化过程”。[③]苏国勋也指出:“如果说,韦伯的社会学涉及了社会生活各个领域,那么,其中一以贯之的核心思想则是‘合理性’。”[④]的确,理性化问题贯穿在韦伯的文化、经济、政治、法律思想中,它使韦伯的思想成为一个有机的整体。理性化问题也因此成为韦伯思想研究中的重要课题,引起了一批又一批学者的强烈关注。事实上,韦伯的思想之所以在现代社会中又引起人们的高度关注,关键在于他揭示了理性化或现代化进程中一些重要现实问题,尤其人们的现实生存问题,即现代化或理性化在促进人类生存境况改善的同时,也带来许多严重的生存难题。在韦伯的著作中,理性化问题始终与人类生存问题紧密相连,可以这样说,韦伯理性化问题的终极关怀即人类生存问题,这使韦伯的理性化思想具有哲学的和生存论的意蕴,同时也使韦伯的理性化思想在现代社会中保持了强大的生命力,这也是我们要重新审视韦伯思想的根本原因。

当然一些研究者也注意到韦伯思想中的人文因素和人性关怀,但他们要么只是浅尝辄止,要么只看其一,不及其余,缺乏对这一问题的系统研究。如有些研究者将韦伯称之为“存在主义者”,英国著名的韦伯传记作家麦克雷就是其一。他曾说过:“我

---

① [德]施路赫特:《理性化与官僚化——对韦伯之研究与诠释》,顾忠华译,广西师范大学出版社2004年版,第4页。

② [日]金子荣一:《韦伯的比较社会学》,李永炽译,水牛出版社1986年版,前言第2页。

③ 转引自苏国勋、刘小枫《韦伯:法律与价值》,上海人民出版社2001年版,第116页。

④ 苏国勋:《理性化及其限制——韦伯思想引论》,上海人民出版社1988年版,第217—218页。

还是认为用‘存在主义者’这个词来描述韦伯的社会理论的深层意蕴是恰如其分的。”[①]法国著名的社会学家雷蒙·阿隆曾指出韦伯的“雄心壮志在于了解人类为什么能带着不同的信仰在各种社会里生存，弄懂人类又是怎样在不同的社会里致力于这种或那种活动，有时寄希望于冥冥之中，有时则寄希望于现实世界，有时想到的是拯救灵魂，有时则考虑经济的增长”。[②] 也正是从这一角度上，阿隆认为韦伯的思想可以归于一般意义上的存在主义哲学的行列。国内学者王小章也指出：“不甘于虚无，又拒绝牺牲理智，这正是我们阅读韦伯时常会感觉到的一种深刻的悲观主义情绪、一种悲剧英雄式的气息的原因。同样也正是在这里，韦伯的思想搭上了存在主义的脉搏。”[③]亨尼斯也曾指出：“韦伯的核心问题是在这个思想的交汇处，即‘现代命运下的人的发展问题’。”[④]这些评价说明许多研究者都看到了韦伯思想的生存论层面的意义和浓厚的人文意蕴，可惜的是他们没有进行更加深入和系统的研究。

事实上，韦伯算不上真正传统形而上学意义上的存在主义者。因为传统形而上学意义上的存在主义者一般从揭示人的本真存在状态出发来揭示存在的意义和生存方式，进而揭示个人与他人及世界的关系等问题，他们较为注重对个体存在的研究，偏重于对人的心理情绪，如孤独、烦恼、畏惧、绝望、迷惘等的体验和揭示，并从本体论的角度揭示这些情绪，在此基础上呈现人的本真存在状态，如克尔凯郭尔、萨特、雅斯贝尔斯、海德格尔、叔本华等人。这样一种形而上的研究理路往往使他们脱离活生生的现

---

① [英]D. 麦克雷：《韦伯》，孙乃修译，中国社会科学出版社 1989 年版，第 108 页。

② [法]雷蒙·阿隆：《社会学主要思潮》，葛智强等译，华夏出版社 2000 年版，第 342 页。

③ 王小章：《现代性自我如何可能：齐美尔与韦伯的比较》，载《社会学研究》2004 年第 5 期。

④ 转引自苏国勋、刘小枫《韦伯：法律与价值》，上海人民出版社 2001 年版，第 118 页。

实世界而走向神秘或虚无，其对人的揭示难免陷入片面性与抽象性的泥沼。如雅斯贝尔斯，他认为人的历史性决定了不可避免的失败与不安全，人没有安全感可言，“我们必有一死，我必受苦，我必须战斗，我必须服从偶然性，我无可改变地转入罪责”。[①] 在这种无奈的境况下，人唯一想到的就是不切实际的超越，而超越要么给人虚无缥缈之感，要么陷入神秘主义，雅斯贝尔斯最终就陷入了传统宗教信仰主义的窠臼。再如海德格尔，虽然他承认作为“此在”的人在世界之中，与他人共在，可是其对“操心”、“烦心”、“畏”等情绪概念的抽象研究最终将现实的人淹没其中。而韦伯对人的生存的关注是对现实的具体的社会中人的现实生存问题的关注，显然，他走的不是传统形而上学意义上的存在主义者的道路，从这样一种角度来看，韦伯的现实关怀颇似马克思主义者对人类生存的关怀，这种对人类生存的关怀始终与社会发展联系在一起，把人类社会当作一个整体，把活动于其中的人始终放在具体的社会历史境遇中来考察。当然，二者之间的差别还是巨大的，马克思主义主张阶级的观点，将社会更迭看作统治阶级更迭的结果，将全人类的解放和人的全面自由发展置于消灭阶级的共同体中，这就是共产主义社会的建立。而韦伯抛却阶级论，认为社会发展是一个由非理性到理性的发展过程，这是人类文化理性化、经济理性化、政治理性化、法律理性化等社会全面理性化的过程，人类面临的生存问题是理性自身造成的，是理性化矛盾发展的结果。这个过程会永续下去，无论在资本主义社会还是在社会主义社会中，人类都将面临这些生存难题。

韦伯整个理论体系的突出特点是用理想类型的建构方法对社会具体问题进行考察，并洞悉人类的生存境况，揭示人类的生存状态。他以西方资本主义社会的产生与发展问题为切入点，抛却了传统形而上学意义上存在主义者的缺陷，即脱离具体的社会和历史环境而抽象地论人的生存问题。也正因此，韦伯对人类生

① 转引自刘放桐《新编现代西方哲学》，人民出版社 2000 年版，第 366 页。

存问题的揭示具有一定的社会性、历史性和现实性。邹诗鹏曾言:“现代以来人类生存境遇已经发生的变化使生存论不再以抽象的形而上学形式,而是作为日益困窘的现实及理性问题摆在人类面前,需得主体做出抉择。”[①]韦伯恰恰是通过现实理性问题来探求人的生存问题的,在他那里,理性化问题始终与人类生存问题交织在一起,这成为韦伯思想的中心话题。正如李猛所说:“考察韦伯留给现代社会的,无论在思想和现实中都始终难以逃避的问题:理性化和自由。”[②]莱因哈特·本迪克斯也曾指出:“虽然韦伯终其一生专事研究西方文明中理性主义的发展,但就像我们已经看到的那样,他的研究留下一个结论,这就是在现代世界里,理性和自由正面临危险。”[③]汪行福也指出韦伯一生学术的两大主题是“从欧洲文明中生发的理性主义是否具有世界性的普遍意义;塑造现代西方文明的合理化将给人类带来什么命运”。[④] 这些研究者对于韦伯核心思想的把握是最契合韦伯思想的,通过对资本主义理性社会产生与发展的考查来揭示理性化与人类生存境况之间的内在联系成为韦伯思想的关键。

韦伯的理性化思想绝不是一种纯粹经验性的描述,它是通过一种理想类型的建构对社会问题进行的分析,而所谓理想类型是韦伯为了把握历史事件或文化现象而设定的理想图像。“这种思想图像将历史活动的某些关系和事件联结到一个自身无矛盾的世界之上面,这个世界是由设想出来的各种联系组成的,这种构想在内容上包含着乌托邦的特征,这种乌托邦是通过在思想中强

---

① 邹诗鹏:《论人学的生存论基础》,载《江海学刊》1999 年第 4 期。

② 苏国勋、刘小枫:《韦伯:法律与价值》,上海人民出版社 2001 年版,第 121 页。

③ [美]莱因哈特·本迪克斯:《马克斯·韦伯思想肖像》,刘北成、刘援、吴必康、刘新成译,刘北成校,顾忠华审,上海人民出版社 2002 年版,第 509 页。

④ 汪行福:《走出时代的困境——哈贝马斯对现代性的反思》,上海社会科学院出版社 2000 年版,第 123 页。

化实在中的某些因素而获得的”。[①] 可见，韦伯理想类型的建构是一种主观设定的具有理想色彩的观念图像，这些图像的建构又是通过强化社会中的某些实在因素而获得的，其目的是为了准确地理解和把握社会科学中的许多文化现象和历史事件的价值意义。韦伯认为许多社会现象中存在的文化意义是无法根据以往自然科学的方法来加以衡量和把握的，理解和诠释是把握文化意义唯一的途径，正如他所说：“一旦历史学家试图超越单纯地查明具体联系去确定不管多么简单的个别事件的文化意义，描述它的特征，它就运用而且必须运用通常只是在理想类型中才能够精确和单义地规定的概念。”[②]

韦伯还指出了社会科学研究方法的几个具体步骤：首先，“确定那些（假定的）‘规律’和‘因素’”。其次，“分析和分门别类地描述由那些因素已在历史上构成的个别组合，以及它们受到历史环境制约的、因其自身性质而有意义的具体的相互作用，尤其是使有意义性的基础和模式能够被理解”。然后，“追溯处于生成之中的这种组合具有当代意义的个别特性，从依然是个别的更早的状况对它们进行解释”。最后，“估计未来可能的状况”。[③] 通过这样四个步骤的设定我们可以总体理解韦伯对资本主义理性社会研究的基本脉络，因为韦伯对资本主义社会的分析就是严格遵循这一步骤进行的。他首先确定了以社会行动为核心的一系列概念体系，主要是目的理性与价值理性以及形式理性和实质理性的概念。他认为资本主义社会的建立与发展就是人类社会行动由非理性逐步向理性发展的进程，在这一理性化的进程中，理性自身产生了分裂，即目的理性与价值理性的分裂。在目的理性的支配

① ［德］韦伯：《社会科学方法论》，韩水法、莫茜译，中央编译出版社2005年版，第39页。

② ［德］韦伯：《社会科学方法论》，韩水法、莫茜译，中央编译出版社2005年版，第42页。

③ 详见［德］韦伯：《社会科学方法论》，韩水法等译，中央编译出版社2005年版，第26页。

下，社会经济、政治和法律秩序都体现出了形式理性化的特征，而实质理性却被忽略。韦伯就是利用目的理性与价值理性行为的矛盾以及形式理性与实质理性之间的矛盾来揭示现代社会中人类生存境况问题的。最后韦伯根据理性化问题的分析对资本主义未来的发展前景作出了估计，认为目的理性与价值理性行为以及形式理性与实质理性之间存在此消彼长的矛盾关系，这种矛盾会随着理性化趋势的不断加强而尖锐化，从而造成人类自由丧失的局面。这是韦伯在理性化发展问题上悲观主义的重要体现，他的悲观主义经常流露在其著作的许多章节中。当然，导致这种悲观的原因是多方面的，首先在于其方法论的缺陷，其次与他对人性以及知识本质的认识也有紧密的联系。

三、研究意义

对韦伯理性化与人类生存境况问题的研究具有一定的理论和现实意义。

理论意义主要体现在以下方面：首先，由于理性化问题本身既是哲学的问题，又是社会学的问题，还是生存论的问题，而韦伯的理性化思想既涉及哲学理论问题，又涉及社会的现实生存问题，故而将韦伯的理性化问题与生存问题结合起来进行研究，可以在哲学和社会学上进一步理解理性化问题，也有利于更为深刻和全面地把握韦伯的思想，理解韦伯思想的深层人文意蕴。其次，由于韦伯对理性化问题的深刻揭示以及由此对人的生存境况的忧虑，被西方社会批判理论者，尤其是法兰克福学派看作社会批判理论的思想来源，所以对韦伯这一思想的研究，不仅有利于澄清韦伯对理性资本主义社会的立场，而且有利于我们更好地理解社会批判理论的实质。再次，韦伯对人的生存问题的揭示实质上是对现代性问题的揭示，也因此韦伯被有些研究者称为是“现代性的诊断者”，所以对韦伯这一思想的研究有利于对日益凸显的现代性问题的深刻认识。最后，韦伯与马克思在许多具体问题的看法上存在明显异同，通过对韦伯思想的详细分析与阐释，以及与马克思相应观点的认真比较,可以更好地理解马克思主义的理论。

对韦伯理性化与人类生存境况问题的研究也具有重要的现实意义。尽管韦伯逝世(1920 年)距今已近一个世纪,可是韦伯所揭示的人类生存问题,尤其是价值理性与目的理性的分离问题,社会秩序与人的自由空间的矛盾问题仍然存在着,而且人类面临的问题竟越来越多,人口问题、资源问题、环境问题、战争与和平的问题无时无刻不在困扰着人类。科技日新月异、市场经济蓬勃发展、全球化趋势日益加强、多元价值文化冲突日益激烈,人类究竟应该如何生存?如何选择通向幸福的道路?韦伯的思想有许多值得我们深思和借鉴之处,具体来说:首先,对韦伯的文化理性化思想的研究,尤其韦伯关于基督新教与儒教的论述会让我们重新审视宗教与社会之间的关系,有利于我们更加科学地处理现实的宗教问题。其次,中国现代化的深入发展,产生了许多社会矛盾与问题,如价值失落、信仰危机问题,实质上就是韦伯所谓的目的理性与价值理性的矛盾问题,韦伯的思想启示我们在经济社会发展的同时,要关注文化和价值领域的建设,这与当前党中央提出的和谐文化建设、中华民族共有精神家园的建设等现实问题相契合。再次,关于韦伯的理性化与人的生存问题的研究,警示我们在社会现代化建设过程中要更加关注人的生存问题,让我们更加深入地思考如何在促进社会发展的同时促进人的发展,保持社会发展与人的发展的双赢状态。这与当前我们大力倡导、学习和实践的以人为本的科学发展理念不谋而合。最后,对韦伯的文化理性化、经济理性化、政治理性化、法律理性化思想的综合研究,启示我们社会发展是文化、经济、政治、法律等社会因子综合作用的结果,社会发展要整体、全面发展,不能片面发展,这也与当前我国所倡导的全面发展理念相契合。

第一章　韦伯的社会科学方法论及其话语体系

韦伯分析理性化问题的路径不是通过简单经验性的描述，而是通过一种类型学上意识模型的建构，通过以社会行动为核心的一系列紧密相连的概念体系的建构，来分析近代资本主义理性社会的产生、发展以及面临的问题。事实上，韦伯为现代社会问题的分析提供了一套理论范式路径，这种思想路径直接为西方社会批判理论者所借鉴，此后在很长时间内成为现代社会理论家、甚至后现代社会理论家的研究路径。正如傅永军对法兰克福学派之批判理论的归结："这个理论不是对西方社会的现代性经验进行描述性说明的经验理论，而是规范的解释理论，它要提供一种具有内部紧密联系的概念、范畴和解释模型，以供现代人借以理解现代世界的存在形象和价值内涵，并通过这种理解构造一种涉及社会改良与进步的现代性规范工程。"[①]而法兰克福学派的批判理论者恰是在方法上继承了韦伯的分析范式。

---

① 傅永军：《法兰克福学派的现代性理论》，社会科学文献出版社 2007 年版，第 338 页。

第一节　韦伯的社会科学方法论

一、社会科学的界定

要理解韦伯对理想类型的建构，还要从韦伯对社会科学的研究目的和方法的界定出发。韦伯是这样界定社会科学的，他说："我们要从事的社会科学，是一门实在的科学。我们要理解我们侧身于其中的且围绕我们生活的实在的特点——我们一方面理解它现在形态的个别现象的联系和文化意义，另一方面理解它们在历史上如此而非如彼地形成的根据。"[①]这里韦伯指出了社会科学所具有的文化意义以及社会科学要达到的目的，即解释历史现象的文化意义。"社会科学情趣的出发点毫无疑问是围绕我们的社会文化生活的现实的、亦即个别的形态，这种文化生活处于普遍的、但仍然个别地形成的联系中，处于从其他的、不言而喻仍然个别地形成地社会文化状况发源的生成之中……社会科学所涉及的是精神事件的参与，而以神入的方式'理解'这些事件当然是一种不同于想要或能够解答精密自然科学的公式的任务"。[②] 在此，韦伯指出社会科学的文化意义以及精神参与理解的同时，也划清了社会科学与自然科学研究方法上的界限。在社会科学的界定基础上，韦伯进一步指出了社会科学研究方法的几个步骤：首先，"确定那些(假定的)'规律'和'因素'"。其次，"分析和分门别类地描述由那些因素已在历史上构成的个别组合，以及它们受到历史环境制约的、因其自身性质而有意义的具体的相互作用，尤其是使有意义性的基础和模式能够被理解"。然后，"追溯处于生成之中的这种组合具有当代意义的个别特性，从依然是个别的

---

① [德]韦伯：《社会科学方法论》，韩水法等译，中央编译出版社 2005 年版，第 22—23 页。

② [德]韦伯：《社会科学方法论》，韩水法等译，中央编译出版社 2005 年版，第 24—25 页。

更早的状况对它们进行解释”。最后,“估计未来可能的状况”。①通过这样四个步骤的设定我们可以总体理解韦伯对资本主义理性社会研究的大体脉络,他对资本主义社会的分析就是遵循这一步骤进行的,即首先确定了以社会行动为核心的一系列因素,然后,对这些因素进行理解和解释,最后,对资本主义未来的发展前景作出了估计。

韦伯对社会科学的界定基本继承了新康德主义中西南学派②对自然科学和社会科学的划分,尤其是威廉·文德尔班(Wilhelm Windelband,1848－1915)、海因利希·李凯尔特(Heinrich Rickert,1863－1936)等新康德主义者所说的自然科学与社会历史科学的区别,认为自然科学和社会历史科学的研究方法和研究目的也应该是不同的。新康德主义中的西南学派主要以弗莱堡大学和海德堡大学为活动中心,故又称“弗莱堡学派”或“海德堡学派”,他们注重历史事件及其文化价值问题。而韦伯一生最重要的学术活动中心就是弗莱堡大学和海德堡大学,又由于韦伯关于社会科学研究问题是在康德哲学基础上的发挥,与李凯尔特一脉相承,所以学术界一般把韦伯也看作新康德主义者。也正因

---

① [德]韦伯:《社会科学方法论》,韩水法等译,中央编译出版社2005年版,第26页。

② 西南学派是新康德主义各个流派中较具有创新意义的一个流派,它以社会历史问题为主要话题,对康德哲学作了文化价值论的改造。由于它以弗莱堡大学和海德堡大学为活动中心,故又称“弗莱堡学派”或“海德堡学派”,而弗莱堡和海德堡都位于德国西南部,故称“西南学派”,其代表人物是文德尔班和李凯尔特。

此，韦伯的思想带上了浓厚的哲学意味[1]，这也是韦伯的思想之所以不仅得到社会学界的重视，同样得到哲学界关注的重要原因。可见，韦伯认为许多社会现象中存在的文化意义是无法根据以往自然科学的方法来加以衡量和把握的，理解和诠释是把握文化意义的唯一途径。基于此，韦伯通过一种理想类型的建构对社会实在问题进行的分析，来把握历史事件或文化现象的价值意义。韦伯理想类型的建构为其对资本主义实际问题的分析提供了理论上的依托，也为韦伯之后西方社会理论者提供了一种问题分析的纬度，当然，这种研究方法也不可避免地存在一定的缺陷，比如其理性化色彩以及片面性等，但他对分析社会问题的积极意义也是显而易见的。确立了研究方法之后，韦伯设置了理性化问题分析的话语体系，即以“社会行动”为核心的概念体系，这在韦伯整个思想体系中起到提纲挈领式的作用。韦伯根据社会行动的意向性将社会行动作了目的理性式、价值理性式、情感式和传统式的划分，目的理性式与价值理性式行动属于理性的社会行动范畴，而情感式和传统式属于非理性的社会行动范畴。为了更好地表达目的理性式与价值理性式行动在社会领域中的体现，韦伯又引入了形式理性与实质理性的概念。在文化领域，韦伯惯常使用目

---

① 韦伯思想中的这种哲学意味是由许多影响因素决定的，这包括家庭影响、政治影响以及社会影响。韦伯的父亲是接受了传统的德国教育的政治家，在政治上属于民族自由党左翼，曾担任柏林中央选举委员会主任、柏林市议员、普鲁士议院议员以及帝国国会议员。韦伯家里经常是当时德国学术或政治精英满座，其中有史学家特勒尔奇，政治家弗里德里希·卡普，老议员李凯尔特、狄尔泰、施密特、蒙森等名流人物，“家里的男孩子——他们对父母的密友，特别是卡普、朱利安·施密特与埃吉迪有着强烈的兴趣——由于和这些人的交流而受到了各个方面的激励”（见玛丽安妮·韦伯：《马克斯·韦伯传》，第 47—48 页）。这些直接的政治和学术影响，都对韦伯后来的发展影响很大。直到后来，韦伯的家里也经常是高朋满座，形成著名的“韦伯圈”，这些人包括齐美尔、卢卡奇、雅斯贝尔斯、恩斯特·布洛赫（哲学家）、恩斯特·托勒（戏剧家、诗人和革命家）、斯特凡·格奥尔格（诗人、散文家和翻译家），根据玛丽安妮在《韦伯传》中的论述，卢卡奇、齐美尔、雅斯贝尔斯都与韦伯保持着密切的友谊关系，他们互相交流思想和评价彼此的著作。

的理性与价值理性;而在社会制度层面,韦伯一般运用形式理性和实质理性的概念。西方资本主义社会的产生与发展就是人类行动由非理性向理性逐步发展的进程,并且理性化成为近代资本主义的根本特征。在这一理性化的进程中,目的理性与价值理性之间、形式理性与实质理性之间产生了矛盾。韦伯就是通过这两对矛盾来揭示现代社会中人类生存境况的,它具体体现在文化、经济、政治以及法律四个方面。

韦伯认为,社会学[①]的"意图在于对社会行动进行诠释性的理解,并从而对社会行动的过程及结果予以因果性的解释。所谓'行动'意指行动个体对其行为赋予主观的意义——不论外显或内隐,不作为或容忍默认。'社会的'行动则指行动者的主观意义关涉到他人的行为,而且指向其过程的这种行动"。[②] 韦伯对社会学研究意图的阐释中,有这样几个关键词值得我们注意,即"意义"、"诠释"与"理解"。韦伯的整个思想体系的展开过程,就是对各个社会领域中的行动现象进行诠释与理解的过程,显然理解和诠释的对象就是社会行动,通过对社会行动的阐释来理解社会行动自身存在的历史文化意义。韦伯赋予意义两种基本的含义:"事实存在的意义,是指某个行动者在历史既定情况下的主观意义,或诸多事例中行动者平均或相类似的意义;纯粹类型的意义,是指以概念建构的方式被当作一种或多种行动者的类型来想象其可能的主观意义。"[③]根据韦伯的划分,显然他想强调的是纯粹类型的意义,它具有更多的主观色彩,那么如何能够表达这种主观性色彩很强的意义呢?这就是诠释与理解。但不管理解与诠释如何把握某种类型的意义,它的客观性与确定性都成为一件不得不让人产生怀疑的事情。

---

① 此处的"社会学"可作为社会科学来理解。

② [德]韦伯:《社会学的基本概念》,顾忠华译,广西师范大学出版社2005年版,前言第3页。

③ [德]韦伯:《社会学的基本概念》,顾忠华译,广西师范大学出版社2005年版,第4页。

韦伯认为："所谓的理解，因此是关系到行动者对行动或作为手段或作为目的的选择，而且也常牵涉到行动的指向，只有在这样的范畴中，才谈得上对这一对象的理解。"[①]韦伯对"理解"概念的阐释继承了雅斯贝尔斯、李克特以及齐美尔的解释，他自言："关于'理解'(Verstehen)，请参阅雅斯贝尔斯的《普通心理病理学》(Allgemeine Psychopathologie)，同时，李克特在他的《自然科学概念建构的界限》(Grenzen der naturwissenschaftlichen Begriffsbildung, 1913)第二版中所作的若干附注，以及齐美尔(G·Simmel)于《历史哲学之问题》(Problemen der Geschichtsphilosophie)中的讨论亦可一并参考。"[②]理解就意味着对下列意义的诠释性掌握，包括：在历史探究中，对具体个别行动的真正意向的意义的诠释性掌握；在社会学的大量观察中，平均或近似于实际意向的意义的诠释性掌握；经常出现的纯粹类型的诠释性掌握。理解可能有两种：一是对既有的行动的主观意义作直接观察的理解；二是解释性理解，即在行动的动机与命题的意义关联中进行理解，也就是对实际行为过程的一个解释。解释意味着能够掌握行动者自己的主观意义，他的行动所系属其中的意义关联，本质上是对行动动机的解释，这种动机是主观意义的复合体，指行动者本身对于行为所提供的有妥当意义的理由，意义上妥当的和因果上妥当的理由。

理解和诠释的目的在于企图获得一种清楚的确证，确证有两种特质：理性的和拟情式的再体验，前者主要适用于其主观意义关联能够以知性清楚理解的行动，后者适用于那些可以完全再体验当事者所经历的情感关联的行动。理性的理解是指以知性直接而清楚地对意义掌握的理解，在最极致的情况下表现为与数学公式和逻辑命题相联系的意义关联。对于关涉目标与价值等倾向的行动，常常无法确证式地理解。对一种以类型建构为目的的

① [德]韦伯：《社会学的基本概念》，顾忠华译，广西师范大学出版社2005年版，第8页。

② [德]韦伯：《社会学的基本概念》，顾忠华译，广西师范大学出版社2005年版，前言第2页。

科学分析而言，所有非理性的、由情感决定的行动要素，都可以视作与目的理性行动的概念式纯粹类型的偏离部分加以研究与描述，因此韦伯试图通过一种理想类型的建构来完成对社会行动的主观意义的理解与诠释。

二、理想类型的建构

所谓理想类型(ideal —type)，又称为“理念型”或“纯粹类型”，是韦伯的重要社会科学方法。正如韦伯所说，理想类型“不是现实的一种描述，但它将给描述提供明确的表达手段”。[①]“因而，抽象的理想类型不是作为目的，而是作为方法由我们建立起来的”。[②]理想类型具有“乌托邦”的特性，韦伯直言：“这种思想图像将历史活动的某些关系和事件联结到一个自身无矛盾的世界之上面，这个世界是由设想出来的各种联系组成的，这种构想在内容上包含着乌托邦的特征，这种乌托邦是通过在思想中强化实在中的某些因素而获得的。”[③]理想类型的建构是一种主观设定的具有理想色彩的观念图像，这些图像的建构又是通过强化社会中的某些实在因素而获得的。显然，理想类型具有乌托邦性。

之所以一定要建构理想类型，是因为韦伯认为许多社会现象中存在文化意义，而这种文化意义是无法根据以往自然科学的方法来加以衡量和把握的，理解和诠释是把握文化意义唯一的途径。理解和诠释又必须确定自身能把握的对象，而任何研究者不可能理解和诠释所有的具体事件，这就要求一种具有涵盖性的抽象模型，它能够近似地涵盖所要研究对象的特征，从中抽离出其意义。正如韦伯所说：“一旦历史学家试图超越单纯地查明具体

---

① [德]韦伯：《社会科学方法论》，韩水法、莫茜译，中央编译出版社2005年版，第40页。

② [德]韦伯：《社会科学方法论》，韩水法、莫茜译，中央编译出版社2005年版，第42页。

③ [德]韦伯：《社会科学方法论》，韩水法、莫茜译，中央编译出版社2005年版，第39页。

联系去确定不管多么简单的个别事件的文化意义，描述它的特征，它就运用而且必须运用通常只是在理想类型中才能够精确和单义地规定的概念。”①韦伯建构理念类型的目的就是以此为工具、手段或方法来妥当地把握所有理性或非理性的对象，因为这些对象都与现实保持着距离。为了让这些字眼起码有其明确的含义，韦伯就勾勒出每一种结构形态的理想类型，使它们成为尽可能具有完备之意义正当性的概念单位，像“资本主义精神”、“官僚制”、“卡理斯玛”等等都属此列。韦伯说：“不论合理的理想类型有什么内容，不论它是否表述了任何一种形式的伦理的、法义的、美学的和宗教的信念规范，或者技术的、经济的、法律政策的、社会政策的和文化政策的准则，或以尽可能合理的形式使用的‘价值判断’，它在经验研究之中的结构始终只有如下的目的：为了能够用尽可能明确地理解的概念去描述经验实在，把经验实在与自身进行比较，从而确定经验实在与它的对立、相差的距离或对于它的相对接近。”②韦伯对资本主义社会实在的分析就是一个最好的例证，它首先建构了资本主义的理想类型，建构了形式理性与实质理性以及目的理性与价值理性等一系列密切相关的理想类型，然后对资本主义社会的产生与发展作经验的分析，最终他得出与其建构的理想类型相近的分析结论。

卡斯勒曾评价过韦伯的理想类型方法，他认为韦伯的理想类型是一个发生学的概念，是一个能够指导方向的假设，是指导经验性研究的一种实用性的方法，是用于经验历史性现实的系统化中的，其运用的结果就是使历史现象的解释成为一个没有终结的

---

① [德]韦伯：《社会科学方法论》，韩水法、莫茜译，中央编译出版社2005年版，第42页。

② [德]韦伯：《社会科学方法论》，韩水法、莫茜译，中央编译出版社2005年版，第178页。

重新解释的过程。[①]卡斯勒揭示了理想类型方法建构在韦伯思想中的重要意义。事实证明，韦伯通过理想类型方法的运用，比较清楚地阐释了资本主义社会产生与发展的来龙去脉，运用目的理性与价值理性等概念类型的划分，揭示了人类行为在社会发展进程中的特点，运用形式理性与实质理性等概念类型揭示了社会秩序发展的特征，运用卡理斯玛统治类型、传统型统治类型以及法制型统治类型的划分和特征分析阐释了人类政治制度发展的历史进程。同样运用经济、法律领域中的阶段性类型划分，阐释了社会经济以及法律发展的主要脉络，并运用各种类型之间的关系来揭示理性化社会中人类面临的生存困境，展现人类的生存状态。理想类型的运用使韦伯的整个思想体系得以建构和展开，基本达到了韦伯的理解和解释社会问题的目的，韦伯也因此奠定了他在社会理论界的重要地位。

帕森斯曾直接继承了韦伯的理想类型方法来分析现代社会的结构和功能。帕森斯说："我自己最重要的一个思想根源是麦克斯·韦伯在《社会组织与经济组织的理论》一书中提出的纯理型系统。我一直以来从事着这样的工作：对许多具体形式作了界定，并用一定方式将其区别描绘出来，将概念充实进系统化的框

---

① Max Weber：an introduction to his life and work，Dirk Kasler，Trans Phlippa Hurd. 1988，Polity Press. pp. 184 ."1. he ideal－type is a genetic concept. 2. The ideal－type is itself not a hypothesis，but it can indicate the direction for the formation of hypotheses. 3. The ideal－type serves as a heuristic means to guide empirical research，while it formulates possible viewpoints for the interpretation of social action by oneself and others. 4. The ideal－type is used in the systematization of empirical－historical reality，in that its distance from the typified construction is measured interpretatively. 5. The results which are produced with the aid of the ideal－typical procedure for the explanation and interpretation of historical phenomena underpin a process of re－interpretation which is never－ending."

架，进而试图将社会系统分析分门别类。”[①]在此基础上，帕森斯完全以系统论和功能论的观点来解读韦伯的思想，此即所谓的韦伯思想的帕森斯化。帕森斯的这种解读在凸显韦伯思想中关于文化价值、经济、政治和法律之间系统性关联的同时，忽视了韦伯思想中纵向分析问题的历史性。正如顾忠华所言：“帕氏即在有意无意之间将韦伯的类型学建构曲解为抽象的理论，韦伯社会学中历史——比较研究的重要部分往往反被视作理论的陪衬。诚如罗斯于《社会学的类型学与历史解释》一文中所说，系统分析因其抽象的要求，本身即欠缺历史深度；而功能分析则常面临过于‘静态’以致无法妥当解释社会变迁的困境。”[②]因此，帕森斯的解释模式很快被质疑和转变，此即韦伯思想的去帕森斯化[③]。

在运用理性类型揭示社会问题的同时，韦伯自身也意识到这种方法并不是完美无缺的，它存在一些缺陷，任何理想类型的建构都不可能穷尽某一现象或行为中的任何情况，它只是一种最大可能性的建构和诠释。韦伯在对社会行动的几种分类后曾指出：“行动，尤其是社会行动，很少只会指向上述讨论中的单一方式。同样，行动的这些指向也绝不是穷尽所有方式的分类，他们仅仅是为了社会学的目的所创造出来的概念上的纯粹类型。实际的行动或多或少地接近这些类型或者更常见的是行动中混杂着来自不同类型的要素。”[④]另外，它使韦伯过多地纠缠于概念的建构与解释，显得啰嗦而晦涩，有时为了表明自身建构概念的独特性而费尽周折的解释，而实质上却与传统的概念无异。这无疑为我们研究韦伯的思想增加了一定的难度，但韦伯却运用理想类型的

① [美]帕森斯：《现代社会的结构与过程》，梁向阳译，光明日报出版社1988年版，第132页。

② 顾忠华：《韦伯学说》，广西师范大学出版社2004年版，第27页。

③ 关于韦伯思想的去帕森斯化可参见《韦伯学说》25—28页以及吴新叶：《韦伯命题的“去帕森斯化”诠释——资本主义精神伦理的历史时效性再探讨》，载《新疆大学学报》2005年第3期。

④ [德]韦伯：《社会学的基本概念》，顾忠华译，广西师范大学出版社2005年版，第34—35页。

建构在社会研究者与研究对象之间架起一座桥梁，从而对社会行动进行确证性地理解。

第二节　韦伯思想的话语体系

韦伯设置了一套论述理性化问题的语言系统，这是韦伯理性化思想的一个特色。他从社会学研究的角度，以社会行动为基本的分析单位，又以近代资本主义社会的产生与发展为具体的背景来分析和论述社会理论问题。他通过社会行动类型分类中的目的理性与价值理性的关系来揭示资本主义社会发展中出现的问题以及人类生存境况，用形式理性与实质理性的划分来阐释现代社会发展中社会秩序与人的自由之间的关系问题，从而揭示人类在现代社会中面临的生存问题。

社会行动理论是韦伯以"社会行动"为核心构建的一系列概念体系，它集中体现在韦伯《社会学的基本概念》一书中，在韦伯的思想体系中占有基础性的地位，起到提纲挈领式的作用，是韦伯理性化思想得以呈现的话语基础。正如顾忠华所言："'社会行动'以及其所衍伸的概念体系，就像支撑着韦伯实质研究的骨架一般，纲举则目张，只待个别领域的资料填充进来，便能够编织出绚烂的图案。"[①]韦伯作品的主要翻译者康乐在《韦伯的史学》一文中也曾表达过类似的意思，他说："问题是，韦伯到底是以哪些现象为起点来观察他所提出的这些问题？这就牵涉到他用来分析社会的一些基本概念。就此而言，整个《经济与社会》的第一部可说是最能完整而有体系地呈现出他分析的基本架构，其中又以第一、第二章类似名词解释的部分最为关键，要了解韦伯思想的全貌，严格说来，自然是该由此入手的。"[②]顾忠华和康乐均指出了韦

① [德]韦伯：《社会学的基本概念》，顾忠华译，广西师范大学出版社2005年版，导言第18页。

② [德]韦伯：《经济与历史；支配的类型》，康乐等译，广西师范大学出版社2004年版，导言第5页。

伯社会行动理论在其整个思想体系中的基础性地位。社会行动派生了社会关系，进而形成社会秩序，韦伯正是运用这一系列密切联系的概念来阐释他对资本主义理性社会的基本观点，即这些概念不仅是韦伯解读资本主义理性社会的工具，还是支撑起韦伯理论体系的骨骼框架。比如，韦伯通过社会行动类型的划分来揭示西方资本主义社会产生与发展的过程，指出社会理性化的进程也是人类社会行动不断理性化的进程。再如，韦伯在阐释新教伦理与资本主义社会产生的内在关联时，就认为新教徒的目的理性行为逐渐代替了原来的价值理性行为，这恰是资本主义理性经济得以发展的内在动因，也是人类在现代社会中面临的重要矛盾，等等。

一、社会行动

韦伯的所有研究都没有脱离开“社会行动”概念，无论是宗教社会学、经济社会学、政治社会学还是法律社会学。正是在对各领域中的个人或团体等行为主体的社会行动理解、分析以及因果性的解释中，韦伯阐释了自己关于社会发展、人类生存等问题的主张和观点。比如在其宗教社会学思想中，韦伯首先指出：“宗教的本质甚至不是我们的关注所在，因为某一特殊的共同体行动类型的条件与效应才是我们此一研究的旨趣。”[①]韦伯所研究的不是宗教的本质，而是宗教行为，更具体一点就是宗教活动主体的行为，这些宗教活动主体包括在宗教共同体中扮演重要角色的典型人物，如先知、祭司、巫师等，与现世对立而存在的神的世界中的精灵或神等，另一方面就是连接人与神的一些机构或组织，如教派、教团等。同样，在经济社会学、政治社会学和法律社会学中，韦伯分别关注经济、政治和法律团体、组织或机构的行为，并利用这些领域中主体的社会行为来解释整个社会发展的特征。

① [德]韦伯：《宗教社会学》，康乐、简惠美译，广西师范大学出版社2005年版，第1页。

那么什么是"社会行动"？在韦伯那里，"'行动'意指行动个体对其行为赋予主观的意义——不论外显或内隐、不作为或容忍默认。'社会的'行动则指行动者的主观意义关涉到他人的行为，而且指向其过程的这种行为"。[1] 在这里，韦伯指出了行动和社会行动的构件，行动的构件在于行为者赋予行为以主观意义，不管这种意义是以何种途径或方式加以传达的。它表明了行为者的意图或目的，而社会行动则具备此构件的同时，必须满足行为者的主观意义关涉到他人的行为，它强调行为主体的意向性以及相互性，即一种联系互动性，一种与他人世界的关涉性。哈贝马斯据此认为，韦伯所谓的行为是行为者单向的指向而不是相互的指向，并把这看作韦伯偏离交往行为的出发点。他说："这是韦伯偏离交往行为理论的第一个岔道口：在韦伯理论当中具有基本意义的，不是至少两个具有言语和行为能力的主体之间的人际关系，而是孤立的行为主体的目的行为。"[2]在哈贝马斯看来，既然社会行动只是一厢情愿的单向行动，而且指涉的是行动者的主观目的和意图，那么，社会中的人际关系必然会出现一边倒的现象，即人际交往失却了基本的平等性与协商性，在此基础上，哈贝马斯提出一种双向式的交往理论，并指出语言交往的重要性和必要性。然而，我们不能忽视韦伯提出社会行动概念的目的，韦伯无意于对"社会行动"这一概念进行语言方面或逻辑方面纯理论的斟酌与推理，他只是用"社会行动"的变化来描述人类生存状态的变化，并推究这种变化的原因。具体来讲，就是描述资本主义理性社会中人类生活和生存的基本状态，以社会行动作为考察社会发展境况的话语媒介，韦伯整个理论体系的贡献证明了韦伯的这一方式是卓有成效的。韦伯对资本主义理性社会产生与发展过程的揭示就是通过社会行动的具体类型来进行的，各种类型之间的

① ［德］韦伯：《社会学的基本概念》，顾忠华译，广西师范大学出版社2005年版，前言第3页。

② ［德］尤尔根·哈贝马斯：《交往行为理论》（第一卷 行为合理性与社会合理化），曹卫东译，上海人民出版社2004年版，第267页。

关系就是韦伯理论得以成立的根本，各种类型之间关系的转变描述了人类在社会变迁中的生存方式的转变，这种转变对个体内在人格、人与人之间的关系以及人与秩序之间的关系产生了重大影响。这些影响都通过韦伯对资本主义社会的历史性和经验性考察变得清晰。况且，韦伯也并没有否认行为的相互性，既然他指出社会行动是一种关涉他人的行动，就是承认了其相互性，因为社会行动的主体并不是单一的，每一社会行动都有自己的意向性，并指向其他的社会行动主体，社会行动主体之间的交流与沟通就是必然的。

韦伯根据社会行动中行动者的主观取向将社会行动分为目的理性式、价值理性式、情感式和传统式四种类型[①]。"目的理性式(zweckrational)，是指通过对周围环境和他人客体行为的期待所决定的行动，这种期待被当作达到行动者本人所追求的和经过理性计算的目的'条件'和'手段'"。[②] 它成立的条件，是行动者将其行动指向目的手段和附带结果，同时衡量手段对于目的以及目的对于附带结果的影响，最后也会考虑各种可能目的之间的关系。"价值理性式(wertrational)，是通过有意识的坚信某些特定行为的——伦理的、审美的、宗教的或其他任何形式——自身价

① 对韦伯社会行动的分类有不同的表述，其中"情感式"和"传统式"不存在分歧，关键是"目的理性式"和"价值理性式"这两个概念，有人将"目的理性式"表述为"目标理性"或"技术理性"或"形式理性"，将"价值理性式"表述为"实质理性"，由于韦伯的著作中另有"形式理性"和"实质理性"的用法，直接将"目的理性"与"形式理性"等同，将"价值理性"与"实质理性"等同并不合适，在"形式理性与实质理性"部分中我们还有相应的论述。"目的理性式"和"价值理性式"对应的德文概念分别为"zweckrational"和"wertrational"，英译本一般译为"instrumental rational"和"value rational"，顾忠华认为这两个词在英语中找不到相应的对等概念，而且"技术理性"有化约"目的理性"意思，二者有所差别。

② [德]韦伯：《社会学的基本概念》，顾忠华译，广西师范大学出版社2005年版，第31—32页。

值，无关于能否成功，纯由其信仰所决定的行动”。[①] 它成立的条件是行动者坚信行动自身存在的价值。“情感式(affektuell)，尤其是情绪式(emotional)，是通过当下的情感和感觉状态所决定的行动；传统式(traditional)，是通过根深蒂固的习惯所决定的行动”。[②] 在这四种行动类型中，情感式和传统式行动属于非理性因素支配的行动类型，这种非理性指行动主体缺乏必要的理性考量和分析，而目的理性式和价值理性行动属于理性支配的行动类型，目的理性式和价值理性行动是韦伯思想中的核心概念。

根据韦伯的观点，目的理性行动的成立，是行动者将其行动指向目的手段和附带结果，同时行动者会理性地衡量手段之于目的、目的之于附带结果，最后也会考虑各种可能目的之间的关系。它注重的是目的和手段之间、各种手段和实际结果之间以及目的与结果之间关系的详细计算和衡量。价值理性式行动更加注重某种信念和价值的追求，行动者确信自己行为的美学、宗教或伦理等方面的价值，而较少考虑结果和目的以及手段的关系，或者即便知道行动的结果，也会一意孤行，追求自己的信念。价值理性式行动与情感式行动的共同点是行动的意义，而不是看得见的某种成功，即纯粹以作出这些特定形式的行动为皈依。它与情感式行动的区别在于，情感式行动是为了满足那些直接的报复、享受、热爱、喜乐等直接感情的需要而作出的行动，而纯粹的价值理性行动是一个人不顾及他可预见的后果，只求维护他对义务、荣誉、美感、宗教情操等信念的义无反顾的行动，它始终遵循一种“诫命”或“要求”的引导。

目的理性和价值理性行动之间存在着矛盾，人们越是一味顾及行动的自身价值，就越是不顾行动的后果，因此从目的理性的观点来看，价值理性始终是非理性的。二者之间的矛盾性恰恰是

---

① [德]韦伯：《社会学的基本概念》，顾忠华译，广西师范大学出版社2005年版，第32页。

② [德]韦伯：《社会学的基本概念》，顾忠华译，广西师范大学出版社2005年版，第32页。

韦伯借以描述资本主义理性社会中人类生存状态的核心手段，是韦伯暴露现代社会中人类生存困境的重要面相。实际上，目的理性与价值理性之间的区分也是相对的，比如，如果行动者以某种价值追求为唯一的目的，从而衡量各种手段，进行详细的计算、核计，而最终却是为了一种荣誉或美德，或者行动者以某种目的为价值信仰而不顾一切后果，那么在这两种情况下，哪种行为是目的理性的，而哪种又是价值理性行为呢？很明显，其中的任何一种行为既可以归于目的理性行为，又可以归于价值理性行为，在这种情况下，目的理性行为就是价值理性行为，二者之间的区别就被消解了。另外，在现实情况下，任何一项社会行动单单靠某种情感或理性是很难完成的，它往往掺杂了各种感情因素和理性因素。所以说韦伯对各种社会行动的区分都是特定的和相对的，而不是绝对的和普遍性的。

我们可以从人类需求的角度来理解韦伯的目的理性与价值理性。目的理性行为可以看作人类对于物质利益或世俗功利追求的体现，价值理性看作人类对精神价值追求的体现，它意味着人类追求的双重性，即人类既有物质追求，又有文化价值追求。韦伯曾言："任何文化科学的先验前提，不是指我们认为某种或者任何一种一般的'文化'有价值，而是指我们是文化的人类，秉具有意识地对世界采取一种态度和赋予它意义的能力和意志。"[①]可见，韦伯认为人类是文化性的存在，这是人类有能力并愿意对世界采取审慎的态度和赋予它意义的先验前提，这与韦伯对社会行动的这种分类是相契合的。从人性需求这样一个角度来理解韦伯关于目的理性与价值理性的解释并非毫无根据的臆测。理查德·斯维德伯格(Richard Swedberg)认为，韦伯把利益分为物质利益和精神利益，人的行为就是这两种利益推动的结果。诸如地位、尊严、国家主义、伦理和宗教利益等都属于精神利益的范畴，

---

① [德]韦伯：《社会科学方法论》，韩水法译，中央编译出版社 2005 年版，第 31 页。

同时 Richard Swedberg 也指出韦伯非常关注物质利益与精神利益发生冲突时的境况。[①] Richard Swedberg 的话恰好支持了我的观点，即我们可以从人性需求的角度来理解韦伯对目的理性与价值理性的肯定，可以将韦伯所说的目的理性式行为看作人类物质追求或功利追求的体现，而价值理性行为则是人类精神价值追求的体现。

在这一点上，韦伯和马克思的看法是相同的，其差别在于马克思明确表示物质是第一位的，是基础性的，而精神则是第二位的，是在物质基础上衍生的意识形态。而韦伯始终认为物质固然重要，但它不能够成为观念产生的唯一原因，同样，精神固然重要，也绝不是物质现象产生的唯一因素。两种观点的碰撞表明韦伯与马克思是两种社会理论解释模式和思路。马克思找到一个"物质"概念或"经济基础"概念作为其社会理论的立足点来建构他的思想体系，这就是马克思主义的历史唯物主义和辩证唯物主义的基本观点和态度。它颠覆了唯心主义和形而上学的传统观念，将世界的本原还原为物质，将意识看作物质世界在人脑中的反应。马克思主义运用历史唯物主义和辩证唯物主义的基本观点来阐释人类社会发展，运用物质与意识、生产力与生产关系、经济基础与上层建筑等之间的关系来解释社会发展规律，建构社会发展理论体系。这是韦伯生活的那个时代最盛行的观点。显然韦伯并没有被权威观点所支配，他企图寻找另一种社会理论解释

① Max Weber and the idea of economic sociology, Richard Swedberg, Princeton University Press, 1988, pp. 4. "Weber divided the category of interests into two types: materials interests and ideal interests. Both of these can propel the actor into action. Ideal interests include such things as status, nationalism, ethnic honor, and what Weber calls 'religious benefits', that is, a desire for salvation, a better position in the next life, and the like. In economic analysis material interests count most, but Weber was also extremely interested in what happens when those who pursue ideal interests look after their material interests, when the two types of interests collide, when ideal interests reinforce or block material interests, and so on."

模型和另一个社会理论的立足点。最终韦伯的落脚点定在了社会行动这一概念上,但问题在于韦伯的这一社会行动理论的基本观点和立场是什么,这是比较模糊的,相比较而言,马克思是一个坚定的唯物主义者,这是尽人皆知的。韦伯在没有澄清自己的基本立场和观点的条件下就开始了他的社会行动理论之旅,并且首先将目光投向了文化领域,即在马克思看来是意识形态或精神的领域,具体来讲是西方宗教文化。也正因此,当韦伯阐释了其关于资本主义社会产生的基本观点(即宗教文化是新教伦理,是促成资本主义物质生产发展的内在精神动力)之后,便在理论界掀起了轩然大波,也因体现这一观点的著作《新教伦理与资本主义精神》的出版,使其一举成名。在马克思那里,宗教文化属于意识形态的范畴,它是由生产力发展状态和社会制度等物质领域决定的,而在韦伯那里它不仅不是经济基础的衍生物,反而成为促进资本主义产生与发展的动因,这是韦伯与马克思关于物质与意识谁是第一因素、谁是第二因素的分歧。在没有一种基本立场和观点的情况下就构建一种理论体系,韦伯的确是大胆的,韦伯的这种做法让我想到两个问题:其一,一种理论体系的建构是否一定要有一种基本的立场和观点;其二,在唯物主义和唯心主义之间是否有第三种立场和观点存在,我想这是两个非常有意思的话题。让我们再回到马克思和韦伯,毫无疑问,韦伯和马克思都强调文化的重要性,都承认物质和精神之间的相互作用性,对二者之间的比较还会在以后的章节中有所涉及。总之,韦伯认为资本主义社会的建立就是社会各领域中文化、经济、政治、法律以及艺术等方面理性化的结果,世界就是一个不断理性化的世界,就是目的理性和形式理性社会行动不断替代传统和情感等非理性社会行动的过程。在这样一个总的大趋势中,理性行为内部也发生了矛盾,理性社会中的计算、斤斤计较等目的理性行动逐渐趋于上风,而宗教、道德、信仰等价值理性行动逐渐趋于下风,韦伯就是沿着这样的思路对资本主义社会进行分析研究的。

二、社会关系和社会秩序

社会行为的展开即社会关系，在韦伯看来，“所谓‘社会关系’，依它的意义内容而言，乃是由多数行动者互相考虑对方，因此指向彼此联系的行为”。[①] 根据这一定义，社会关系的基本特征就在于行动者和他人间存在着某种最低限度的相互关联。一方面，韦伯的“社会关系”概念点明了行动者之间的互动性；另一方面，从人性的角度解读，则可以看作韦伯对人类生存的基本状态的描述，即人与人之间的相互交往性。韦伯认为社会关系具有以下特点：它有“单向式”和“双向式”两种存在的可能性；由于相互指向的所有参与者，并不必然赋予一特定的社会关系相同的主观意义，所以社会关系不一定就是“互惠”的关系；社会关系本身是中性的，它可以指战争、敌对等关系，也可以指互助、友爱的关系；由于任何社会关系的参与者都有着自己的主观意义，所以对于任何一方来说，社会关系都是“单向式”的，只有当参与者一方预设对方有着特定的态度，而将其行动导向这种期望时，社会关系才可能是相互指向的；社会行动中的行为动机和主观意图决定了社会关系的具体类型。韦伯重点介绍了两种社会关系，即“结合体”关系和“共同体”关系，前者是指“社会行动本身的指向乃基于理性利益的动机以寻求利益平衡或利益结合”，[②]后者“是指社会行动的指向建立在参与者主观感受到的互相隶属性上，不论是情感性的或传统性的”。[③] 这表明人为了利益的动机或者情感的需要总是倾向于某种团体或组织，人无法也不愿意作为孤独的个体而存在，它总是要与他人共在。

---

① [德]韦伯：《社会学的基本概念》，顾忠华译，广西师范大学出版社2005年版，第35页。

② [德]韦伯：《社会学的基本概念》，顾忠华译，广西师范大学出版社2005年版，第54页。

③ [德]韦伯：《社会学的基本概念》，顾忠华译，广西师范大学出版社2005年版，第54页。

韦伯是通过“社会关系”来界定“组织”概念，又以“组织”概念来引出“社会秩序”概念的。组织是一种特殊的社会关系，“一种对外封闭或限制局外者加入的社会关系，当它的规则是由特定的个人如领导者，以及可能是管理干部（他们通常同时具有代表性权力）来执行时，称之为组织”。[①] 实际上，在《经济与社会》中，韦伯是以“团体”概念来代替“组织”概念的，组织的存在与否主要看领袖或管理干部的存在与否。韦伯对“组织”或“团体”的界定表明韦伯并不是只注重个人的社会行动，同时也注意到了组织的行动，无论个体行动还是团体行动对于社会的稳定与发展都是不可回避的问题。“‘组织行动’，意指(a)为贯彻组织秩序，由管理干部本身凭借其执政权或代表权的正当性而执行的行动；(b)组织成员们接受管理干部依据规章所指导的（和组织有关的）行动”。[②] 韦伯对“组织行动”的界定引出了秩序[③]以及秩序的正当性问题。韦伯说：“只有当一种社会关系的内容是指向可决定的‘准则’才能被称为是一种‘秩序’。只有这样一种秩序才被认为有效，朝向这些准则的情形发生，多少也因为这秩序对行动者而言是义务性或视为楷模的。”[④]在这里，韦伯向我们传递了有效秩序的条件：秩序是可决定的准则，秩序对行动者的导向性作用源于行动者的义务感或视为楷模感。那么，秩序的正当性如何来保证呢？韦伯认为有两种主要的方式：其一，纯粹内在的，可以是情感的、价值理性的或宗教的；其二，特殊的外在效果或利害状况，如常规和法律。[⑤] 与此相应，秩序正当性的基础来源于传统：其效力在于原先

---

① [德]韦伯：《社会学的基本概念》，顾忠华译，广西师范大学出版社2005年版，第64页。

② [德]韦伯：《社会学的基本概念》，顾忠华译，广西师范大学出版社2005年版，第65页。

③ “秩序”一词在《经济与社会》中为“制度”。

④ [德]韦伯：《社会学的基本概念》，顾忠华译，广西师范大学出版社2005年版，第42页。

⑤ [德]韦伯：《社会学的基本概念》，顾忠华译，广西师范大学出版社2005年版，第45页。

便已被接受的,或基于感情上的信仰:新的宣誓与被认为值得仿效的模范所形成的效力,或基于价值理性的信仰——被视为绝对价值者所具有的效力,或基于被相信具有合法性的成文规定。这些合法性被参与者视为正当合理是因为:其一,那些利害关系者会自愿地同意并接受此种形式;其二,某些人对其他的人拥有正当的权威,因此便强制其服从。[①]

总之,"社会行动"、"社会关系"、"社会秩序及其正当性"等概念是韦伯描述现代资本主义社会特征的概念基础,尤其在韦伯对资本主义经济发展状态以及政治统治类型的分析中,这些密切相关的概念成为韦伯进行资本主义分析的类型概念和工具手段,这在下面几章的具体内容中都有明显的体现。

三、形式理性与实质理性

"形式理性"和"实质理性"概念是韦伯阐释资本主义理性社会发展状态的重要概念,二者之间的关系是韦伯揭示理性社会困境的重要手段。形式理性、实质理性是目的理性、价值理性在社会秩序领域中的具体体现,在韦伯的思想中占有重要的地位,它贯穿在韦伯经济、政治和法律思想的各个领域。

韦伯对"形式理性"和"实质理性"两个概念的阐释是直接通过经济行动的特征来说明的。经济行动的形式理性是指"经济行动中,不仅技术上可能且实际上真正运用的计算程度",所谓"实质理性"是指"一定的群体,通过经济取向的社会行动所进行的各种财货供给总是从某种价值判准的观点出发,且受此一判准检验"。[②] 通过韦伯的解释可知,形式理性强调技术上的计算性,而实质理性强调价值判断。"一项经济行动之所以是形式理性的,在于其能够以计量的、可计算的权衡思虑,表现出任何理性经济

① [德]韦伯:《社会学的基本概念》,顾忠华译,广西师范大学出版社2005年版,第48—49页。

② [德]韦伯:《经济行动和社会团体》,康乐、简惠美译,广西师范大学出版社2004年版,第36页。

固有的事前准备，并且实际上如此表现出来的程度”。[1] 实质理性意味着“光是考察纯粹形式上的明确无误的事实——目的理性的、在技术上最为适切的方法，的确已被计算在内——是不够的，另外还得设定诸如伦理的、功利主义的、快乐主义的、身份的、平等主义的和其他不管怎样的一种要求，并且借此来衡量经济行动的结果是否为价值理性的或实质目的理性的……”。[2] 同时，这些特点可以推及政治或法律行动，相应地就有了“政治形式理性化”、“法律形式理性化”以及“政治实质理性化”、“法律实质理性化”的说法。可见，形式理性的突出特点就是技术性和计算性，而实质理性的突出特点却是一种伦理性和价值性，就此而言，在本质上，形式理性与目的理性是相通的，而价值理性与实质理性也是相通的。

据此，一些研究者将目的理性完全等同于形式理性，将价值理性完全等同于实质理性。如陈振明在《韦伯的理性化问题——从韦伯、卢卡奇到法兰克福学派》[3]中将韦伯的“理性”概念作了工具理性和实质理性的划分，葛洪义也直接将目的理性、技术理性和形式理性等同。[4] 事实上，韦伯之所以在目的理性与价值理性之外又加入了形式理性与实质理性的划分是实际问题分析的需要，尤其是对资本主义社会秩序的特点进行分析时，单纯的目的理性或价值理性不能够准确地描述资本主义制度层面的特征。通过韦伯的著作我们会发现，他在进行宗教文化分析时基本使用的概念是“目的理性”与“价值理性”，而当涉及经济、政治、法律行为和相应的制度时就使用“形式理性”和“实质理性”的概念。由

---

① [德]韦伯:《经济行动和社会团体》，康乐、简惠美译，广西师范大学出版社 2004 年版，第 36 页。

② [德]韦伯:《经济行动和社会团体》，康乐、简惠美译，广西师范大学出版社 2004 年版，第 36—37 页。

③ 陈振明:《韦伯的理性化问题——从韦伯、卢卡奇到法兰克福学派》，载《求是学刊》1996 年第 4 期。

④ 葛洪义:《理性化的社会和法律——略论韦伯社会理论中的法律思想》，载《比较法研究》2000 年第 3 期。

此可见，目的理性、价值理性与形式理性、实质理性描述的对象有所不同，而且，从其概念的外延来看，目的理性与价值理性比形式理性与实质理性要宽泛。因此，我们还不能直接将目的理性等同于形式理性，将价值理性等同于实质理性。

然而，韦伯最为关注的不是这些概念的内涵，而是形式理性与实质理性或者目的理性与价值理性的关系问题。在资本主义社会建立及发展的过程中，社会的文化、经济、政治、法律等领域都发生了重大的变化，这些社会领域中的变化引起了人类生存方式的转变，韦伯主要通过目的理性与价值理性之间的关系以及形式理性化与实质理性化之间的此消彼长来解释这些变化。如果说目的理性化与价值理性化是韦伯就人的社会行为取向的划分，那么，形式理性化与实质理性化则是韦伯就社会秩序的特征而言的，形式理性与实质理性是目的理性与价值理性在具体社会领域中的体现，这两对矛盾直接关涉到人类在现代社会中的实际生存境况。

韦伯对形式理性与实质理性的区分使得他对资本主义理性社会的经验性分析有了理论的依托（尤其在社会秩序层面上的分析）。"Brubaker 认为对形式与实质理性的区分，是韦伯基本的社会思想，联结起韦伯对当代社会之经验分析与道德关怀，并有[方法论]及[实质上]的显著意义。所谓方法论上之意义是指，和理性概念在西方社会秩序之纯粹分析地位，使得韦伯更能强调价值中立[①]的看法。至于实质上的意义有两方面，一方面是指，在形式理性下，一种现代西方社会秩序[特殊而独特]之合理性乃是：社会秩序合理化——最大程度之可计算性——之目的，经常不是一个真正的目的，而只不过是，对目标之目的性的追求活动，没有任何帮助的普遍化方法而已；另一方面更重要，形式与实质理性的区分，可作为探讨现代社会经济秩序特定之内在紧张（尤其是资

① 价值中立是韦伯的社会学方法之一，它强调要将价值判断从社会科学中剔除出去，分清价值领域与事实领域的界线。

本经济之形式理性与从平等主义、友爱而来之实质不合理性之间的紧张)的一个跳板"。[1] Brubaker对韦伯区分形式理性与实质理性的意义表明得比较清楚。陈介玄在此评价基础上,从四个方面概括了韦伯区分形式理性与实质理性的意义:1. 形式与实质理性的区分,使得社会实体的分析成为可能。2. 形式与实质理性的区分,是一个[距离的透视],开启了[反身自省]的可能性。3. 形式与实质理性的区分,预设了批判的可能性。4. 形式与实质理性的区分,指明了西方自主与自由的理想与责任。"韦伯在这个论述命题中,已暗中透显出,其中基本的人文关怀是它形成概念指控的动力,而这个关怀无非是人的自主与自由。在此,形式与实质理性的区分完成了人对自由与自主的醒觉"。[2] 陈介玄的概括是全面而深刻的,韦伯就是通过这一概念的划分来打通了社会秩序与人的自由之间的理论界限,并为对现代社会中的理性批判设置了话语系统,为人类深思自身的生存境况找到了突破口。"韦伯这两个概念的区分,不但昭显了文明的形态,也点明了它的限制"。[3] 这种限制就在于形式理性与实质理性之间可能存在的矛盾,或者就是在现代文明社会中,形式理性对实质理性永无休止的剥夺与侵蚀。总之,韦伯就是利用社会行动理论中提供的诸多概念,尤其是社会行动中的"目的理性"与"价值理性"以及社会秩序层面的"形式理性"与"实质理性"等概念来描述资本主义社会建立与发展的过程及其影响的。

---

① 转引自张维安、翟本瑞、陈介玄:《韦伯论西方社会的合理化》,台北巨流图书公司1989年版,第247—248页。

② 张维安、翟本瑞、陈介玄:《韦伯论西方社会的合理化》,台北巨流图书公司1989年版,第251—252页。

③ 张维安、翟本瑞、陈介玄:《韦伯论西方社会的合理化》,台北巨流图书公司1989年版,第251—252页。

第二章　文化理性化与人类生存境况

在韦伯看来,理性化是资本主义的根本特征,它体现在文化、经济、政治和法律各个方面,西方资本主义的理性化进程即文化理性化、经济理性化、政治理性化和法律理性化的进程。

韦伯指出:"凡是利用企业方法以满足人类团体所需要的产业之处,即有资本主义,无论其需要的内容是什么。说得更具体些,一个合理的资本主义经营就是利用资本计算制度的经营,换言之,即根据近代簿记与收支的平衡结算的方式以确定其收益能力的一种经营。"[①]近代资本主义产生的最起码的前提就是:合理的资本计算制度得以成为一切供应日常所需的大营利经济的规范,它需要以下条件:1. 占有一切物质的生产手段(土地、设备、机器、工具等),这些都成为可由独立经营的私人企业所自由处置的财产。2. 市场之自由,即在市场上没有任何对贸易的不合理限制。3. 合理的技术,即最大可能程度的计算,它意味着机械化,这是资本主义式会计制度的前提。4. 有可以计算的法律。想要合理地经营资本主义形式的工业组织,就必须有可以预先算计的判

---

① [德]韦伯:《经济与历史;支配的类型》,康乐等译,广西师范大学出版社2004年版,第152页。

断及管理。[①] 5. 自由劳动力之存在。他们不但在法律上可以自由地——而且在经济上亦须被迫——在市场上不受限制地出卖自己的劳动力。6. 经济生活的商业化。亦即企业之股份权与财产权通常都以商业化的工具来代表，即各种需要的满足，必须有可能完全以市场机会与纯利的计算为基础。总之，韦伯认为："归根究底，产生资本主义的因素，乃是理性的持久性企业、理性的簿记、理性的技术及理性的法律。不过，这还不算完全，我们还得再加上理性的精神、理性的生活态度以及理性的经济伦理。"[②]

韦伯将产生资本主义的因素归结为经济、技术、法律、政治以及文化各领域的理性发展，西方资本主义的产生就是西方文化理性化、经济理性化、政治理性化和法律理性化综合作用的结果，这使韦伯始终从横向和纵向两个方面考察资本主义的产生与发展问题。横向上，韦伯注意到文化、经济、政治、法律诸领域之间的内在关联以及这种内在关联对于现代资本主义产生的影响；纵向上，韦伯注重文化、政治、经济、法律各领域理性化发展的历史进程。也正因此，韩水法认为："韦伯任务的关键，就是要从这些错综复杂的关系和历史现象之中找到独特的经络，韦伯思路的核心于是就理解为：从其他社会所无而为西方社会所特有、但在全部西方历史中却普遍存在的因素，与西方历史某一特定时期的独特文明现象的汇合之中，发现现代合理的资本主义产生的枢纽。"[③]因此韦伯考察了西方文化、经济、政治、法律理性发展的脉络以及各个领域的理性化发展状况。在各个领域的考察中，韦伯发现理

---

① 此条在姚曾翻译的《世界经济通史》（上海译文出版社 1981 年版，234 页）中被译成"可预测的规律"，但在接下来的 24 章中，又有这样的句子："我们已经认清企业家的占有生产手段、市场的自由、合理的技术、合理的法律、自由的劳动和经济生活的商业化都是资本主义企业的特征和先决条件。"在此"可预测的规律"又改成了"合理的法律"，由韦伯对第四个条件的解释可知，译为"合理的法律"是恰当的。

② [德]韦伯：《经济与历史；支配的类型》，康乐等译，广西师范大学出版社 2004 年版，第 181 页。

③ 韩水法：《韦伯》，台北东大图书股份有限公司 1998 年版，第 112 页。

性化是近代资本主义社会的根本特色,理性社会面临的问题就是随着资本主义理性化而来的人类面临的生存矛盾。具体来讲,就是随着文化理性化而来的文化统一性意义的丧失,以及随着制度理性化而来的人类自由的丧失。通过这样一个考证过程我们会发现西方资本主义理性化的进程就是人类社会行动从非理性向理性的逐渐过渡,以及社会秩序从非理性组织形态向理性组织形态不断发展的进程,而理性化自身也呈现出人类观念的理性化、行为的理性化、文化价值的理性化以及社会制度的理性化的多面相状态。

第一节 文化理性化的缘起:入世禁欲主义[1]的新教伦理

根据韦伯对理性化内涵的解释,文化理性化符合价值观念的系统化和抽象化这一内涵,即"若就体系思想家之于世界图像的理性观点而言,理性主义指:以越来越精确的抽象概念为手段,越来越能理论性地支配现实"。[2] 它意味着一种世界图像的抽象概念化和体系化以及对人类现实行为产生的支配作用,并导致人类

---

① "入世禁欲主义"是韦伯对典型的宗教伦理类型的理念型建构。在韦伯看来,它与"出世的冥思"是两种决然对立的救赎宗教伦理。入世禁欲主义是"通过此世的'志业'之功,以驯化被造物的堕落状态";而出世的冥思则是极端的神秘论,它是通过彻底地逃离现世来达到救赎的目的。这样两种救赎类型产生了不同的实际效果。前者是行动的禁欲,亦即身当神的工具者的一种合乎神意的作为;后者趋向一种救赎"拥有"的状态,而非行动,个人不是神的工具,而是神的"容器"。行动的禁欲实行于尘世生活中,成为世界之理性的缔造者。"以其'有福的顽强'实行积极、神圣的上帝意旨;上帝意旨的终极意义纵然隐而不显,然而就当它是现存于圣意所命的、被造物的理性秩序之中。相反地,对神秘者而言,跟本身的救赎最为紧要的是通过神秘的体验捕捉那终极的、彻头彻尾非理性的意义"。见[德]韦伯《中国的宗教;宗教与世界》,康乐、简惠美译,广西师范大学出版社 2004 年版,第 510 页。

② [德]韦伯:《中国的宗教;宗教与世界》,康乐、简惠美译,广西师范大学出版社 2004 年版,第 492 页。

行为的计划性和目的性安排。韦伯发现，文化理性化是伴随着西方16世纪的宗教改革进行的，它构成西方近代资本主义产生与发展的内在精神动力，成为资本主义社会理性化的重要内容和体现，同时对人类生存状态产生了重要的影响。

韦伯紧紧抓住新教伦理的根本特色与资本主义精神的内在联系这一关键来阐释西方资本主义现象，从新教伦理的典型代表马丁·路德[①]和加尔文[②]对宗教观念的转变分析入手，找到新教伦理的根本特点，即入世禁欲主义。他认为入世禁欲主义的新教伦理为西方世界设定了一套独特的世界图像，这一世界图像对教徒的行为具有严格的规制作用，它决定了新教徒有计划、有系统、有组织的理性生活方式。入世禁欲主义的新教伦理就是近代资本主义精神的来源，它成为西方资本主义社会产生的内在动力。

韦伯首先引用富兰克林的一段话来描述近代资本主义精神的基本气质，即珍惜时间、勤俭节约、诚实守信、注意细节、谨慎小心，其根本目的就是赚钱。科恩伯格曾在《令人厌烦的美国》中用一句话做了总结，即“从牛身上榨油，从人身上赚钱”。韦伯认为：“这种贪婪哲学的特点，似乎在于表现了享有信誉的老实人的理想，尤其是表现了个人对于增加自己的资本并以此为目的的负有某种责任的观念。确实，这里所宣扬的绝不单纯是立身处世的手段，而是一种独特的伦理。违背了这个伦理的规则，不被人认为是愚蠢，而被看作是渎职。这才是事情的实质。它不单是那种到处可见的商业的精明；而是一种精神气质。这正是我们感兴趣的特质。”[③]这种精神气质实质上就是韦伯所谓的资本主义的精神气质，就是近代在西欧和美国出现的资本主义精神，正是这些规则

---

① 马丁·路德(Martin Luther，1483—1546)，德国教士、宗教学者，矿场经营者之子，他攻击天主教各种谬误的《九十五条论纲》掀起了欧洲史上著名的宗教改革。

② 加尔文(John Calvin，1509—1564)，法国新教神学家，16世纪欧洲宗教改革运动的主要人物。

③ [德]韦伯：《新教伦理与资本主义精神》，黄晓京、彭强译，四川人民出版社1986年版，第24—25页。

支配着人不断地赚钱和获利，使赚钱与获利成为生活的最终目标。韦伯认为这是资本主义的一项主导原则，是没有处在资本主义影响之下的任何民族所不具备的，同时它表现了一种与一定的宗教观念密切相关的情感，这样韦伯就在资本主义的文化气质与宗教情感之间寻找到一种契合。

一、路德的天职观和加尔文的恩宠论

韦伯看到路德的天职观与加尔文的恩宠论在西方新教伦理中的关键作用，于是以此为切入点分析新教伦理设定的世界图像。韦伯注意到以劳动为天职的观念对资本主义经济的迅速发展产生了重要影响，这种主导原则实质上就是职业责任。韦伯认为："它是资本主义文化的社会伦理的最重要特征，而现在，一定意义上也是资本主义文化的根本基础。它是个人对其职业的内容应当感觉的而且确实感觉着的义务，不论这个内容包含着什么，特别不管它在表面上是利用个人的力量，还仅仅是利用个人的物质财产（作为资本）。"[①]为此，韦伯考察了路德的天职观。路德从词源的角度考察了"天职"一词，其德语词是"Beruf"，英语词是"Calling"，它最初指一种宗教观念，即上帝安排下的任务的观念。天职在现代意义上的使用，最早见于路德对圣经的译文中，此后迅速在所有新教民族的日常语言中具有了它今天的意义，这种新的思想的产生是宗教改革的结果，它确定了一种新的价值评判标准，即个人道德活动所能采取的最高形式，应以其履行世俗事务的义务进行评价，正是这一点使日常的世俗活动具有宗教意义。"这样，职业思想便引出了所有新教教派的核心教理：上帝应许的唯一生存方式，不是要人们以苦修的禁欲主义超越世俗道德，而是要人完成个人在现世所处地位赋予他的责任和义务，这

① ［德］韦伯：《新教伦理与资本主义精神》，黄晓京、彭强译，四川人民出版社1986年版，第27—28页。

是他的天职”。[1] 韦伯指出，最初路德的改革思想与中世纪流行的传统是一致的，即虽然承认世俗活动体现上帝的意愿，是信徒生活中必不可少的物质条件，可是世俗活动本身如同吃饭、喝水一般，在道德上是中性的，但这种经院式的观点很快就消失了。那种在任何情况下，履行尘世的责任，是使上帝接受的唯一生存方式的观点越来越受到重视，唯有这种生存方式才是上帝的意愿。因此，任何一种尘世的正当的职业在上帝那里都具有同等的价值。在韦伯看来，路德的这种观点尚没有任何意义上的资本主义精神，因为路德的职业观从根本上来说还是传统主义的。“个人应当永远安守上帝给他安排的身份、地位和职业，把自己的世俗活动限制在生活中既定的职业范围内”。[2] 路德所谓的职业是“指人不得不接受的、必须使自己适从的、神所注定的事”。“因而，当时唯一的伦理观是消极的：世俗工作不再低于苦刑活动；人们宣扬要服从权柄，安于现状”。[3] 因此，韦伯要到具体的新教教派中找寻与资本主义精神有着契合意义的宗教因素。

这一因素就是加尔文教的命定说和恩宠论，加尔文教不像路德教来自于宗教经验，而是来自一种思想逻辑的需要。最初的加尔文教认为，“教令的全部意义在于上帝，而不在于人；上帝不是为了人类而存在的，相反，人类的存在完全是为了上帝，一切造物，只有一个生存意义，即服务于上帝的荣耀与最高权威，以尘世公正与否的标准来衡量上帝的最高旨意不仅是毫无意义地，而且是亵渎神灵的，因为只有上帝才是绝对自由的，即不受制于任何法律的。我们只是根据上帝自己的意愿，才能理解或仅仅知晓上帝的意旨，我们只能牢牢抓住永恒真理的这些碎片，其他任何一

---

① [德]韦伯：《新教伦理与资本主义精神》，于晓、陈维纲译，生活·读书·新知三联书店 1992 年版，第 59 页。

② [德]韦伯：《新教伦理与资本主义精神》，于晓、陈维纲译，生活·读书·新知三联书店 1992 年版，第 63 页。

③ [德]韦伯：《新教伦理与资本主义精神》，于晓、陈维纲译，生活·读书·新知三联书店 1992 年版，第 63 页。

切，包括我们个人命运的意义，都隐于冥冥神秘之中”。[1] 人们能够知道的是有一部分人能够得救，其余则被罚入地狱，上帝不再是富有人情味的存在，而是一个超然的人类不能理解的存在物，他以圣谕规定了每个人的命运，并永恒地规定了尘世的一切琐细之事。上帝的这种判决是不能改变的，它永远地决定了一个人的命运，对于那些它赐予了恩典的人来说，它的恩典是不会失去的，而对于那些上帝决定不赐予恩典的人来说，他的恩典也无法得到一样。这一极端的非人性教义使每个笃信上帝的人陷入了空前的内心孤独，因为任何的教士、教会、圣事都不能够拯救他。韦伯认为，“宗教发展中的这种伟大历史过程——把魔力从世界中排除出去，在这里达到了它的逻辑结局；这个过程从古希伯来预言家们开始，而后与希腊人的科学思想相融合，把所有以魔法的手段来追求拯救的做法都当作迷信和罪恶加以摒弃”。[2] 这就是清教徒为什么对一切文化和宗教中感官的和情感的成分都予以彻底否定的原因。

可是教徒们疑惑的问题是：我是不是上帝的选民，我如何确定自己是否处于恩宠状态？对于这一问题的回答，却使教徒消极的孤独的生存状态发生了根本的改变。牧师们面对这一问往往有两种劝诫：一是把自己当作选民，把所有的疑虑都看作魔鬼的诱惑，并与之进行坚决的斗争，这被认为是一种责任；二是为了获得确定恩宠的自信，紧张的世俗活动被当作最合适的手段，只有紧张的世俗生活能够驱散宗教的疑虑，获得恩宠的确定性。因此，“宗教信仰者既可以因为他觉得自己是圣灵的容器也可以因为觉得自己是神的意愿的工具而确信自己已处于恩宠状态”。[3]

① ［德］韦伯：《新教伦理与资本主义精神》，于晓、陈维纲译，生活·读书·新知三联书店1992年版，第78页。

② ［德］韦伯：《新教伦理与资本主义精神》，于晓、陈维纲译，生活·读书·新知三联书店1992年版，第79页。

③ ［德］韦伯：《新教伦理与资本主义精神》，于晓、陈维纲译，生活·读书·新知三联书店1992年版，第87页。

这通常使他们的宗教生活倾向于禁欲主义状态，然而，这种确证必须用客观效果来予以证实，而这种客观效果就是一种增加上帝荣耀的基督教行为，这种行为是由上帝的意愿决定的。“只有上帝的选民才真正拥有这种有效的信仰，只有他才能通过他的重生和由此而来的全部生活的神圣化来增添上帝的荣耀，靠的是实实在在的而非表面化的善行。正是通过他的意识，他的行为才是以他自身内一种为上帝的荣耀而工作的力量为基础的，起码就其行为的最根本特征和持恒的理想来说是这样。他也意识到，达到这种宗教所力求获得的最高的善，即被拯救的确定性，不仅仅是上帝的意愿，而且应该说是由上帝促成的”。[①] 但上帝要求的不是个别的善行，而是结合成同一个体系的善行生活，是一辈子的善行，于是，普通人的道德行为摆脱了无计划、无系统的特点，而服从于某种前后一致的方法；圣者的现世生活完全合理化了，它完全为增加上帝的荣耀为获救的目的所支配。

在新教徒看来，赚取财富不仅是上帝所允许的，而且赚取财富的多寡都直接关系到获得上帝的恩典状态。上帝为每个人安排了不同的职业和分工，就要求每个人竭尽全力做好这份工作，把握好这个赢利机会，以便获得更多的利益，这正是接受上帝的恩赐，为上帝服务的机会。财富本身不是罪孽，只有当财富诱导人游手好闲、无所事事、贪图享受时，它才成为一种不良的东西，只有当获取财富的目的是为了以后生活惬意、无忧无虑时，它才成为一件坏事。但其作为一项职业义务而言，获取财富在道德上是允许的，也是必行的，不过放纵挥霍和奢华炫耀都是为新教徒所深恶痛绝的。禁欲主义竭力反对的只有一件事，即“听任本能地追求生活享受和这种享受所提供的一切”，它竭力反对冲动式的生活享乐，不论是贵族式的娱乐形式，还是平民百姓式的娱乐形式。他们强烈反对甚至仇视财产的自发享受，限制消费，尤其

---

① [德]韦伯：《新教伦理与资本主义精神》，于晓、陈维纲译，生活·读书·新知三联书店 1992 年版，第 87 页。

是奢侈品的消费，从而达到了限制消费和尽量获取利益的完美结合。

这就形成了加尔文教派的总体伦理特征：第一，入世性。它以增加上帝的荣耀为宗旨，恪守上帝的责任与义务，把紧张的世俗生活看作获得上帝恩宠确定性的手段。第二，禁欲主义。依照上帝的安排，尽最大可能地赚取财富是上帝的意愿，但是放纵挥霍却为新教徒所深恶痛绝。第三，全面系统性和计划性的理性主义。清教徒力求按照他的经常性的生活方式行事，只有其全部行为成为一个统一的体系，才能够成为上帝的选民，因此他们需要计划性地自我控制和对自己生活进行精心的规范，从而使自身的行为彻底理性化。

韦伯认为，加尔文教最主要的经济影响之一，乃在于其彻底摧毁了慈善的传统形式，首先它排除了无计划的施舍，因为无计划的施舍往往导致乞讨的出现与养成乞讨的习惯，慈善也成为一种纯粹的仪式，加尔文教为此画上了句号。它强调人只能从其职业劳动中得到神意的确证。再者，清教的牧师认为，有工作能力的人之所以失业，是其自业自得，但他们也主张对那些无劳动能力者有条理地组织慈善事业，从而使慈善的德行变成一种理性化的经营，致使宗教性意义被消除，甚至转化为相反的意义。

尽管其他的宗教派别与加尔文教派的这一入世禁欲主义伦理可能有着各种各样细节上的差别，但总体而言，正是这种完全的合理化使改革派的信念具有独特的禁欲倾向。它发展出了一种系统的合理行为方法，使人摆脱了不理智的冲动支配，使人服从于一种有计划有系统的意志的统治，使其行为处于经常不断的自我控制之下，并认真考虑这些行为的伦理后果。当这些观念内化于普通人的心灵中并外化为日常行为中时，它所产生的力量是难以估计的。韦伯认为，正是这些精神气质对资本主义的经济产生了重要的影响，为近代资本主义创造了巨大的财富。

二、新教伦理对西方资本主义的实际影响

韦伯认为：“基督新教的现世禁欲最先创造出一种资本主义

的伦理，虽然是非意图中的。因为它为最虔诚及最严守伦理的人打开了通往营利事业的道路。”[1]这种精神是促进西方资本主义社会产生的内在动力，这就是为什么近代资本主义仅仅出现在西方，而在同一时期的东方，虽然同样具有科学艺术等方面的理性因素却没能从自身内部发展出资本主义的文化原因。

在韦伯看来，正是新教伦理的内在特质排除了一切感官的和情感的非理性冲动以及各种形式的迷信和神秘主义因素，从而确立了西方社会理性主义的合法有效性。这种理性主义包括有系统的理性的法学体系，理性的和谐的音乐，合乎理性地使用哥特式拱顶的建筑学，一种理性的、系统的、专门化的科学职业以及训练有素的专业人员、尤其是行政人员，以及理性的政治的、技术的和经济的组织系统，自由劳动之理性的资本主义组织方式等等。通过对新教伦理与资本主义精神的考察，韦伯得出了这样的观点：“在构成近代资本主义精神乃至近代整个文化精神的诸基本要素之中，以职业概念为基础的理性行为这一要素，正是从基督教禁欲主义中产生出来的——这就是本文力图论证的观点。”[2]在此基本立场的指导下，韦伯列举了这种入世禁欲主义的新教伦理对资本主义社会产生的实际影响。

新教的职业伦理促进了近代劳动和利润的创造。韦伯说：“强调固定职业的禁欲意义为近代的专业化劳动分工提供了道德依据；同样以神意来解释追逐利润也为实业家们的行为提供了正当地理由。”[3]恪守本职工作，做好本职工作是上帝的意愿，是完成上帝安排在尘世的责任和义务，而对于清教徒能否从事多项职业或者衡量一种职业是否有用的尘世标准在于是否获得了更多的

---

① ［德］韦伯：《宗教社会学》，康乐、简惠美译，广西师范大学出版社2005年版，第265页。

② ［德］韦伯：《新教伦理与资本主义精神》，于晓、陈维纲译，生活·读书·新知三联书店1992年版，第141页。

③ ［德］韦伯：《新教伦理与资本主义精神》，于晓、陈维纲译，生活·读书·新知三联书店1992年版，第128页。

财富。如果上帝给予了赚取更多财富的机会而自身没有把握，这是对上帝的不敬，就是背离上帝的意愿、拒绝成为上帝的仆人，是上帝所不允许的。所以为赚取更多的财富，从事某项职业，是道德的，也是应该的，这是韦伯所看到的。然而，韦伯却忽略了它的消极影响，对于资产阶级来说，可以使他们心安理得地安排自己的生活方式，享受得到上帝恩宠的确证性的快乐而无视贫困阶级，而对于其他贫困阶级来说，他却不得不忍受被上帝遗弃的痛苦，不利于他们改变自身所处的不利境况，这致使资本主义社会缺乏一种真正的社会公正与平等。同时，假如一个人选择的一项职业没有使财富增加而是相反，这就证明他不是上帝的选民，那么他就是被上帝遗弃的人，这样一种结果对于一个一直笃信上帝恩宠的人来说是致命的打击，他可能就此消沉、失望乃至绝望，这可能造就一批新的社会流浪者，从而危害社会。所以，对于职业灵活选择的道德解释，一方面有益于资本主义生产，另一方面对资本主义生产也有着不可忽视的消极意义，而韦伯忽略了这一消极影响。

新教的恩宠论对资本主义理性组织与生产具有鼓励作用。韦伯说："我因上帝的恩宠而尽善尽美，这种感恩戴德之情深深渗入清教中产阶级的人生态度之中，它对资本主义英雄时代那种严肃刻板、坚韧耐劳、严于律己的典型人格之形成起了相当的作用。"[①]客观上，它将宗教徒培养成忠实而理智的劳动者，使他们合乎理性地组织资本与劳动，为近代资本主义经济的发展提供了一批具有合理的生活方式的劳动者，它哺育了近代经济人。"那种强大的要求生活统一性的倾向在否定肉体崇拜的观念中找到了其理想的基础。而这种倾向直至今天仍然极大地增强着资本主义对生产标准化的兴趣"。[②] 然而，生活统一性标准的约束，可能

① [德]韦伯：《新教伦理与资本主义精神》，于晓、陈维纲译，生活·读书·新知三联书店1992年版，第130页。

② [德]韦伯：《新教伦理与资本主义精神》，于晓、陈维纲译，生活·读书·新知三联书店1992年版，第133页。

一定程度上会造成生产的故步自封。毕竟，为了荣耀上帝、增加财富，生产者可能会改革，但也可能会保持传统，因为他可能会觉得保持现状能够更加稳定地增加财富，从而获得上帝的恩宠的确证，而不愿冒险进行改革，惧怕因改革失败带来的被上帝的遗弃。这一点韦伯又忽略了。

新教徒的消费观念对资本积累的积极作用。“当消费的限制与这种获利活动自由结合在一起的时候，这样一种不可避免的实际效果也就显而易见了：禁欲主义的节俭必然要导致资本的积累”。① 一方面尽最大可能地获取财富，因为这是上帝的意愿；另一方面由于上帝反对财富的奢侈消费和纯粹的感官享受，这势必增加社会的财富，而财富的增加是为了更多地赚取财富，这势必要进行新的投资与扩大生产，这从客观上促进了资本主义社会的发展。然而，韦伯没有看到另一面，如果财富只是增加而没有跟上相应的消费，这势必会影响到消费行业的发展，消费对于生产的重要意义是可想而知的，没有持续的消费就不会有持续的生产，这势必会造成产品的积压或浪费。同时，对享乐甚至必要的文化体育运动的拒斥，使新教徒的生活单调而机械，人生的快乐和生命的丰富多彩都在对上帝的忠诚中消失殆尽，从根本上来说，这是对人性的压抑和歪曲。况且财富的增加是对新教徒的心理加压，财富的增加意味着他必须更多地赚取财富，意味着他背负的责任更加沉重，一而再、再而三地如此循环，终有一天，这种负荷会超过人的承压界限。这也许就是为什么随着资本主义生产的逐渐发展，宗教的根基慢慢萎缩的人性因素。马尔库塞曾指出：“‘内在世界的禁欲主义’在后资本主义已不再是一种推动力量，它已成为了为这个制度而效力的一种羁绊。凯恩斯就这样谴责过它，无论在什么地方，只要它会阻碍剩余商品的生产和消费，它对‘富裕的社会’来说就是危险的……人为的商品废弃，有计划

① ［德］韦伯：《新教伦理与资本主义精神》，于晓、陈维纲译，生活·读书·新知三联书店1992年版，第135页。

的合理性，成了一种社会的必然。那种内在世界的禁欲主义，已不再是作为生产力发展某一阶段上资产阶级的生活行为，它已成了在总体管理下毁灭生产的一个污点。”[①]事实上，这样一种内在的禁欲主义并不是在后资本主义时期才成为一种阻碍生产的羁绊力量，即使在资本主义生产组织形成的过程中，这种阻碍作用也一直存在着，可是韦伯却忽略了这种消极作用。

另外，韦伯认为禁欲主义使社会不公平秩序得以合法化，有利于维护资本主义的统治秩序：“禁欲主义还给资产阶级一种令其安慰的信念：现实财富分配的不均本是神意天命；天意在这些不均中，如同在每个具体的恩宠中一样，自有它所要达到的不为人知的秘密目的。”[②]这样一种信念使资本主义社会中的经济、政治等各领域中的不平等也合法化了，因为这是上帝的意愿，这从一定程度上有利于稳固资本主义的社会秩序。可是它却从源头上使人类要承认不公平就是公平，这对人类自身的自由、平等、全面发展显然是一个障碍。

通过对新教伦理与资本主义精神进而与资本主义社会之间关系的考察，我们发现因西方宗教改革而形成入世禁欲主义新教伦理的过程就是西方社会中文化价值观念逐步理性化的过程，亦即西方文化理性化的过程。它伴随着人们传统价值观念的瓦解和新的价值观念的建构，它诞生在宗教的摇篮里，最终却脱离了宗教的怀抱，发展成为一种现代意识结构。

---

① [德]马尔库塞：《现代文明与人的困境——马尔库塞文集》，李小兵等译，生活·读书·新知三联书店1989年版，第82页。

② [德]韦伯：《新教伦理与资本主义精神》，于晓、陈维纲译，生活·读书·新知三联书店1992年版，第139页。

三、韦伯、松巴特[1]、舍勒在资本主义起源问题上的争论[2]

韦伯从宗教文化的角度来探寻西方理性主义的缘起和发展历程是受松巴特的影响，许多韦伯思想的研究者都指出过这一点。迪尔克·克斯勒说："韦伯是在维尔纳·桑巴特的两卷本著作《现代资本主义》的激发下开始做这项研究的。桑巴特在书中讨论了卡尔文主义和贵格会教派在资本主义发展过程中的作用。同时，韦伯做这项研究也与受到那场已在德国持续了几年的关于宗教与经济发展关系讨论的启迪有很大关系。"[3]姬金绎也提到过这一点："1902年，沃纳·桑姆巴特(Werner Sombart)已发表了两卷本的著作《当代资本主义》。在书中，他探讨了加尔文教派和夸克斯教派(quakers)与资本主义发展的关系。"[4]根据玛丽安娜的记录，韦伯是在1904年结束美国访问后开始着手《新教伦理与资本主义精神》的写作，并于1905年发表的，而松巴特的著作问世于1902年。1903年韦伯和松巴特以及贾菲共同创办了名为《社会科学和社会政治文献》的杂志，经常交流。从时间上来看，韦伯研究新教伦理与资本主义精神问题是受松巴特的影响的。从韦伯的著作中我们也能发现韦伯经常提到松巴特，如"宋巴特曾认为，战争之大量的标准化的需要，为近代资本主义发展之决定性条件之一。此种观点必须缩减至适当的程度……以此，认为战争导致军队之需求，故为促成近代资本主义之原动力，实为错误的结论。战争诚为促进资本主义的因素，而且不仅只在欧洲，但此

---

① 松巴特即Sombart，又译桑巴特、桑姆巴特、宋巴特，本文中除了引文外，均用松巴特。

② 关于韦伯与桑巴特观点比较可参照于文杰之：《韦伯与桑巴特资本主义精神学说之比较》，载《学海》2003年第5期；关于韦伯与舍勒相关思想比较可参见詹世友：《韦伯与舍勒之争：经济时代的伦理精神之源》，载《南昌大学学报》2002年第1期。

③ [德]迪尔克·克斯勒：《马克斯·韦伯的生平，著述及影响》，郭峰译，法律出版社2000年版，第88—89页。

④ 姬金绎：《韦伯传》，河北人民出版社1998年版，第40页。

一动力并非决定性的”。[①]“同样，我们也不能同意宋巴特的主张，以为贵金属的流入，为资本主义发展的原因”。[②] 这些都可以说明松巴特对韦伯思想的影响，但二者对新教伦理与资本主义之关系问题上的看法还是有区别的。对韦伯与松巴特在资本主义起源问题上的异同，比较全面的研究是哈特穆特·莱曼的《资本主义的兴起：韦伯与松巴特》[③]一文，在此文中哈特穆特·莱曼详细考察了韦伯和松巴特在资本主义兴起问题上的异同。另外，我们知道，将资本主义的起源归因于某种思想或文化因素的思想家还有马克斯·舍勒，那么，韦伯、松巴特以及舍勒对此问题的分析有什么异同之处呢？我们稍作分析。

刘小枫对松巴特、韦伯以及舍勒在资本主义起源问题上的看法作过评价。他说：“韦伯的‘新教伦理与资本主义精神’的论文完成于松巴特的研讨之后，在讨论资本主义精神的特征时，采用的经典材料也相同（以富兰克林为主）。两人的根本分歧在于对现代型资本主义精神之宗教性起源的解释上：韦伯强调作为天职的工作欲及其他新教加尔文宗伦理的关系，松巴特强调的是赢利欲及其与中古经院哲学的理性主义取向的关系——阿奎那的学说中已经可以找到与个体得救无关的、纯世俗的赢利欲的辩护。舍勒在评价两者的论断时，支持韦伯的论点，然而对资本主义精神的本质及其宗教性起源的解释，舍勒与松巴特和韦伯均不同。舍勒不否认赢利欲、工作欲、勤俭、契约是资本主义精神的特征，但他认为资本主义精神的实质是‘怨恨’。”[④]这表明，尽管韦伯与松巴特和舍勒都从伦理观念方面找寻资本主义社会产生的原因，

---

① [德]韦伯：《经济与历史；支配的类型》，康乐等译，广西师范大学出版社 2004 年版，第 160—161 页。

② [德]韦伯：《经济与历史；支配的类型》，康乐等译，广西师范大学出版社 2004 年版，第 180 页。

③ [美]哈特穆特·莱曼、京特·罗特：《韦伯的新教伦理由来、根据和背景》，阎克文译，辽宁教育出版社 2001 年版，第 197 页。

④ [德]舍勒：《资本主义的未来》，刘小枫编校，罗悌伦等译，生活·读书·新知三联书店 1997 年版，导言第 12 页。

但其具体观点又有所差异。松巴特强调西方理性主义精神的传统性,韦伯强调宗教因素,而舍勒强调一种怨恨情绪。舍勒认为一种持续的、有规制的、理性的赢利欲并非根源于入世禁欲主义,而是根源于蕴含着极大冲动力的怨恨情绪的总爆发,这种观点遭到韦伯的极力反对,他说:“总之,我们能说的只是:怨恨可以是,而且往往到处都曾经是,影响社会上劣势阶层之宗教的理性主义的种种重要因素之一……无论如何,试图概括地以怨恨作为导出‘禁欲’的起源,是大错而特错的。”①韦伯对舍勒的批评是中肯的,我们无法接受将一种社会现象的产生归因于一种人类的情感或情绪的简单观点。舍勒本人也曾对松巴特和韦伯的相关思想进行过评价,他说:“我以为韦伯的出发点是正确的:在资本主义精神形成的过程中,无限制的工作意愿和赢利意愿之诸成分的起源,与人世欢乐和享受追求相比,与对财产和财富的追求相比,更有发生性的和时间上的优先。松巴特虽也指出营利欲,但韦伯的意思与他完全不同;松巴特指的是:已然变得无限制的‘赢利欲’是资本主义经济的最终心理原因。在韦伯看来,具有资本主义精神的新型担负人最初追求的目标不是‘赢利’或‘无限制的赢利’;赢利活动之所赢,不依赖于单纯自然的结果的有劳——而获本身成为一种持久的意志情态的内容。这是一个完全不同的世界!”②可见,在赢利欲这一层次上舍勒是赞成韦伯的,但赢利欲究竟来自何处,舍勒却与韦伯有不同看法。他认为,“宗教——形而上学的绝望以及对世界和文化的日益强烈的憎恨和人对人的根本不信任具有强大的心理力量,这一切恰是加尔文主义中资本主义精神的根子,人对人的根本不信任以纯然的‘孤寂的灵魂及其于上帝之关系’为口实摧毁了一切团契共同体,最终把人的一切联结

---

① [德]韦伯:《中国的宗教;宗教与世界》,康乐、简惠美译,广西师范大学出版社2004年版,第472页。

② [德]舍勒:《资本主义的未来》,刘小枫编校,罗悌伦等译,生活·读书·新知三联书店1997年版,第57页。

纽带引向外在的法律契约和利益的结合”。① 实质上,舍勒与韦伯都是从加尔文主义的教义找寻赢利欲的根源,但同样对人与上帝之关系的分析,即命定说与恩宠论,舍勒却将之归结为绝望与怨恨。

洪镰德评价韦伯说:“韦伯把意识形态和心理的变项插入于历史的分析中,使马克思视为当然的社会现象有了更细致、更深刻的解析,这是韦伯补足马克思粗枝大叶的地方。”②众所周知,马克思认定资本主义社会代替封建社会是历史发展的规律,支配这一规律的是生产力与生产关系之间以及经济基础与上层建筑之间的矛盾运动,实质上,马克思与韦伯分别采用了不同的研究思路来探究资本主义社会产生的原因问题,他们有着不同的话语视域。

第二节 文化理性化的对比性研究

为了突显西方文化的独特性,在对西方新教伦理的考察之后,韦伯还考察了亚洲宗教伦理,其目的在于以之与西方的新教伦理进行比较。韦伯曾明确表达过自己对世界文明比较的动机:“试图对几种最重要的宗教与经济生活的关系,以及与它们各自所处环境的社会阶层之间的关系,进行一番略览,以在必要的范围内对这两种因果关系进行彻底的探究,从而找出与西方的发展进行比较的要点。”③

一、亚洲宗教伦理的一般性格

韦伯研究了亚洲宗教,并指出了亚洲伦理的一般特点:1. 在

① [德]舍勒:《资本主义的未来》,刘小枫编校,罗悌伦等译,生活·读书·新知三联书店1997年版,第61页。

② 洪镰德:《从韦伯看马克思:现代两大思想家的对垒》,台北扬智文化事业股份有限公司1999年版,第165—166页。

③ [德]韦伯:《新教伦理与资本主义精神》,于晓、陈维纲译,生活·读书·新知三联书店1992年版,第16页。

亚洲没有任何宗教像基督教在西方一样居于唯一支配性的地位，总是各宗教自由竞争，教派林立。2. 不同的阶层有不同的救赎论和救世论。3. 知识，不管是学识性知识（关于世界与生活之意义的哲学知识），还是神秘性的灵知，都是最高救赎手段。但这种知识完全不是西方那种经验科学知识的理性学习与把握，而是肉体与精神的高度密集训练或禁欲苦行或神秘冥思，这就产生了救赎贵族主义和救世论的非社会和非政治的性格。4. 逃离现世或漠视现世的态度发展不出任何理性的、讲究方法的、入世的生活态度，对社会政治经济产生的是极端传统主义的影响。5. 存在一个卡理斯玛阶层，它决定了大众的生活状态，并授予他们巫术性救赎，卡理斯玛的完整性是亚洲社会秩序的特色。6. 在咒术盛行、极端反理性世界中，不可能开展出一条道路通往现世内的、理性的生活态度，不会产生出一种理性的实践伦理和生活方法论来。7. 以狂迷的手段获得恍惚的附身状态以及灵知的忘我入神状态对立于日常生活，高度的非理性阻碍了现世内生活态度的理性化。8. 亚洲人的营利欲所缺乏的正是对这种营利欲的理性切事化，即将之规制于一种理性的现世内的行动伦理体系。9. 西方理性伦理发生的社会结构是城市的政治市民阶层兴起的原因，而在亚洲，这种意义下的城市或受阻于氏族的完整性或种姓之间的异质性而无法产生。10. 亚洲知识分子那种贵族气的谦恭有礼以及意味深长的沉默的气质性格使他们倾向于内在的修养和内省反思，而不是专注于外界的社会政治关怀。11. 亚洲社会结构中源于地理结构的大陆性格也是缺乏理性方法论和经济论的原因之一。12. 担心外族人的踏入会激发神灵的愤怒和巫术性的祸害而拒外人于千里之外。13. 亚洲文化地区欠缺一种语言共同体。

总之，韦伯认为，由亚洲宗教产生出来的伦理观念而建构的世界图像，对于亚洲社会的理性发展没有起到像新教伦理在西方那样的积极作用，恰恰相反，它们作为文化体系的存在，从内在精神和气度方面阻碍了亚洲国家向理性主义方向的发展进程。时至今日，我们知道，亚洲许多国家也陆续走上理性主义发展的道路，而且以理性化为核心特征的现代化发展的速度异常迅速，典型的就是中国。毫无疑问，理性化是当今世界，无论西方还是东方都必须走的路径，这是一个不可避免的潮流和趋势。只有凭借理性化的强大力量，一个民族和国家才能在这个竞争激烈的时代处于有利地位，才有经济的、政治的和文化的发言权，只有拥有世界发言权，才能维护自身的正当利益和尊严，否则就只能处于被动挨打的境地。中国自 1840 年鸦片战争至 1949 年新中国成立这段曲折而漫长的奋争和求索之路就是最好的例子，落后就要挨打，这就是残酷的现实。而自新中国成立至今，中国社会发生了天翻地覆的变化，这种变化是我们顺应理性化历史潮流，集中精力大力解放生产力和发展生产力的结果，而解放和发展生产力的关键从一定程度上来说就是理性决策、理性管理和理性发展。显然，中国走的就是一条理性化的路子，只不过这种理性不是韦伯所谓的狭义的理性主义即资本主义，而是宽泛的理性主义道路，理性化同样是社会主义制度的重要特征，当今时代，理性化早已超出社会制度的限制成为世界性和普遍性意义的社会特征。那么根据韦伯的理论，既然中国等亚洲国家没有促发理性主义的文化动因，它们又是怎么走上理性主义发展道路的呢？亚洲宗教伦理与亚洲国家理性化的产生关系又是怎样的呢？这些都是需要我们深思的课题，我们将以韦伯的儒教[①]伦理观和印度教伦理观为例来思考这些问题。

二、韦伯的儒教思想

韦伯基于宗教社会学的视角，以一个西方学者独特的思维方

---

① 学术界对儒学是否是宗教、是否可称为儒教历来存有争议，彭耀光、孙建华作《儒学与儒教之争》一文较为全面和系统地总结、论述了儒学是否为宗教的论证过程、实质等问题，见《齐鲁文化研究》第七辑，山东文艺出版社 2007 年版。韦伯无疑是将儒学视为一种宗教的，不仅如此，他还将中国的儒教与基督新教、印度教、伊斯兰教、佛教等世界公认的宗教相提并论，进行对比性研究，阐释自己的宗教社会学思想。

式和对宗教这种特殊文化的深刻理解来审视中国的儒教,并拿来与基督教、佛教、印度教等宗教类型作对比,指出儒教塑造的入世、顺世的独特伦理是中国没能及时走上理性化之路的重要原因。韦伯的这一基本思想曾经在20世纪八九十年代备受推崇,一部分人亦借此攻击中国的传统文化,但随着中国以及韩国、日本、新加坡等儒家文化圈现代化的迅速发展,一些人认为儒家文化恰是促成这些地区经济迅速发展的精神因素,于是人们开始重新审视韦伯的儒教思想,其态度也由肯定转为否定。事实上,一方面韦伯的儒教思想有许多值得肯定之处,也带给我们许多有益的启示。另一方面,由于语言障碍、文化差异以及研究方法等方面的原因,韦伯的观点也存在一定的局限性。

今天,韦伯所标榜的入世禁欲主义的新教伦理在促发资本主义精神之后,慢慢枯萎了。正如韦伯所言:"这时,寻求上帝的天国的狂热开始逐渐转变为冷静的经济德性;宗教的根慢慢枯萎,让位于世俗的功利主义。这时如同道登所言,像在《鲁滨逊漂流记》中一样,这个在一定立场上仍在从事传教活动、与世隔绝的经济人取代了班扬笔下那个匆匆忙忙穿过名利场、在精神上寻求上帝的天国的孤独的朝圣者。"[①]新教伦理早已被以科学、自由、民主为核心的新的西方文明所替代,这种新的文明在促进西方资本主义经济迅速发展、创造巨大物质财富的同时,也使西方世界遇到了前所未有的矛盾和问题,韦伯所言的目的理性与价值理性的矛盾问题就是其一,更明显的是人的异化、能源危机、环境污染等现代性问题。许多进入现代化发展轨道的发展中国家和社会主义国家也正面临这些问题的挑战,如何在借鉴西方现代性促进经济迅速发展的同时,又避免重蹈西方发达国家的覆辙,这是每一个现代化发展国家都必须考虑的问题。于是,许多人开始将眼光聚焦于文化领域,西方所倡导的科学、自由、民主等理念是否是问题

① [德]韦伯:《新教伦理与资本主义精神》,于晓、陈维纲译,生活·读书·新知三联书店1992年版,第138页。

所在，值得我们深思，因为我们在步入现代化的过程中，西方的文化理念也渗入其中。中国自“五四”运动以后，西方科学与民主的口号随之而入，科学与民主在批判和推翻封建主义的进程中起到了重要的作用，它唤醒了沉睡、落后的中华民族，指引中国人追求新文化和新思想，在文化领域实现了革新。从此中国的文化结构发生了变化，来自西方社会的科学与自由，十月革命给中国送来的马克思主义以及中国本土的传统文化，其中，马克思主义逐渐在中国革命和建设实践中占据领导和支配地位，西方的科学与自由理念也深入其中，作为正统的中华传统文化却日渐萎缩。随着改革开放的开展，中国经济迅速发展，生产力和人民生活水平都有了大幅提高，综合国力和总体实力都不断攀升，毋庸置疑，在今天的世界舞台上，中国正在扮演着维护世界和平与发展不可或缺的角色。

可是，中国的现代化发展也遇到西方世界所面临的现代化问题，人口问题、环境污染问题、资源短缺问题、信仰危机问题都不可小觑，这使人们从文化、经济、政治等社会各方面反思现代性问题，尤其是信仰危机问题将中国人反思的矛头指向了文化领域。被西方文明排挤在边缘地带的中国传统文化重新吸引了人们的目光，发扬民族精神以及建设中华民族精神家园的呼声日渐强烈。江泽民同志在党的“十六”大报告中指出：“坚持弘扬和培育民族精神。”胡锦涛总书记在党的“十七”大报告中进一步指出：“弘扬中华文化，建设中华民族共有精神家园。”明确提出了应对信仰危机的文化策略，即建设中华民族共有精神家园，而文化建设的视线也明确转移到中华民族精神和中国传统文化中来。中华民族精神家园是中华民族的安身立命之所和精神安顿的栖息地，是中华民族悠久文化的灵魂，是民族生命力、创造力、亲和力、向心力的源泉，是全民族奋发向上的精神力量和团结和睦的精神纽带。今天，建设中华民族共有精神家园就是要发挥它强大的吸引力、凝聚力和感召力作用，团结全国各族人民，凝聚全球华人的强大力量，实现中华民族的伟大复兴。而儒家文化是中华民族文化的精神支柱和根脉,是中华优秀传统文化的精髓,因此,建设中华民族共有精神家园,弘扬和培育民族精神,必须大力弘扬儒家文化。这让我们不由地想起韦伯眼中的儒家文化,韦伯关于儒教的思想一直以来备受关注,这方面的研究成果也较多,但由于不同的人怀着不同的目的来看韦伯关于儒教的思想,结论也大相径庭。笔者在新的历史条件下,重新审视韦伯视野中的儒教思想,感触颇多,韦伯的儒教思想在社会发展理论方面给我们一些有益的启示,但也有一定的局限性。

(一)韦伯的儒教伦理观

韦伯研究儒教的目的有两个:一是考察儒教作为中国的重要文化形式对中国社会造成的影响,二是将中国儒教与西方基督教作对比,指出导致西方社会率先走上资本主义理性发展道路的宗教因素的独特性。

韦伯研究儒教关注的重点不是儒教作为一般宗教的本质、教义、教规等内容,因为他并不是单纯从一种宗教的角度来研究儒教的。这一点我们可以从他研究世界各大宗教的目的看出,他说:"在本书的一开头就想定义出何谓'宗教',是不可能的。要下定义(如果可能的话),也要等到这番研究结尾时才行。宗教的'本质'甚至不是我们的关注所在,因为某一特殊的共同体行动类型的条件与效应才是我们此一研究的旨趣。"[①]根据这一点可以确定,韦伯研究儒教的目的在于分析儒教这一共同体行动的条件及其效应,即儒教作为一种特殊的文化,它所倡导的生活方式、伦理观念以及它所塑造的群体特质,对社会经济、政治、法律制度以及社会总体发展所产生的影响。明确了这一点,我们就可以了解韦伯为何研究儒教却用了近四分之三篇幅的文字内容来关注中国的货币制度、行政与农业制度、法律制度、城市、君侯、士人阶层等社会制度问题。这种明确的目的性直接导致的后果可能就是在

---

① [德]韦伯:《宗教社会学》,康乐等译,广西师范大学出版社 2005 年版,第 1 页。

对儒教没有一个总体深入把握的情况下就妄下结论，因此，韦伯所得出的儒教阻碍中国理性化产生与发展的结论从一开始就埋下了受质疑的种子。

韦伯研究儒教的动机还在于将其作为亚洲宗教的代表与西方基督新教作对比，指出不同的文化塑造不同的伦理，对社会也会产生不同的影响。许多研究者因此进一步推论，韦伯是为了以此凸显西方文明的优越性与独特性，有欧洲文化中心主义之嫌。事实上，其目的在于凸显西方文明的独特性是可以理解的，因为任何文明对于自己的民族来说都是独特的，同样儒教文化对于中国也是独特的。但据此认为韦伯为了凸显西方文明的优越性就有些牵强，因为世界上任何一种文明都是平等的，都有自身产生、发展的独特土壤，没有高低、贵贱、优劣之分。将文明分等级，既不符合相互尊重、平等交流的原则，也违背价值多元化的现实格局，而韦伯是非常清楚价值多元化这一不可逆转的潮流的，这一点我们可在韦伯的著作中找到证据。他说："悠悠千年，我们都专一地归依基督教伦理宏伟的基本精神，据说不曾有过二心；这种专注，已经遮蔽了我们的眼睛；不过，我们文化的命运已经注定，我们将再度清醒地意识到多神才是日常生活的现实。"①"世界的各种价值领域，相互处在无可消解的冲突之中"，"不同的神祇在互相争斗，毫无疑问地永远在争斗"。② 韦伯深刻地认识到宗教作为一统天下的价值体系的崩溃导致文化统一性意义的丧失，人类不得不面对多元价值冲突和对立的局面。任何文化或文明都无权剥夺其他文明或文化的生存权与话语权，只要它对社会是有益的，并具有一定的接受群体。不承认和正视价值多元化的客观事实，就会造成许多有违世界和平与发展潮流的问题，如种族问题，对犹太人的迫害与杀戮就是明证。可见韦伯是清醒的，他只是以

① [德]韦伯：《学术与政治》，钱永祥等译，广西师范大学出版社 2004 年版，第 180 页。

② [德]韦伯：《学术与政治》，钱永祥等译，广西师范大学出版社 2004 年版，第 179 页。

他的思路来客观地审视基督新教以外的其他宗教，包括儒教，他没有扬此抑彼，也没有贬低他国文明来抬高自己文明的意图。

我们再看韦伯对儒教作用的阐释有哪些值得肯定，又有哪些需要商榷的地方。

首先，韦伯指出了儒教对于中国人君子人格的塑造作用，这是值得肯定的。对君子理想的追求恰是传统儒学倡导的对人“内圣”的期望，这是儒家思想的基本信念，即把成就君子人格作为个体生命的自然表达，不过韦伯也只是通过只言片语来理解和论证儒家思想的这些精髓。韦伯指出了三点，其一，“君子要避免美的诱惑”，[①]这实际上指的是儒家思想对个人自身控制力的约束，要求人必须自律，不能放任自流，要有抵制各种诱惑的自制力，这是君子品格之一。其二，“对朋友关系的忠诚被高度地赞赏”，[②]即我们通常所说的诚信，对朋友要讲信义，而“义”、“信”都是儒家思想的核心概念。其三，“只有通过不断的学习，才有可能臻于完美，而这指的是经典文本的学习。君子凡事都不断且重新的反省与学习”。[③] 这实际上是儒家思想倡导的个体生命要从知识上不断完善自身的表达。基于以上观点，韦伯进一步指出这些君子风度都须建立在“恭顺”这一最根本的品格之上。他说：“恭顺——纪律之母——是唯一真正绝对的义务，而人文教养则是人格完美的普遍性手段。”[④]即人格完美的最基本特征就是恭顺，这种恭顺存在于父子、君臣等基本社会关系之中，是衡量君子人格的最基本标准。韦伯对儒教塑造君子理想人格作用的陈述比较符合儒家思想的实际情况。毫无疑问，儒家思想对于中国古人、甚至今人

---

① ［德］韦伯：《中国的宗教；宗教与世界》，康乐等译，广西师范大学出版社2004年版，第232页。

② ［德］韦伯：《中国的宗教；宗教与世界》，康乐等译，广西师范大学出版社2004年版，第233页。

③ ［德］韦伯：《中国的宗教；宗教与世界》，康乐等译，广西师范大学出版社2004年版，第234页。

④ ［德］韦伯：《中国的宗教；宗教与世界》，康乐等译，广西师范大学出版社2004年版，第235页。

的教化作用都是有目共睹的，这种教化和塑造作用通过社会舆论、家庭教育、学校教育等外在因素以及个人内心的反省与体悟相结合的方式进行着。所谓社会舆论主要通过一种正面树立与反面抨击的渠道起作用，君子形象是社会普遍承认和赞美的正面形象，而一旦某人有违这些君子的品格特征，就会遭到周围人的不齿、指责，而这是很丢面子的事情，而中国人是最讲究面子的。家庭教育与学校教育则主要通过对经典文本的记诵与学习来进行，这些经典具有绝对准则性的权威与正统的纯粹化形式。这就将教育与政治统治联系起来，统治者通过经典考试来选拔官吏，而知识分子也通过这种经典考试的成功来证明自己的特殊身份以及光宗耀祖。

正因为个体对君子理想的追求往往以完善自身人格为主要目的，正所谓“修身、齐家、治国、平天下”，修身是第一位的，因此韦伯认为儒教属于一种入世的伦理，因为君子人格的塑造离不开社会政治地位的占有，即走仕途。“由于只有官职地位能够使个人人格臻于完美，因此它是唯一适合君子的位置”。[1] 通俗地讲，在中国古代，只有为官才更能体现自身的价值以及自身家族的威望和荣耀，这种观念根深蒂固，以至于今天的“官本位”思想仍是它的集中体现。韦伯进一步指出儒教虽然是一种入世伦理，但它不似基督新教以恩宠论与救赎论促使人忙于世俗的工作与事业，来达到自身被上帝恩宠的确证以及来世的拯救，不具有一种对现实的抗争性，反而具有顺从现实从而实现自身价值的意味。因此韦伯认为，儒教塑造的入世伦理不拥有对现实社会的改变力量，儒教“以一救赎宗教促成一种有规律的生活样式的中心力量，则并不存在”。[2] 况且，儒教的入世伦理在为官之道上，仍以恭顺为基本理念，这导致社会变革的艰难，另一方面导致儒教塑造了一

---

① ［德］韦伯：《中国的宗教；宗教与世界》，康乐等译，广西师范大学出版社 2004 年版，第 230 页。

② ［德］韦伯：《中国的宗教；宗教与世界》，康乐等译，广西师范大学出版社 2004 年版，第 243 页。

批统治者的传声筒，塑造的是一种和平主义的性格。总之，韦伯认为儒教本质上是一种顺世伦理，这与基督新教塑造的逆世伦理形成鲜明的对比。儒家倡导的恭顺、忠诚、孝道合而为一，对君主的顺从、对朝廷的忠诚、对父母长辈的孝顺都是统一的，“君主通常因王朝的理由而强调官职关系中的这些要素，而官吏之所以如此则是出自自身利害的考虑。封建制的残余仍然强烈地存在于中国的身份伦理中，对封建主的恭顺（孝），是与子女对父母的孝顺、官职层级结构中对上级的恭顺，以及一般人对任官者的恭顺并列的，因为孝这个共同的原则是适用于所有这些人的”。[①] 这对于维护当时的社会政治制度的稳定性是大有裨益的，也正因此，中国社会的改革之路不如西方社会迅速与彻底，而是阻力重重、异常艰难的。根据韦伯的阐释，我们会发现文化的牢固性稳固了政权和社会制度的稳固性，因此社会变革不仅意味着经济、政治和法律制度的变革，同样也是文化领域和精神层面的变革。

其次，韦伯注意到儒教自身经典传授的限度，指出在儒教伦理之外促进其发挥作用的“鬼神”世界。他认为：“对于鬼神及其功能的信仰，是中国平民大众唯一一份极具效力的大宪章。”[②]“因此，合法性作为一种美德，具体地受到泛灵论式的保证，而不只是一种整体人格的总体习性”。[③] 毫无疑问，鬼神在中国的确有着特殊的地位，人们会在不同的节日、以不同的仪式祭奠不同的鬼神，人们相信鬼神有知，它时刻在注视着自己的行为，而鬼神又具有异能，它有一定的道德标准，会根据这种道德标准惩恶扬善，这使人们对鬼神充满了畏惧之情，并以此约束自身的行为，避免犯鬼神之忌，受到惩罚。这样韦伯便将人的世界、鬼神的世界、社会制

---

① [德]韦伯：《中国的宗教；宗教与世界》，康乐等译，广西师范大学出版社 2004 年版，第 227 页。

② [德]韦伯：《中国的宗教；宗教与世界》，康乐等译，广西师范大学出版社 2004 年版，第 243 页。

③ [德]韦伯：《中国的宗教；宗教与世界》，康乐等译，广西师范大学出版社 2004 年版，第 243 页。

度、伦理四种基本因素联系起来，认为儒教自身的和平主义性格、顺世观念，通过对人的世界的伦理塑造，与中国的氏族制度、家族观念、经济制度、政治制度、法律制度错综复杂地结合在一起，构成了中国社会发展的全貌。

总之，在韦伯看来，儒教要求理性的适应这个世俗的世界，要求不断地、小心谨慎地自我控制，以维持通达的世间人的身份、尊严和荣耀，而新教伦理则将自我克制凝聚于上帝的意志中。儒教有意地使人处于各种社会关系中，并高度赞美和倡导那种恭顺的个人义务和社会关系，而新教伦理则始终将人与上帝的关系置于第一位。儒教使中国的各种经济、政治组织形式都固着于神圣的个人关系上，缺乏一种超越个人、兄弟情谊、家族关系的以纯粹营利为根本目的经济共同体或结合体，使中国总体上处于传统、习俗、官方私人关系的羁绊与制约之中。而西方社会则在新教伦理的作用下发展出了一种纯粹客观化的理性的法律和协议，理性的政治制度，从而走上了理性化的发展道路。而儒教却使中国社会的改革之路变得艰难，更不如西方社会迅速与彻底，这导致了中国没有能够像西方社会那样从自身内部产生一种促发理性主义趋势的精神动力，徘徊在落后、保守的社会发展状态中，没有率先走上西方理性主义的道路。

（二）韦伯儒教思想的积极意义

首先，韦伯以儒教为线索将人、神、社会制度、伦理四个因素有机联系起来，并依此四个因素以及彼此之间的关系来考察社会发展问题，这种思路是值得我们借鉴的。韦伯注意到儒教自身经典传授的限度，指出在儒教伦理之外促进其发挥作用的“鬼神”世界。他认为：“对于鬼神及其功能的信仰，是中国平民大众唯一一份极具效力的大宪章。”[①]“因此，合法性作为一种美德，具体地受

① ［德］韦伯：《中国的宗教；宗教与世界》，康乐等译，广西师范大学出版社2004年版，第243页。

到泛灵论式的保证，而不只是一种整体人格的总体习性”。[①] 鬼神在中国的确有着特殊的地位，人们会在不同的节日、以不同的仪式祭奠不同的鬼神，人们相信鬼神有知，它时刻在注视着自己的行为，而鬼神又具有异能，它有一定的道德标准，会根据这种道德标准惩恶扬善，这使人们对鬼神充满了畏惧之情，并以此约束自身的行为，避免犯鬼神之忌，受到惩罚。这样，儒教自身的和平主义性格、顺世观念，通过对人的世界的伦理塑造，与中国的氏族制度、家族观念、经济制度、政治制度、法律制度错综复杂地结合在一起，综合决定着中国社会发展状况。社会发展状况无非是由作为社会主体的人、社会伦理以及社会制度决定的，而韦伯将这些因素都通过宗教这一特殊的文化状态联结起来，而且言之成理，这给我们更为清楚和深刻地研究社会问题提供了一种有效的路径。

其次，韦伯关于儒教与中国现代化发展关联的阐释，其中关于儒教拥有者即士人阶层的生活伦理对社会发展状态具有重要影响的观点，对我们更好地理解人与社会之间的关系具有一定的积极意义。人与社会之间本质上是一种互动性关系。人是社会行动的主体，人通过价值观念和社会行动影响社会；社会是人存在的“场”，社会秩序的组织运行影响着人的存在方式，正是这种互动性促进了人类社会的发展。就人对社会的影响而言，可以归结为以下两方面：人通过价值观念影响社会；人的价值观念的转变会影响社会形态的转变。韦伯之所以选择宗教文化进行研究，关键原因在于宗教在韦伯处身其中的欧洲文明中占据着显著的地位，产生着深远的影响，这使韦伯充分认识到宗教作为一种价值观念在人的实际生活中扮演的重要角色。作为社会行动主体的人，其价值观念一旦确立，就会对社会产生或大或小的影响，尤其当个体的价值观念得到普遍的认可并成为社会的主流意识时，

---

① ［德］韦伯：《中国的宗教；宗教与世界》，康乐等译，广西师范大学出版社2004年版，第243页。

这种作用会更明显。正如帕森斯所说:“这里的基本观点是,制度化的价值系统当内化于个人的个性时,就能足以‘驱动’经济生产,完成无数的工业化劳动,并且使制度调整以及与这一过程有关的政治结构‘合法化’。”[①]人通过实践行动影响社会,实践行动是连接观念与社会的纽带,实际上,新教伦理观念、儒教伦理观念以及印度宗教观念对理性社会的正面和负面影响,恰恰是通过人的实际生活样式而实现的,只有人的社会生活方式的转变才是影响社会发展状态的关键所在。而人的实际行动即社会实践,只有将人看作实践的主体,人对社会的影响才能凸显出来。当然人的价值观念会在实践中起到重要的指导作用,但它绝不会起到绝对支配作用。当然,人类的实际生存方式绝不会是一种观念支配的结果,它受到多种因素的制约,比如环境、非理性的冲动以及理性等因素。

最后,既然宗教作为一种文化对于社会发展具有这样重要的意义,我们要充分重视宗教在社会中的地位,尽量发挥宗教作为一种文化心态对社会的积极作用。例如,宗教的教义、教规对人际关系的协调作用,宗教伦理发挥的凝聚力等等的作用,将这些积极力量转化到构建和谐社会的大潮中。要充分尊重各少数民族的宗教信仰,给予积极地引导与疏通,将对宗教神圣救赎的手段与实际的行为结合起来,并使之为社会主义现代化做出应有的贡献,以这种贡献来体现神对教徒的眷顾与恩宠。当然,我们也要抵制宗教的一些不利因素,如借宗教名义图谋不轨等危害社会的行为。

这进一步提醒我们,在全面建设小康社会的今天,不应该仅仅关注经济因素的建设,精神文化因素的建设同样不能忽视。正如韦伯所言,每一种经济发展背后都有一种文化根基在起作用,由此推论在中国特色社会主义市场经济的背后也应该有一种文

① [美]帕森斯:《现代社会的结构与过程》,梁向阳译,光明日报出版社1988年版,第113页。

化根基存在。那么这种文化根基是什么？她自然应该是中华民族的精神和灵魂，是中国博大精深的五千年文明中的精华，正是她孕育了中华民族的复兴与发展，并将在社会主义现代化进程中继续扮演精神支柱的角色。我们要努力培育民族精神，建设中华民族共有精神家园，塑造社会主义核心价值体系并使其渗透到每一个普通民众的心灵中，使之成为一种自然而然的、自觉自愿的内驱力，并外化为人们的实际生活行为，成为促进经济发展的一种精神力量，以便真正有益于中国特色的社会主义市场经济的全面健康发展以及社会主义和谐社会的构建。

（三）韦伯儒教思想的局限性

首先，由于文化的差异以及语言的障碍，韦伯采用集锦式的研究方法来考察中国的儒教，以只言片语式的理解来代替对儒教思想的整体理解，显然是不科学的。深刻理解、把握博大精深的儒教思想即使对于一位中国学者来说都不是一件容易的事情，更何况对于一位没有汉学家帮忙的外国学者。当然，这一点韦伯自己也很清楚，他曾指出："诸多文献资料与碑铭，被移译过来的不过是其中的一小部分，对于一个非汉学家而言，这真是个大障碍。遗憾的是，我并没有一位汉学专家来参与合作原典的考证。依此之故，笔者谨怀不胜惶惑迟疑之心，以最为保留的态度将本书交付印行。"[1]在没有汉学家帮助并且文献资料不充分的情况下，要想客观、公正地评价儒教思想是不大可能的。根据韦伯附录中对参考文献的介绍，我们可以发现韦伯参考的大多是德文译本，部分英文译本，他没有提到中文资料。仅仅依据翻译过来的资料来研究中国的文化的确是困难的，因为关于儒教思想的大部分经典即使经过现代文的阐释，对于生活于这种文化当中的中国人来说都不是一件简单的事，况且经过不同语言数次转折翻译之后的资料，也许早就失去了原本的意义，这是其根本局限性所在。

---

① ［德］韦伯：《中国的宗教；宗教与世界》，康乐等译，广西师范大学出版社2004年版，第376页。

其次，韦伯夸大了儒教对中国现代化产生与发展的阻碍作用。儒教与现代化之间的关系实质上是一种文化与社会变迁的关系。文化既是社会大系统中一个独立的子系统，又是与经济、政治、法律等其他社会因素相依存的小系统，文化对社会变迁具有重要的引导作用，先进的文化会促进社会的进步与发展，而落后的文化则会阻碍社会发展。社会本身就是一个包含文化、经济、政治、法律等综合因素的系统，因此，社会变迁同时意味着文化价值的改变。也就是说，社会的现代化产生与发展意味着文化、经济、政治、法律等诸多领域的现代化发展，否则这个社会发展就是不均衡和残缺的。我们在理解文化与社会变迁之关系时要清楚一点，文化对社会变迁的作用是巨大的，但这种作用绝不是决定性的，因为经济因素在社会变迁中起着更为根本的作用。这也是韦伯的《新教伦理与资本主义精神》屡遭批判的一个重要原因，他在书中虽多次澄清自己并不是文化决定论者，但他在实际论证过程却往往总让人产生这样的感觉，因为他在研究宗教这一特殊文化时，为了强调宗教伦理对社会发展的重要作用，而忽略文字的表达。以至于在研究儒教时，通过文字传递给我们的信息就是儒教成为中国经济、政治、法律等社会制度向现代性方向发展的障碍，儒教成为中国经济、政治、法律领域难以摆脱的魔咒，它制约着中国社会的现代性发展。显然，韦伯夸大了儒教作为一种特殊文化对社会变迁的实际作用。

三、韦伯的印度教伦理观[①]

在《印度的宗教——印度教与佛教》中，韦伯重点分析了作为正统宗教的印度教伦理。他认为以种姓仪式伦理、灵魂轮回与业报伦理、神秘主义救赎伦理为主要内容的印度教伦理，对印度社会的经济、政治、法律、科学等都产生了消极的影响，最终阻碍了印度理性资本主义的产生与发展。韦伯说："印度教所创发出来

① 这部分内容曾发表在《贵州社会科学》2007年第4期。

的，并不是对理性的、经济上的财富积累和重视资本的动机，而是给予巫师和司牧者非理性的积累机会，以及让秘法传授者和以仪式主义或救世论为取向的知识阶层有俸禄可得。”①印度教的影响“从来就不是发生在对大众的生活态度产生入世的、讲究方法的理性化的这个层面上，而多半是恰好相反”。② 总之，韦伯认为印度教没有形塑出像西方新教伦理那样的理性化文化。

(一)种姓伦理

印度教是建立在印度种姓制度基础之上的，正由于印度教与种姓制度之间的这种密切关联，韦伯首先考察了印度的种姓制度及其伦理。韦伯认为种姓制度完全是传统主义的，它的仪式主义伦理对于印度理性资本主义的发展起到了阻碍作用。

韦伯认识到要清楚认识印度教，就必须了解婆罗门在印度教中的地位，而要了解婆罗门在印度教中的地位，就必须了解婆罗门与种姓制度的关联。“种姓与婆罗门的地位，是印度教的根本原理”，③印度教首要即为仪式主义，种姓的仪式义务就是印度教的“法”，“‘法’即对个人具有约束性的社会伦理行为之‘道’与‘义务’”。④ 韦伯认为：“种姓秩序，就其整体本质而言，完全是传统主义的，并且在效果上是反理性的。”⑤其对经济层面的影响是消极的，并对其进行了具体的阐释。印度社会存在着四大种姓集团，婆罗门、刹帝利、吠舍和首陀罗，每一种姓之下又有许多次种姓。关键在于每一种姓都有自己的仪式和义务，即法，这些法包括以

① [德]韦伯：《印度的宗教——印度教与佛教》，康乐、简惠美译，广西师范大学出版社2005年版，第457—458页。

② [德]韦伯：《印度的宗教——印度教与佛教》，康乐、简惠美译，广西师范大学出版社2005年版，第457页。

③ [德]韦伯：《印度的宗教——印度教与佛教》，康乐、简惠美译，广西师范大学出版社2005年版，第10页。

④ [德]韦伯：《印度的宗教——印度教与佛教》，康乐、简惠美译，广西师范大学出版社2005年版，第243页。

⑤ [德]韦伯：《印度的宗教——印度教与佛教》，康乐、简惠美译，广西师范大学出版社2005年版，第143页。

下规则：不同的社会阶层有着不同的身份地位和不同的工种范围；各个种姓之间有着严格的界限，不准通婚，不准同桌共食，甚至连多看一眼都不行；种姓制度与印度氏族的巫术性卡理斯玛有着密切的关系，非常传统和顽固，有着不可动摇的稳固性；种姓成员一旦违反所属种姓的仪式或义务，会遭到被驱逐出此一种姓，甚至遭到放逐的下场；任何职业或任何劳动技术的变更都可能带来被降格的惩罚。

韦伯认为种姓禁忌的这种日常伦理，将印度教信徒牢牢地束缚在某个狭隘的范围内，使他们严格恪守各自种姓的仪式，从事着本种姓要求的工作，并最大可能地维持现状，循规蹈矩。这严重地束缚着人与人之间的关系，阻碍着印度经济与技术革命的发生，而且也对贸易、市场以及其他类型的社会共同体关系造成严重的障碍。在《城市的类型学》一部分中，韦伯就指出，印度的种姓禁忌伦理阻碍了西方意义下的“城市共同体”以及“兄弟同盟”的产生，而这些社会共同体的产生是资本主义经济发展的有利条件。而在种姓规则约束下的印度劳工的心态也不利于资本工业生产的进行。在韦伯看来，印度的劳工只是随机的劳动者，欧洲意义下的纪律对他们没有意义，提高工资并不能促使他们更勤奋，只会让他们休更长的假。这种种姓的归属感与种姓仪式主义的羁绊使印度教徒将其他的纪律看得很淡，而只是纪律涣散的劳动者，与西方社会中新教徒的心态截然相反。正如韦伯所说：“工匠本身固有强烈的传统主义，必然也会因此种种姓体制的礼仪规范而被推展到极致；而商业资本企图在代工制的基础上组织工业劳动而努力时，也势必会遭遇到比在西方更加强烈的抵抗。”[①]

固守职业的伦理同样存在于印度教中，而且它与种姓制度有着密切关联。这种固守职业“在印度被提升为一种根本的宗教义

① [德]韦伯：《印度的宗教——印度教与佛教》，康乐、简惠美译，广西师范大学出版社2005年版，第145页。

务，且为有力的宗教性约束所强化”，[1]而且这种对职业的忠诚完全是出自个人的救赎关怀，除了害怕改革会带来巫术性的惩罚外，职业的固守还在于对种姓的忠诚，这是印度教至高无上的准则。即严守传统规范，不贪、不偷，使来生有好的境况，这就是他们根深蒂固的思想观念。因此，韦伯认为“印度教的职业道德是所有可能想见的职业义务观当中最为传统主义的”，[2]“任何印度人想都不会想到的是：要将其在经济的职业忠诚上所获得的成果，看成是其恩宠状态的表征，或者更重要的事，将依据切事的原则而理性地改造世界，评价为神之意志的体现，并且着手去做”。[3]由此，韦伯指出了印度教的职业观和新教伦理的天职观的差异，同样是固守职业，由于目的根本的不同，产生了截然不同的社会效应。在印度教伦理中缺乏一种使人的心思有内转向外的东西，这种东西在新教伦理中表现为职业成果是确认上帝的恩宠的表现，而新的成果的获得也是上帝所赐予和欣赏的，于是新教教徒能转向对外在世界的改造与支配，而印度教徒却转向内在的期待与冥思。

基于以上分析，韦伯认为：“种姓禁忌的限制并不一定会扼杀资本主义。然而，在禁忌具有如此巨大影响力的地区，经济的理性主义显然是绝无可能由那儿萌芽的。”[4]总之，工业资本主义的近代形态无论如何不能在种姓体制的基础上产生出来，这是韦伯关于种姓制度对经济作用的根本观点。显然，韦伯将印度的种姓制度放在一个非常重要的位置，对印度种姓的本质、地位、种类、集团、纪律、发展等都作了详细的分析，最重要的是对宗教与种姓

① [德]韦伯：《印度的宗教——印度教与佛教》，康乐、简惠美译，广西师范大学出版社2005年版，第52页。

② [德]韦伯：《印度的宗教——印度教与佛教》，康乐、简惠美译，广西师范大学出版社2005年版，第157页。

③ [德]韦伯：《印度的宗教——印度教与佛教》，康乐、简惠美译，广西师范大学出版社2005年版，第455页。

④ [德]韦伯：《印度的宗教——印度教与佛教》，康乐、简惠美译，广西师范大学出版社2005年版，第51页。

制度的关系进行了深刻的剖析，注意到印度教与种姓制度之间根源性的密切关联，将宗教的影响范围由经济领域拓展到社会制度的领域。根据韦伯的分析，种姓制度在印度之所以能具有如此绝对支配权的原因，就是它与印度教的基本原理有着紧密的结合，于是在分析了种姓伦理之后，韦伯就转入对印度教的两个基本宗教原理：灵魂轮回信仰与业报教义的探讨，并就此指出了印度教伦理的又一根本内容：灵魂轮回与业报伦理。

（二）灵魂轮回与业报伦理

灵魂轮回信仰直接来自一个普遍的观念，即死后精神命运的问题，由于在印度有各色人种的共存，印度就成了此种观念的发源地。最初，离了体的灵魂在印度并不被认为是“不死”的，葬礼只是为了使死者安息并抚慰他们对于幸存者的嫉妒与愤怒。在印度，婆罗门是祭司仪式的拥有者，在他们看来，如果不供奉牺牲，他们就会饿死，所以供奉是意义重大的事情。有时，人们也会祈求神的长寿，慢慢就形成了这样的观念：不管是神还是人，在彼岸的操作都不会是长久的。而当婆罗门开始思考自身的命运时，认为死去的精神会再度有一个存在，精神或灵魂会不断转生，从一个消逝的事物转到另一个存在体上，这就是灵魂轮回信仰的基本教义。

印度教业报教义是指：第一，彻底相信任何与伦理相关的行为必然会影响到行为者的命运，并且没有任何的影响会使其消失掉，此即“业”的教义；第二，业报的观念是与个人在社会组织里的命运相结合的，也就是与种姓秩序相结合。个人所有的公德与过失决定了灵魂再生时的命运，命运好坏的程度取决于公德与过失的差额程度。韦伯用一句话概括了这个在婆罗门的作用下完成的教义，那就是：“前世的公德与过恶决定现世的命运，现世的公德与过恶决定来世的命运；人在生与死的无尽循环当中，命运全然操纵于个人的所作所为。这就是业报教义的彻底形式。”[1]个人的种姓地位不是偶然的，无论生在高贵的种姓，还是不净的种姓，都是其前生的所作所为决定的。虽然一个不净种姓的信徒会企图通过符合种姓礼仪的模范生活来换取来生的好的境遇，但至少在今生，逃离现存种姓是无望的，因为他们无法摆脱循环不已的业报机制。

根据韦伯的分析，灵魂轮回与业报教义的结合使印度教徒形成这样的世界观。在人与世界之间，人的唯一目的就是脱离这个世界，这样一种对待世界的消极态度和对世界的漠视无论如何也发展不出西方的理性主义，对人们的实际生活也起不了多少作用。因为在印度教徒看来，无常性是世界整体的本质，世界是不真实的、非本质的，“实在与巫术，行为、理智与心境，似梦的灵知与敏锐自觉的情感，不仅相互共存也彼此渗透，因为，所有的一切，相对于唯一真实的神圣存在，最终，毕竟同样都是不真实的、非本质的”，[2]只有两种恒常的实在即永恒的秩序和永远轮回的灵魂。世界秩序之不变的教条使任何救赎宗教都会表现出贬斥世界的倾向，都演变成绝对的逃离现世，其最高手段是神秘的冥思。“种姓的秩序与位阶是永恒的，就像天体的运行及物种与人种之间的差异。想要破坏它是无谓的。转生的结果人可能变成生存在‘狗的肚肠中的一条虫’，不过依其行止，他也可能向上转生于一个王后和婆罗门女子的子宫里。只是，其绝对的前提是在今生严格履行种姓义务，并回避礼仪上的重大过失——特别是试图逃离其种姓”。[3] 种姓仪式、业报教义以及世界秩序不变之观念的结合严重制约着虔诚的印度教徒的实际行为，使他们的行为仅仅局

① [德]韦伯：《印度的宗教——印度教与佛教》，康乐、简惠美译，广西师范大学出版社2005年版，第154页。

② [德]韦伯：《印度的宗教——印度教与佛教》，康乐、简惠美译，广西师范大学出版社2005年版，第259页。

③ [德]韦伯：《印度的宗教——印度教与佛教》，康乐、简惠美译，广西师范大学出版社2005年版，第156页。

限于对种姓仪式的严格遵守和对现世的逃离，这与西方统一的生产方式和创新的经营机制相差甚远。

世界秩序是永恒的这样一种世界图像产生了一种消极的生命价值观，即“当个人开始反问自己生命在此一报应机制里到底有何‘意义’时，无不感到此种伦理上合理的世界秩序是如此的可怖”。[①] 个人的生命不过是同一个灵魂在不同的时间里的一再重现中的一个环节，生命是无所谓的，既然生命是无所谓的，任何挣扎都是没有用的，个体终究无法逃脱这种永恒的秩序，无法逃脱不知何时就会到来的再死与再生，因此个人极易陷入殚精竭虑的冥思，从而与现实生活越开越远。这就是韦伯的观点，他认为：“一个全心冥思生命及其种种过往的人，对于政治——社会事态的一时的情势是不会有什么兴趣瞧上一眼的。”[②]

（三）救赎伦理

在韦伯看来，正是灵魂轮回说与业报教义说这两个印度教的根本教义塑造出的世界观和生命价值观使所有印度教系的救赎宗教追问同一个问题：“人如何能自再生之轮中逃脱出去，特别是如何能逃离一再的死亡？换言之，如何解脱永恒的再死，解脱生命而得救赎？针对这样的问题有哪些生活样式产生出来，而这些生活之道又对行为产生了什么样的影响？”[③]韦伯认为印度教的救赎伦理，无论是救赎目标还是救赎方法都趋向于逃离现世的神秘主义色彩，而这种伦理对现世政治、法律和科学的影响同样是消极的。

印度教存在三种正统的救赎目标：1. 再度转生于世上；2. 永生于一超俗世之神；3. 个人的存在终止并且灵魂与宇宙合一或者

① [德]韦伯：《印度的宗教——印度教与佛教》，康乐、简惠美译，广西师范大学出版社 2005 年版，第 168 页。

② [德]韦伯：《印度的宗教——印度教与佛教》，康乐、简惠美译，广西师范大学出版社 2005 年版，第 168 页。

③ [德]韦伯：《印度的宗教——印度教与佛教》，康乐、简惠美译，广西师范大学出版社 2005 年版，第 169 页。

遁入涅槃。韦伯认为，印度教救赎的最终目的就是自"感官世界、心神激荡、热情、冲动、进取、以手段—目的为取向的日常生活顾虑中解放出来，并借此而为一种究极状态做好准备，此种究极状态意味着永恒的休息：自诸般动机中解脱而与神合一"。[①] 正统的哲学学派通常承认救赎之道的多元性，礼仪行事、禁欲苦行和获得知识是古典的三种救赎办法。由于在印度礼仪行事的拥有者是婆罗门，韦伯指出，婆罗门宗教意识反狂迷的仪式主义的性格对印度社会产生了重要影响。由于高贵的知识身份阶层婆罗门是印度教的拥有者，而婆罗门总是以祭献与巫术来保持其侍奉于王侯的关系，其"巫术性卡理斯玛乃奠基于'知识'，此种典礼的、仪式主义的知识是以一种偏离日常用语的神圣语言书写于神圣经典上"，[②]这塑造出婆罗门教养上的骄矜与坚定的信念。他们认为，只有这种知识才是一切福祉的关键，而无知是最大的恶，于是他们拒斥所有类型的狂迷，这导致许多密法传授者层级制的产生，救赎理论也因此而分解为各种教派的救世论。由于知识阶层婆罗门成为与政治权力独立的祭司权力阶层，社会上便形成身份性对立的等级制。韦伯认为印度这种知识阶层的社会结构造成种种严重的后果，"其症结则在于印度的世界观及其实践伦理的性格"，[③]由此，韦伯揭示了印度教与社会阶层以及印度教与政治的关系。

在韦伯看来，婆罗门不得不承认政治权力自身固有的法则性，正是这种固有的法则使他们制定适宜的法，也正是这种法则和法导致印度社会中没有普遍适用的伦理，而只有完全因身份不同而设定的私人伦理与社会伦理。只有"各种不仅彼此有别、甚

---

① [德]韦伯：《印度的宗教——印度教与佛教》，康乐、简惠美译，广西师范大学出版社 2005 年版，第 222 页。

② [德]韦伯：《印度的宗教——印度教与佛教》，康乐、简惠美译，广西师范大学出版社 2005 年版，第 177 页。

③ [德]韦伯：《印度的宗教——印度教与佛教》，康乐、简惠美译，广西师范大学出版社 2005 年版，第 181 页。

切相互尖锐对立的身份伦理”的共存，只有神圣的、因身份而异的实在的制定法，以及对王侯、行会、氏族的实际规定和个人的约定。社会所有领域存在的只是专门的和个别的伦理，唯独缺乏的就是可对世间生活提出全面要求的一种普遍性伦理的原则。在这种情况下，不可能出现西方意义下的“自然法”，而且“不仅永远地阻绝了社会批判性的思维与自然法意义下的‘理性主义的’抽象思维之兴起，并且也阻碍了任何一种‘人权’观念的形成”。[1] 因此，韦伯认为，印度内在理性法律体系的缺失源于统一的社会伦理的缺失，而统一的社会伦理的缺失源于各个部门或领域具有不同的规则体系，而这种规则的专门化与个别化根源于印度各种姓阶层的不同的宗教仪式主义以及种姓之间严格的隔离。通过这种分析，韦伯将印度教与印度法律问题连接起来。

韦伯又看到虽然婆罗门阶层拒斥一切非理性的救赎形式，但它们无论如何都难以摆脱禁欲与神秘主义的观念，只是将这些禁欲苦行与恍惚忘我体系化和理性化。这种理性化向三个方向发展：其一，人们愈来愈致力于求取个人的神圣状态，亦即“禅悦”，即对神秘的神的追求。其二，获得一种灵知，一种神圣知识，即对神秘的神的拥有。其三，是主体与神秘的神的合一。这“部分是相应于一切冥思性的神秘主义之内在的观念倾向，部分是由于婆罗门的思维被拘系在仪式及其不可侵犯性上，因此是在世界之永恒的、不变的、非人格的、法则的秩序里找到神义摄理，而不是在世界之命运的激变中发现摄理的存在”。[2]

印度教中婆罗门文献的记录风格和特点，阻碍了印度自然科学的进一步发展，这种风格与特点深受印度教纯粹彼岸的思维倾向所影响。印度教神圣文献用俗人所不熟悉的梵文写成，并以容易记忆而又随时得以再现的样式写成，如警句、韵文、重复句以及

① [德]韦伯：《印度的宗教——印度教与佛教》，康乐、简惠美译，广西师范大学出版社 2005 年版，第 185 页。

② [德]韦伯：《印度的宗教——印度教与佛教》，康乐、简惠美译，广西师范大学出版社 2005 年版，第 200 页。

数字，其中充斥着大量的夸言浮词、无限堆砌的修饰、数字游戏以及淋漓尽致的巫术幻想等。韦伯认为："印度的宗教与哲学典籍所具有的这种特质，尽管整体而言确实蕴含着连西方思想家都绝对会评估为'深刻'的知识，然而本身却也为自己的发展带来了内在的障碍。"[1]

同样，印度的自然科学虽然在很多方面都得到了极高程度的发展，然而那些引人注目的发展端倪总是被什么给阻碍了。这些阻碍的因素包括：1. 自然科学研究的纯粹实用目的；2. 缺乏希腊人的那种数学的思考；3. 专注于修辞的、象征方法等的运用。但韦伯认为更重要的因素是印度教特有的思考关注倾向，即"对于现世的真实状况毫不关心，而只在乎于追寻至现世之彼岸的绝对必要之事，亦即，通过灵知自现世解脱而得到救赎。此种思维倾向，在形式上，是受到知识阶层的冥思技术所制约"。[2] 由此，韦伯指出了印度教伦理性格对于自然科学发展的阻碍作用。

另外，俗人信徒对导师的宗教性崇拜是印度教的又一特征，这种特征在复兴后的印度教里，导师这种神的或如神的地位，在彻底排除一切偶像崇拜及其他一切非理性的、恍惚忘我的、狂迷的或仪式性崇拜手段的印度教教派里，得到最为极致的发展。于是，崇拜活生生的救世主，便成为印度教的宗教发展之最终极的表现。伊斯兰教的外族支配，打破了贵族印度种姓的政治力量，让导师权力的发展自由伸张而成长到异样的高度，于是在印度出现了这样的现象：1. 种姓秩序及其与轮回业报说的结合所形成的仪式主义与传统主义的内在制约性；2. 印度教俗人信徒对导师的宗教性崇拜。韦伯认为："这些现象阻挠了生活态度之任何由内而外的理性化。一个在此种内在力量支配下的共同体，会从内部

---

① ［德］韦伯：《印度的宗教——印度教与佛教》，康乐、简惠美译，广西师范大学出版社 2005 年版，第 214 页。

② ［德］韦伯：《印度的宗教——印度教与佛教》，康乐、简惠美译，广西师范大学出版社 2005 年版，第 216 页。

产生出我们所谓的'资本主义精神',这显然是完全不可想象的。"[1]

总之,根据韦伯的分析,建立在种姓制度基础之上的种姓伦理、灵魂轮回与业报伦理以及离世的神秘主义的救赎伦理界定了印度社会中独特的人、世界与神的关系。这种人、神与世界之间的相互关系与西方世界,尤其是基督新教的伦理塑造的性格是很不相同的。在印度教里,世界根本不是人要关心的课题,人唯一关心的是怎么脱离与世界的关系,达到与神的合一。这在西方的宗教世界中是难以想象的,因为在西方世界神是神圣不可侵犯的,神与人有着不可逾越的距离,人无论如何不能达到神的境地,充其量只能成为神的意志传达者,成为人与神沟通的桥梁与纽带。而在印度教里,人可以通过救赎手段达到神的境界或与神合一,但各种救赎手段却又趋向于冥思与神秘主义,人得到救赎的各个环节,都使人与现实越来越远。这种独特的人、神与世界的关联与印度教的根本原理即灵魂轮回与业报教义说是紧密相连的。这致使人在与世界以及神打交道的任何一个环节都与现世越来越远,人要遵从种姓的礼仪,要按照特殊的救赎手段,来达到救赎的目的,无论救赎手段还是救赎目标都倾向于远离世界。正是这些原因导致印度教徒失去了和世界打交道的机会,使人不能对世界进行支配和改造,将人与世界深深隔离开来,这种根本的特征致使印度教伦理在现实生活中失去了用武之地,更不用说产生和发展西方意义下的理性主义了。

正是通过东西方宗教伦理的比较研究,韦伯凸现了作为文化的西方新教伦理的独特性,正是这种独特性决定了西方文化的理性主义进程。一方面,肇始于西方入世禁欲主义新教伦理的文化理性化是西方理性社会产生的精神动力;另一方面,文化理性化与经济理性化、政治理性化以及法律理性化一样,也是西方社会

---

① [德]韦伯:《印度的宗教——印度教与佛教》,康乐、简惠美译,广西师范大学出版社2005年版,第454页。

理性化特征的重要体现。

四、韦伯宗教伦理思想的目的、意义、启示

在《新教伦理与资本主义精神》中，韦伯主要关注的是新教伦理与“资本主义精神”的亲和性，进而对资本主义的理性生产方式的影响，也就是注重于宗教对经济方式的影响，而在《中国的宗教》与《印度的宗教》中，这种范围大大拓展了。韦伯不再限于宗教对经济的影响，而是逐渐涉及社会的方方面面，其中，不仅包括宗教对经济方式的重要影响，而且还包括宗教对社会制度、社会阶层、政治、法律、科学等层面的影响。这样，韦伯对宗教思想的研究，就由单纯的宗教伦理对经济观点的影响的探讨，进而深入到文化理念对社会制度层面影响的探讨。这种拓展与深化不仅对于韦伯个人的宗教思想研究具有重要的意义，而且对于我们更加全面了解和把握韦伯的宗教思想也具有相当的价值。

这种内容上的拓展也表明韦伯的世界宗教研究的双重目的。一般研究者认为，韦伯对世界诸宗教研究的目的就是为了考证为什么近代理性资本主义仅仅出现在西方国家，而没有出现在像中国、印度等东方国家。根据韦伯在《比较宗教学导论——世界诸宗教之经济伦理》的论述，他的研究目的就是考察宗教对资本主义经济的影响。但综观韦伯宗教社会学方面的著作，主要包括《新教伦理与资本主义精神》、《中国的宗教》、《印度的宗教——印度教与佛教》以及《宗教社会学》等，会发现只有《新教伦理与资本主义精神》和《宗教与世界》符合这一目的，其他的著作只是为了探讨宗教与社会中经济、政治、法律以及科学等诸因素之间的关系。所以，我们认为韦伯一系列宗教社会学方面的著作的目标应该是两个：其一，纵向探讨宗教与资本主义的产生之间的关系；其二，横向探讨宗教与社会其他因素包括经济、政治、法律、科学等之间的关系。

既然宗教作为一种文化对于社会发展具有这样重要的意义，我们要充分重视宗教在社会中的地位，尽量发挥宗教作为一种文

化心态对社会的积极作用。在全面建设小康社会的今天，不应该仅仅关注经济因素的建设，精神文化因素的建设同样不能忽视。正如韦伯所言，每一种经济发展背后都有一种文化根基在起作用，由此推论在社会主义市场经济的背后也应该有一种文化根基存在。这种文化根基应该是中华民族的精神和灵魂，是中国博大精深的五千年文明中的精华，她孕育了中华民族的复兴与发展，并将在社会主义现代化进程中继续扮演精神支柱的角色。努力培育和发展这种文化并使其渗透到每一个普通民众的心灵中，成为一种自然而然的、自觉自愿的内驱力，并外化为实际的生活行为，成为促进经济发展的一种精神的力量，以便真正有益于中国特色的社会主义市场经济的全面健康发展以及社会主义和谐社会的构建。

另外，韦伯关于宗教伦理与资本主义的发展密切关联的阐释，对于我们更好地理解人与社会之间的关系具有一定的启示作用，这种关系的实质即互动性。不可否认，人是社会行动的主体，人通过价值观念和社会行动影响社会；社会是人存在的“场”，社会秩序的组织运行影响着人的存在方式。正是这种互动性促进了人类社会的发展。就人对社会的影响而言，可以归结为以下两方面：人通过价值观念影响社会，而人的价值观念的转变会影响社会形态的转变。韦伯之所以选择宗教文化进行研究，关键原因在于宗教在韦伯处身其中的欧洲文明中的显著地位和深远影响，这使韦伯充分认识到宗教作为一种价值观念在人的实际生活中扮演的重要角色，但同时他也将“文化”这一宽泛的概念限定在了宗教领域之内。作为社会行动主体的人，其价值观念一旦确立，就会对社会产生或大或小的影响，尤其当个体的价值观念得到普遍的认可并成为社会的主流意识时，这种作用会更明显。正如帕森斯所说：“这里的基本观点是，制度化的价值系统当内化于个人的个性时，就能足以‘驱动’经济生产，完成无数的工业化劳动，并且使制度调整以及与这一过程有关的政治结构'合法化'。"[①]人通过实践行动影响社会,实践行动是连接观念与社会的纽带,实际上,新教伦理观念、儒教伦理观念以及印度宗教观念对理性资本主义社会的正面和负面影响,恰恰是通过人的实际生活样式而实现的,只有人的社会生活方式的转变才是影响资本主义社会是否建立的关键所在。而人的实际行动即社会实践,只有将人看作实践的主体,人对社会的影响才能凸显出来。当然,人的价值观念会在实践中起到重要的指导作用,但它绝不会起到决定支配作用。韦伯虽然一再反对用一种因素决定另一种因素的决定论立场,但他的确又陷入了这种错误之中。人们的实际生存方式受到多种因素的制约,比如环境和非理性的冲动以及理性的权衡,它绝不会是一种观念支配的结果,韦伯在对社会行动的分类中所持有的清醒头脑在这一问题上却变得糊涂了。当然,新的社会体系和社会制度的建立会影响甚至改变人的生存方式,这是毋庸置疑的。

第三节　文化理性化对人类生存境况的影响

肇始于入世禁欲主义新教伦理的西方文化理性化对人类生存境况产生了重要影响,它使新教徒改变了传统价值观念,代之以入世的、积极的、系统的、有计划的生存方式来从事世俗活动,最大限度地赚取财富,它客观上创造了巨大的社会财富。但随着理性化的进一步发展,西方宗教文化所具有的统摄性意义也丧失了,取而代之的是一种多元价值结构,科学理性以迅猛的速度在生活中占据支配地位,个体生活和生存意义随之丧失,目的理性与价值理性之间遂产生分裂和矛盾。

① [美]帕森斯:《现代社会的结构与过程》,梁向阳译,光明日报出版社1988年版,第113页。

一、文化统一性意义的丧失

近代西方理性主义的兴起及其全面发展创造了巨大的物质财富，人们以更加昂扬的斗志追求着财富的增长，可是人的精神世界却慢慢变得空虚，西方理性世界面临着严重的文化危机。韦伯对资本主义进行了长期思考和观察认识到这一点，他用大量的语言表达了这种担忧。

随着理性资本主义社会的建立，孕育资本主义精神的新教伦理，不再能够继续作为理性化社会前进的动力，失去了往昔的风采。“宗教的根慢慢枯萎了”，“我感到忧虑的是无论何处，只要财富增长了，那里的宗教本质也就以同样的比例减少了”[①]；“这时，寻求上帝的天国的狂热开始逐渐转变为冷静的经济德性；宗教的根慢慢枯萎，让位于世俗的功利主义。这时如同道登所言，像在《鲁滨逊漂流记》中一样，这个在一定立场上仍在从事传教活动、与世隔绝的经济人取代了班扬笔下那个匆匆忙忙穿过名利场、在精神上寻求上帝的天国的孤独的朝圣者”[②]；“随着宗教的根的死去，功利主义的解释悄悄地渗入了”。[③] 宗教的根慢慢枯萎意味着宗教作为一统天下的价值体系的崩溃，即文化统一性意义的丧失，人类不得不面对多元价值冲突和对立的局面，对此韦伯给予了详尽的描述。“悠悠千年，我们都专一地归依基督教伦理宏伟的基本精神，据说不曾有过二心；这种专注，已经遮蔽了我们的眼睛；不过，我们文化的命运已经注定，我们将再度清醒地意识到多神才是日常生活的现实”；[④]“世界的各种价值领域，相互处在无可

---

① [德]韦伯：《新教伦理与资本主义精神》，于晓、陈维纲译，生活·读书·新知三联书店1992年版，第137页。

② [德]韦伯：《新教伦理与资本主义精神》，于晓、陈维纲译，生活·读书·新知三联书店1992年版，第138页。

③ [德]韦伯：《新教伦理与资本主义精神》，于晓、陈维纲译，生活·读书·新知三联书店1992年版，第139页。

④ [德]韦伯：《学术与政治》，钱永祥等译，广西师范大学出版社2004年版，第180页。

消解的冲突之中”,“不同的神祇在互相争斗,毫无疑问地永远在争斗”;[1]“个人必须自己决定,对他来说,哪一个是上帝,哪一个是魔鬼。在生命的各个层面,情况都是如此”。[2]

诸价值领域按照自身发展的内在逻辑和方向发展,彼此无法达成统一的共识,从而没有任何一种价值,无论科学还是道德艺术能超离于各种价值之上,起到整合整个文化系统的作用,文化失去了普遍性与统一性的约束,这就是文化理性化对文化统一性意义的剥夺。韦伯的这些描述为置身于理性化世界中的人类敲响了警钟,正如顾忠华所言:“现代生活的意义在解除魔咒、彻底理性化的世界中,已无法再度将自己的命运委诸‘全能的上帝’,韦伯所作的诊断提醒了现代人去思索、找寻心灵的归宿,他这份信息与其说是带着怀疑的论调,倒不如说有更多的‘悲剧情怀’,声声振人心弦。”[3]韦伯指出,面对这样的价值多元状态,个人必须坚定自己的价值立场,“如果一个人缺乏勇气去澄清自己的终极立场,转而用软弱的相对主义论调,减轻这个义务,那就是在规避智性诚实这个平实的职责。在我看来,为了宗教皈依而牺牲理智的人,比讲台上的先知有更高的地位,因为后者没有了解到,在教师的范围内,唯一的德性,便是平实的智性诚实”。[4]“对生命采取的各种终极而一般性的可能立场,是不可能兼容的,因此其间的争斗,永远不可能有结论。这就是说,在它们之间,必须要做决定”。[5]韦伯一再强调,个人要对自己的生命做出一种终极的选择,并为之奉献和斗争,“只凭企盼和等待,是不会有任何结果的,

① [德]韦伯:《学术与政治》,钱永祥等译,广西师范大学出版社2004年版,第179页。

② [德]韦伯:《学术与政治》,钱永祥等译,广西师范大学出版社2004年版,第180页。

③ 顾忠华:《韦伯学说》,广西师范大学出版社2004年版,第56页。

④ [德]韦伯:《学术与政治》,钱永祥等译,广西师范大学出版社2004年版,第190页。

⑤ [德]韦伯:《学术与政治》,钱永祥等译,广西师范大学出版社2004年版,第185页。

我们应走另一条路；我们要去做我们的工作，承担应付‘眼下的要求’，不论是在人间的事务方面，抑是在成全神之召命的志业方面。只要每一个人都找到了那掌握了他的生命之弦的魔神，并且对它服从，这个教训，其实是平实而单纯的”。[①] 可见，韦伯并非要求人们脱离现实的世界，采取避世或出世的态度，而是要求人们踏踏实实地做好手头的工作。

宗教不能够继续充当传统的角色，“上帝死了”，这是19世纪末许多社会思想家和哲学家的共同心声，是现代社会转型时期的显著特色。最典型的代表人物就是尼采，也正因此，一些研究者认为韦伯的悲观主义情结受尼采的影响，并认为韦伯对宗教的迷狂状态的描述来源于尼采的酒神精神。尽管韦伯也承认“现代学者们，尤其是哲学家们的诚实性，可以从他对尼采及马克思的态度中来衡量。要是谁不肯承认他自己作品中的重要部分，若非参考了这两位作者的研究成果将无法完成的话，那么他在欺骗自己和他人。我们每个人今天在精神上体会到的世界，是一个深深受到尼采和马克思影响的世界”。[②] 韦伯的这段话表明他很推崇尼采。特纳曾明确指出：“韦伯之所以认为自己所处的时代带有悲剧性的色彩，固然是受到了许多因素的作用，但这些因素中最主要的，还得算是尼采本人在写于1883年至1885年的《查拉图斯特拉如是说》中所发出的先知预言般的宣言：上帝已死。”[③]特纳进一步认为：“尼采更深刻的影响在道德方面，在与追寻一种‘人的科学’的可能性。韦伯所理解的禁欲主义，即是我们现代文明的基石，又是对我们自己的本体存在的必然否定。而这种理解在尼采对日神精神与酒神精神的区分里，是一个不可或缺的核心主

---

① [德]韦伯：《学术与政治》，钱永祥等译，广西师范大学出版社2004年版，第191页。

② 顾忠华：《韦伯学说》，广西师范大学出版社2004年版，第53页。

③ [德]韦伯：《学术与政治》，冯克利译，生活·读书·新知三联书店2005年版，第179页。

题。”[①]麦克雷也指出：“在他晚年，韦伯通过阅读尼采的著作和加入那些受尼采思想支配的团体而找到了表达自己感情和态度的一种新的力量。但韦伯并未从尼采那里引出他对意志、对价值，或是对贵族原则的态度，他从尼采对世界的诊断中为自己的某些立场找到了确证。”[②]

我们从韦伯的著作中可知他很熟悉尼采的思想，在《学术作为一种志业》这篇演讲中，韦伯就有两次提到过尼采。在其中一处，他指出：“不过，取这种途径以求摆脱理知主义，最后得到的结果，很可能与当初心目中的目标背道而驰——最后，还有人要以一种天真的乐观，歌颂科学——也就是以科学为基础的支配生活的技术——是到幸福之路；经过尼采对那些‘发现了幸福’的‘终极的人’加以毁灭性的批判之后，我对此完全不用费词了。除了某些在大学里教书或编辑台上的老儿童，还有谁相信这一套？”[③]在另一处，韦伯指出：“至于说，一件事物，非但其为不善之处无碍于其为美，并且正是在其为不善之处，方见其美；这个道理，尼采已让我们再度了解；在尼采之前，在《恶之华》——波德莱尔为他的诗集题名如此——中，诸君也可以见到这个道理的铺陈。”[④]可见，韦伯赞同尼采对科学技术的批判以及善的理解，但我们没有更多确凿的证据来证明韦伯的哪些具体思想是受尼采的影响，也许韦伯与尼采作为对现代性有着敏锐感觉的思想家在现代性危机方面是心有灵犀、不谋而合。施路赫特曾经指出，尽管韦伯与尼采在虚无主义和相对主义方面是相似的，但“和尼采不同的是，韦伯将此经验提升成历史实证研究的一个课题，就在韦伯从解除

---

① [德]韦伯：《学术与政治》，冯克利译，生活·读书·新知三联书店2005年版，第191页。

② [英]D. 麦克雷：《韦伯》，孙乃修译，中国社会科学出版社1989年版，第91页。

③ [德]韦伯：《学术与政治》，钱永祥等译，广西师范大学出版社2004年版，第173页。

④ [德]韦伯：《学术与政治》，钱永祥等译，广西师范大学出版社2004年版，第179页。

魔咒过程中引出的论点里，他客观化了这一层经验。韦伯的论点让我们可以看到他对现实状况的诊断，而在他的诊断中韦伯对两种看法保持着相当的距离：一种是认为我们终会找到最后真理的信仰，另一种是认为我们可以制造出人类幸福的信仰”。[①] 今天现代化发展出现的许多问题和矛盾已经使我们认识到韦伯不能确定的这两个问题我们依然没有确定的答案。毫无疑问，韦伯与尼采都可称为伟大的思想家，他们都看到理性化发展带来的问题以及人类的生存困境，但他们的思想差异也是明显的。如果说尼采是一个纯粹的思想家，那么我们可以说韦伯是一个纯粹的社会思想家，他将理性化的危机分析建立在资本主义社会产生与发展的历史进程分析中，尼采只在呐喊，虽然这呐喊声响彻寰宇、催人警醒，但韦伯已经超越了纯粹的呐喊，他在分析这矛盾和危机的根源，在探索解决这些矛盾的方法与途径。

二、个体生命和生存意义的丧失

文化理性化在驱除宗教等非理性因素的同时，将理性科学纳入了人类生活的轨道，这是人类追求功利目的的必然结果，人类以为凭借自身的理性能力以及由此创发的理性技术就可以给自己带来幸福，可是韦伯却深刻地认识到结果并非如此。

韦伯看到当下的知识是高度专业化的知识，并且这种专业化的程度日益提高，他说：“学问已进入一个空前专业化的时代，并且这种情形将永远持续下去。”[②]其高度专业化导致我们自身的工作与完美相差太远，因为学术永远在进步，“在学术园地里，我们每个人都知道，我们所成就的，在十、二十、五十年内就会过时。这是学术研究必须面对的命运，或者说，这正是学术工作的意义……将来总有一天，我们都会被别人超越；这不仅是我们共同

① [德]施路赫特：《理性化与官僚化——对韦伯之研究与诠释》，顾忠华译，广西师范大学出版社2004年版，第54页。

② [德]韦伯：《学术与政治》，钱永祥等译，广西师范大学出版社2004年版，第161页。

的命运,更是我们共同的目标”。[①] 因此,韦伯认为学术的永无止境使人类不可能在追求知识的过程中享受到满足和愉悦。

同时,科学知识并不能使人类对自身的生存状况有更多地了解,人类只是多了对科学万能的信仰。根据韦伯的分析,学术的进步是人类理性化的最重要组成部分,可是这种理性化的趋势并没有让我们对自身的生存状况比一个原始人知道得更多,比如假如我们不是一个机械工程师或政治经济学专家的话,我们对搭乘的电车以及市场中的金钱交易问题并不能很好地了解。他说:“理知化和合理化的增加,并不意味人对他的生存状况有更多一般性的了解。它只表示,我们知道或者说相信,任何时候,只要想了解,我们就能够了解;我们知道或者说相信,在原则上,并没有任何神秘、不可测知的力量在发挥作用;我们知道或者相信,在原则上,通过计算,我们可以支配万物。但这一切所指唯一:世界的除魅。”[②]

由此,韦伯认为在西方持续了数千年之久的这一除魅过程以及知识的不断进步,除了在应用以及技术方面的意义之外,并不能够给人的生命本身带来什么,这种技术文明反而使人的生命与死亡都失去了意义。“反观文明人,处在一个不断通过思想、知识与问题而更形丰富的文明之中,很可能‘对生命倦怠’,而非享尽了生命。他只能捕捉到精神之生命不断新推出的事物中微乎其微的一部分,而他所掌握到的,却又只属一时而非终极。在这种情况下,死亡在他眼中,乃成为一桩没有意义的事件。既然死亡没有意义,文明生命本身也就不再带有任何意义;因为死亡之缺乏意义,正是肇因于生命之不具意义的‘进步性’”。[③] 在韦伯看

① [德]韦伯:《学术与政治》,钱永祥等译,广西师范大学出版社 2004 年版,第 166 页。

② [德]韦伯:《学术与政治》,钱永祥等译,广西师范大学出版社 2004 年版,第 168 页。

③ [德]韦伯:《学术与政治》,钱永祥等译,广西师范大学出版社 2004 年版,第 169 页。

来，随着除魅而来的西方文明使人的死亡与生命都没有了意义，因为文明人的个人生命是在无限的进步中的一环，文明的永无止境致使生命永远走不到胜利的尽头。个人所面对的永远是下一个目标，永远无法达到生命的巅峰，永远只在无限当中，永远不会像亚伯拉罕一样可以因年高而享尽了生命。这样永无休止的生活历程，很可能使个人对生命厌倦，因为没有人能够忍受没有结束的过程，没有价值的存在，它所能把握的永远只是那么一点或一瞬。

显然，韦伯看到了人性中软弱和无助的一面，因为任何个体一旦付出了巨大的努力而没有收获到预想的结果，而且永远也达不到堪称完美的程度，悲观和失望甚至绝望就会接踵而至。个体自然会在这种悲观情绪中怀疑自身存在的价值和意义，此时，个体会陷入无尽的痛苦、自责甚至颓废状态之中，根本无从体验满足与愉悦。不过，韦伯所说的这种境况并不是绝对的，个体也会在一个阶段性的成果面前感到欣慰，这是客观事实，一旦我们明白我们的阶段性成果将是后人继续前进的基石，我们就不会为自己的成果终会被超越而遗憾和难过，反而会体会到自身生存的价值和意义。可见韦伯只是站在一种片面的立场得出了一个悲观的结论。

鉴于理性的这种负面影响，韦伯号召人们彻底认清理性的本质并与之作坚决的斗争，“如果我们想和这个魔鬼周旋，我们便不能如今天人们喜为的，在它面前取逃避之途；我们必须通观其行径至终点，方可透见它的力量和限制”。[①] 由此可见，韦伯不再是传统理性和启蒙理性的拥护者和赞扬者，而是启蒙理性的怀疑者和反思者。其实在韦伯那里，始终有一种对理性的犹豫态度：一方面他看到，理性在近代西方资本主义世界中发挥了无与伦比的作用，对知识的把握以及对科学技术的广泛利用，使西方理性主

---

① [德]韦伯：《学术与政治》，钱永祥等译，广西师范大学出版社 2004 年版，第 185 页。

义社会得以建构和全面发展，给资本主义国家带来了任何时代都无法企及的巨大物质财富；另一方面他也看到，知识理性有着自身的局限，这种局限就在于理性使人类有能力无节制滥用其自身，又使人类无法很好地控制这种利用的限度。因为在韦伯看来，“所有自然科学提供的答案，都是回答一个问题：如果我们希望在技术支配生活，我们应该怎么做。至于我们是否应该以及是否真的希望在技术层面支配生活和这样做有无终极意义，自然科学或是完全略而不提，或是依照它们本身的目标来预设答案”。[①] 根据韦伯的分析，科学理性只能告诉人类世界是怎样的，却不能够告诉人类世界应该怎样，科学的作用仅在于真理的领域，对于价值领域和艺术领域的问题却无能为力，这一方面体现了真、善、美诸领域在现代社会的分化和独立，另一方面也体现了科学知识和人类理性自身的限度，即对价值的忽略。

三、目的理性行为与价值理性行为的分裂

从本质上来看，资本主义社会中文化理性化的过程就是人们的观念由非理性到理性的过程，并且在这样一种由宗教伦理生发出来的理性主义世界图像的支配下，人们的社会行为由非理性到理性的过程，在这一过程中理性自身也发生了分裂，即目的理性与价值理性行为的分裂。

人们对天职观和恩宠论的虔敬信仰使新教教徒的生活方式发生了重大的转变。劳动是上帝的要求，是获得上帝接受的唯一生活方式，劳动不是为了满足任何尘世的功利目的，劳动本身就是目的，因为只有这样才能获得上帝的恩典。是否得到上帝的恩宠是可以得到确证的，而获得确证自信的手段就是紧张的尘世生活，生活的客观结果可以增加上帝的荣耀，新教教徒反对物质性的奢侈享乐，上帝要求每个人的整个生活行为都要有序进行，新

① [德]韦伯：《学术与政治》，钱永祥等译，广西师范大学出版社 2004 年版，第 175 页。

教教徒以这样的信念来要求和安排自己的生活行为。人们因为上帝的喜好而安排自身的行为，把自身看作上帝在世俗生活中的工具，一切行为为了上帝，这就是人们内心的价值追求和信仰，它符合以上韦伯对于社会行动的分类中的价值理性行为的根本特点。同时，对上帝的信仰与虔诚就是新教教徒行为的目的本身，赚取财富是行动的根本目的，这种行为又符合韦伯对目的理性行为的界定。因此，在西方理性资本主义发展之初，人们的目的理性行为与价值理性行为在本质上是二而一的关系，即价值理性行为本身就是目的理性行为。人类行为自身的统一性达到了两个目的，它不仅能够满足人们精神价值的追求，而且能够满足人们对物质需求的追求。因为个人为上帝工作和行为使个人的行为具有合法性，即合教义、教规性，这种观念使人们"心满意足"。同时，一种纯粹价值追求的个人行为客观上却使资本主义社会的经济获得了长足的发展，创造了巨大的物质财富，物质财富的创造不仅是荣耀上帝的手段，而且满足了新教教徒自身对物质需求的满足，尽管他们不提倡奢侈享乐，但客观上他们的生活却因此而得到极大地改善，因此对于当时的新教教徒来说，这样一种生活状态和生存方式是幸福而美满的，新教教徒们感到的是一种由衷的喜悦和幸福。因为他们不仅荣耀了上帝，获得了被上帝恩宠的自信，而且享受到了自己奋斗的胜利果实，即对上帝信仰的价值理性行为导致了对财富追求的目的理性行为，价值理性行为与目的理性行为是紧密连接在一起的，是和谐而统一的。

根据施路赫特对韦伯的"理性主义"意涵的理解，理性主义首先是科学—技术的理性主义，它是指通过计算来支配事物的能力；其次是形而上—伦理的理性主义，它是指思想层次上的意义探寻与反思；最后是实际的理性主义，它是指一种有系统、有方法的生活态度。韦伯对新教伦理与资本主义精神的关系考察过程实质上就是新教教徒在形而上—伦理的理性主义的支配下，催生了科学—技术理性主义与实际的理性主义的过程，即理性主义的伦理观念方式转化成了有计划、有系统，以技术计算为主的现实生存方式。这应和了韦伯的观点，即“直接支配人类行为的是物质上与精神上的利益，而不是理念。但是由‘理念’所创造出来的‘世界图像’，常如铁道上的转辙器，决定了轨道的方向，在这轨道上，利益的动力推动着人类的行为”。[①] 而在东方世界，这样一种生存状态却因为特定宗教伦理的缺失而改变，神的世界与现实的世界无法有机地联系在一起，不能达到相得益彰。人们的行为走向了两个极端，要么走向了绝对神秘主义和冥思主义，要么走向了世俗生活中的享乐主义，这种东、西方精神的内在差异造就了东、西方人们不同的生存方式，东方世界因此而迟迟徘徊在理性化和现代化的大门外，而西方则迅速走上了理性化和现代化的路子。

但是，随着人们对世俗目的追求的不断增加，营利欲致使人忘却了宗教的理性束缚。物质主义与享乐主义的思想在悄悄蔓延，新教徒应有的克制、节俭、宁静淡出了人们的视线，对上帝的景仰与顶礼膜拜也不再那么狂热，虔诚的新教教徒变成了地道的经济人，命运注定将原本应被视为轻飘飘的斗篷的身外之物已经变成了一只铁笼。韦伯悲观地认为：“这种经济秩序现在却深受机器生产的技术和经济条件的制约。今天这些条件正以不可抗拒的力量决定着降生于这一机制之中的每一个人的生活，而且不仅仅是那些直接参与经济获利的人的生活。也许这种决定性作用会一直持续到人类烧光最后一吨煤的时刻。”[②]韦伯看到，随着资本主义理性社会的建立和全面发展，人类对于资本经济利润的追逐目的越来越明显，而那种荣耀上帝的观念逐渐变得淡薄，利益本身成了行为的唯一目的，即韦伯所谓的目的理性行为日益在人类生活中逐渐占有支配地位，而崇尚价值和信仰的价值理性行为在目的理性行为的挤压下失去场地，原本统一在新教教徒身上

---

① [德]韦伯：《中国的宗教；宗教与世界》，康乐、简惠美译，广西师范大学出版社2004年版，第477页。

② [德]韦伯：《新教伦理与资本主义精神》，于晓、陈维纲译，生活·读书·新知三联书店1992年版，第142页。

的价值理性行为与目的理性行为产生了矛盾和分裂。韦伯认为目的理性与价值理性的分裂会随着资本主义社会理性化的趋势日益加强，也正是在这里，韦伯的思想打上了悲观主义的烙印。

事实上，随着旧的宗教——形而上学价值体系的崩溃，一种新的价值体系得以建构，即现代理性主义的意识结构，它脱离了宗教的怀抱，适应了理性资本运营和技术簿记核算的现代生产条件，促进了资本主义社会生产力的大发展。现代意识结构是以科技理性为核心的价值体系，它试图将一切非理性的东西驱除出去，以世俗的功利目的为首要追求目标。社会行为中的目的理性行为大行其道，而其他社会行为类型，情感型和传统型这两种非理性的社会行为由于不适应现代社会的发展模式而逐渐退出历史的舞台。价值理性行为虽然也是一种理性的社会行为，但由于它不是以经济利益为首要考虑，它更加注重某种信念和价值的追求，行动者确信自己行为的美学、宗教或伦理等方面的价值，而较少考虑结果和目的以及手段的关系，或者即便知道行动的结果，也会一意孤行，追求自己的信念。这样的价值理性行为在目的理性行为大行其道的现代社会中也被日渐忽视。人们在实施目的理性行为的过程中，自然而然地将行为的价值因素淡忘了。这样，统一在新教徒身上的价值理性行为与目的理性行为便脱离开来，成为分裂的两极。而且，人们越是强烈地追逐理性的目的，就越是会忽视价值的因素，这就是目的理性与价值理性在现代社会中的矛盾所在。

而今天，价值理性与目的理性的分离也是十分突出的，精神危机、信仰危机等问题的出现就是二者矛盾的表现，从某种意义上说，它是目的理性疯狂发展而价值理性长期被贬低甚至忽视而造成的。人们对物质利益的追求从来没有像现在这样强烈，这是一个功利主义和实用主义泛滥的时代，人们心中的价值信仰空间被现实利益不断挤压而变得岌岌可危。这就是为什么许多获得了巨大物质财富的人们并没有原本想象中的幸福，当获取幸福的难度越来越大，当达到幸福感觉的条件越来越挑剔，幸福就成为一种奢侈,而我们普通人又怎能轻易获得这种幸福的感觉。在物质贫乏的年代,我们能够吃上一顿饱饭就感觉非常幸福,而今天我们吃上山珍海味也感觉不到最简单的快乐和幸福。这就表明幸福虽然在一定阶段上可以通过物质的满足来获得,可是物质的满足却并不是获得幸福的唯一条件,它还来自人的内心,而这种内心的情感却需要多种文化的、价值的东西来塑造。一个空洞的灵魂无法体验最简单的幸福,一个漠视生活、无视生命价值和意义的人永远体验不到幸福的感觉。那种塑造幸福的文化和价值体系氛围正是我们今天必须重视的问题所在,从某种程度上来说,人类内心的信仰对于一个完整的人的全面发展是必须的,一个内心拥有信仰的人本身就是一个幸福的人,他也很容易体验到幸福的感觉。这种信仰来自一种具有强大凝聚力、感召力和说服力的意识体系,它通过内化和升华抵达人的内心,并规制人的实践行为,在现实中起到一种规范和约束作用,体现为一种人格素质和道德品质。这就是为什么一个虔诚的教徒会感觉到一种内心的宁静和平和,因为他始终有目标、有追求,始终因此而感觉到生命的价值和意义。而一旦这种信仰被摧毁,它的意志连同生命本身便一起被摧毁了。这是宗教的积极意义所在,同时宗教的危害也在这里,它必须臻于完美,否则它会成为人绝望的理由。这也是为什么一些人会因为宗教而走上善的道路,而有些人却因为宗教而走上邪恶之路。

而今天,我们的信仰体系是如此纷杂,以至于我们找不到一种使我们内心能够得到宁静的价值体系。值得庆幸的是,我们许多人已经意识到精神危机和价值危机的严重性,并开始设法解决这些问题。从这一意义上来说,当前,我国进行的社会主义核心价值体系建设就是应对精神危机和信仰危机的一项重大工程,它旨在培育和塑造一种主流的意识形态,从深层次满足人民群众的精神文化需求,从人的内心需求上使人们达到价值共识,找到精神家园的归属感和心灵的宁静。社会主义核心价值体系用马克思主义指导思想指引人们树立科学的人生观、价值观和世界观,提高社会主义建设者的思想道德素质和科学文化素质，为社会主义现代化经济发展提供德、智、体、美、劳全面发展的新型人才。发挥中国特色社会主义共同理想的引领和号召作用，利用人民对美好幸福生活的向往和追求，鼓励人民投入社会主义市场经济发展的滚滚洪流中，大显身手，在满足自身经济需求的同时，提升自身的价值品格和思想修养，实现自身价值与社会价值的统一。挖掘中华民族精神中爱国主义、集体主义、社会主义思想的凝聚和激励作用，增强中华民族身份的荣耀感和幸福感，为实现中华民族的伟大复兴而投入现代化建设的实践中，为构建和谐社会而奋斗。用改革创新为核心的时代精神凝聚和鼓舞中国人民、激发社会活力，促进和推动经济社会发展。用社会主义荣辱观指引人们最基本的价值取向和行为准则，引领社会风尚，为社会主义现代化建设提供和谐、良好的社会环境。我们要坚持把社会主义核心价值体系融入国民教育和精神文明建设全过程、贯穿现代化建设各方面，从实践层面上鼓舞人民群众为实现富强、民主、文明、和谐的社会主义现代化国家而奋斗。

第三章　经济理性化与人类生存境况

根据韦伯的研究，西方理性资本主义社会的建立与发展最集中的体现就是经济理性化，经济理性化是韦伯理性化思想的又一重要方面，它构成韦伯经济社会学思想的主要内容。目前，对韦伯经济社会学研究最为全面的当属美国学者 Richard Swedberg。在《韦伯及其经济社会学思想》[①]一书中，Richard Swedberg 从经济史和经济理论的经济学角度探讨了韦伯经济社会学思想，有许多值得借鉴之处。另外，顾忠华在《韦伯学说》中，迪尔克·克斯勒在《马克斯·韦伯的生平、著述及影响》中，翟本瑞在《韦伯论西方社会的合理化》中都对韦伯的经济社会学思想进行过介绍。我们的目的不是大而全地解读韦伯的经济学思想，而是将韦伯的经济思想纳入整个西方理性化体系之中，重点关注西方经济理性化的进程以及由此带来的人类生存境况的转变。其中要考察的问题有何以这种经济的理性化唯独出现在西方世界，其内在与外在的因素有哪些？这一考察完全基于韦伯的文本，沿着韦伯的逻辑思

---

① Richard Swedberg, Max Weber and the idea of Economic Sociology, Princeton University Press, 1988.

路从横向与纵向两个角度进行。本部分从经济理性化的特征体现以及基本的相关经济概念入手，从历史的角度探求西方经济理性化兴起的内在与外在因素，并力求在生存论层面上展现经济理性化带来的人类生存方式的转变，以融入“理性化与人类生存境况”的主题，使其成为本书整个思想体系之不可分割的部分。

第一节 经济理性化的特征

经济理性化本质上就是经济行动的理性化以及经济制度的理性化。韦伯认为，一般意义上的资本主义的经济行为应该是指两个方面：其一，基于利用交易机会而追求利润的行为。其二，在合理地追求资本主义营利之处，营利行为是以资本的“计算”为依准。其中的关键点是以货币形式计算资本，不管是以近代簿记方式或较原始及幼稚的计算方式。在韦伯看来，这种一般意义上的资本主义经济出现在世界所有文明国家，可是，“唯有西方认知了具备固定资本、自由劳动、理性的劳动专门化与劳动结合、纯粹流通经济的劳务分配、并且建立在资本主义营利经济基础上的理性的资本主义经营。换言之，只有在西方，我们发现到形式上纯粹自愿的劳动组织的资本主义形态，以及劳动者与生产手段的分离和有价证券持有者之占有企业。唯有在此处才有公债、商业化、发放业务与融资业务、商品与有价证券的交易所买卖、‘货币市场’与‘资本市场’，以及作为营利经济上之合理组织来进行企业化财货生产的独占性团体”。[1] 这可看作韦伯对西方资本主义经济总体特征的界定，它具体体现在理性的经济行动以及理性的货币和资本计算上。

一、理性的经济行动

韦伯从“经济行动”概念入手指出了理性的经济行动的特征，

---

① ［德］韦伯：《经济行动和社会团体》，康乐、简惠美译，广西师范大学出版社 2004 年版，第 146 页。

在他看来，"行动可称为'经济取向'者，乃行动者依其主观意义，将行动指向以效用形式来满足其需求。'经济行动'则意谓行动者和平地运用其控制资源的权力，而'理性的经济行动'则主要以目的理性——亦即有计划的方式来达成经济目标"。[1] 在此，韦伯提出了三个基本概念："经济取向的行动"、"经济行动"以及"理性的经济行动"。这三个概念都是韦伯分析经济问题时经常用到的，是准确地理解韦伯经济思想的关键。对于"经济行动"概念，韦伯强调了三点：1. 经济行动本身不必然就是社会行动，这一点与韦伯所说明的行动未必都是社会行动相似；2. 经济行动尽管是通过人类行动主体的特定意义而呈现，但它不是一种心理现象，正是这种主观意义构成行动得以被理解的原因；3. "经济行动"的定义必须包容现代式的营利经济。这要求我们一方面要注意到行动满足消费和效用的欲求的动机，另一方面还要注意为了获得这种满足而使用的方式或手段。所谓"经济取向的行动"意指"行动虽然主要是以其它目的为取向，但在过程中仍然考虑到'经济事项'，即主观上承认经济打算的必要性；或者虽然以经济为首要目的，却使用真实的暴力作为遂行的手段。换言之，所有并非主要以经济为目的的，或并非以和平方式达成经济目的的行动概称为'经济取向'的行动。准此，'经济行动'是一主观上以及首要以经济为考虑的行动——所谓主观意识，完全取决于行动者相信经济打算的必要性，而非客观上是否真属必要"。[2] 根据韦伯的这段话可知，经济取向的行动不以经济为首要目标或者虽以此为目标但应用现实的暴力作为手段，经济行为却是以经济为首要主观目的而且是行动者和平地运用其控制资源的权力进行的行动，也就是说，利用暴力手段的行动在韦伯看来不属经济行动范畴，这点显然与我们的一般理解不一样。韦伯认为从事经济行动的目的

---

① ［德］韦伯：《经济行动和社会团体》，康乐、简惠美译，广西师范大学出版社 2004 年版，第 3 页。

② ［德］韦伯：《经济行动和社会团体》，康乐、简惠美译，广西师范大学出版社 2004 年版，第 4 页。

其一是为了满足自己现有的需求，包括物质性需求和宗教信仰需求；其二是为了赢利。

而理性的经济行动需具备以下要件：(1)经济行动者对于其当前及未来不论基于何种理由都自信可以处分的效用，[1]加以有计划的分配。(2)将可处分的效用，按其被估算的重要性的顺序有计划地分配于不同的可能用途。(3)在经济行动者本身握有所有必要筹措手段之处分权的情况下，有计划地筹措这类效用。(4)借着和目前的处分权拥有者或筹措竞争对手相结社的方式，有计划地取得下列效用可靠的处分权或共同处分权：效用本身，此项效用的筹措手段处于他人的处分权之下，此项效用为他人所欲取得、并因此而使行动者自身的供给受到危害。[2] 由韦伯对理性的经济行动的界定可知，理性经济行为的关键点是行为的计算性、计划性和筹措性，它体现了以计算为手段有计划地支配具有处分权的效用以及有计划地取得尚不属于自己的效用的处分权，其目标是明确的。它是目的—手段理性在经济行为中的体现，这是韦伯关于“理性”是“以越来越精确地计算合适的手段为基础，有条理地达成一特定既有的现实目的”[3]或者指一种“计划性地安排”[4]之内涵的体现。实质上，韦伯在此指出的理性的经济行动就是他所谓的形式理性的经济行为，形式理性经济的要求目的、技术和手段的计量及充分考虑。韦伯认为经济行动的形式理性是指“经济行动中，不仅技术上可能且实际上真正运用的计算程

---

① “效用”在韦伯那里指“一个或多个经济行动者视之为可获得当前或未来处分权的具体机会”，如财货或劳务。详见[德]韦伯《经济行动和社会团体》，康乐、简惠美译，广西师范大学出版社2004年版，第10页。

② 根据韦伯的论述整理而得，详见[德]韦伯《经济行动和社会团体》，康乐、简惠美译，广西师范大学出版社2004年版，第13—14页。

③ [德]韦伯：《中国的宗教；宗教与世界》，康乐、简惠美译，广西师范大学出版社2004年版，第492页。

④ [德]韦伯：《中国的宗教；宗教与世界》，康乐、简惠美译，广西师范大学出版社2004年版，第493页。

度”，[①]形式理性强调经济行为的计算性，它是促进经济不断创造出巨大物质财富的保障。在形式理性的经济行动中起关键作用的是经济行为的预先打算和系统计划，如对于可支配财货或劳务的计划分配和计算、对于先进技术的利用和转化亦即对于经济行动的手段的科学技术水平的选择和衡量、对于经济行为的有效组织和控制等，其中关系到每一阶段的成败的关键就在于“计算”，它直接关系到经济行动的实际物质效果。

与“形式理性的经济行动”相对应的概念是“实质理性的经济行动”，所谓“实质理性的经济行动”是指“一定的群体，通过经济取向的社会行动所进行的各种财货供给总是从某种价值判准的观点出发，且受此一判准检验”。[②] 韦伯的解释表明实质理性的经济行动注重的是价值领域，其通性在于：“光是考虑纯粹形式上明确无误的事实——目的理性的、在技术上最为适切的方法，的确已被计算在内——是不够的，另外还得设定诸如伦理的、政治的、功利主义的、快乐主义的、身份的、平等主义的和其他不管怎样的一种要求，并且借此来衡量经济行动的结果（无论其于形式上是多么‘理性的’，换言之‘可计算的’）是否为价值理性的或实质目的理性的。”[③]由此可见，韦伯对于“实质”的界定是很广泛的，它可以指除了纯粹经济的之外的几乎所有领域，如政治的、伦理的、美学的、宗教的等等，韦伯还特意提到“针对经济行动的信念与经济行动的手段所作的伦理的、禁欲的、美学的批判”。通过分析我们可以看出，韦伯所谓的“实质理性”牵涉到社会财货分配的公正性和普遍性，影响到社会的稳定和价值的接受性，体现真、善、美或假、恶、丑的价值取向。

---

① [德]韦伯：《经济行动和社会团体》，康乐、简惠美译，广西师范大学出版社2004年版，第36页。

② [德]韦伯：《经济行动和社会团体》，康乐、简惠美译，广西师范大学出版社2004年版，第36页。

③ [德]韦伯：《经济行动和社会团体》，康乐、简惠美译，广西师范大学出版社2004年版，第36页。

经济行动的形式理性取向与实质理性取向在韦伯的理性化思想中占有特殊重要地位，在本书第一章中我们曾提到过。正是通过这两个概念的划分，韦伯向我们揭示了在经济理性化发展的总体趋势中存在的内在矛盾与冲突。也正是通过这两个概念，韦伯洞察到在资本主义理性化的总体进程中，人类面临的经济发展困境：一方面，经济行动的形式理性取向将是一股不可阻挡的潮流，而这股潮流带来的势必是对经济行动的实质理性取向的阻碍；而实质理性取向的发展又会阻碍形式理性取向的发展，二者处于矛盾状态。韦伯对经济领域中许多概念的界定是以社会行动理论为基础的，我们在第一章中分析的行动理论在此具体到经济领域，即由行动具体到经济行动，行动类型中的目的理性与价值理性在此分别体现为经济行动上的形式理性与实质理性。

二、理性的货币计算和资本计算

理性的货币计算和资本计算是经济理性化的重要特征。在韦伯看来，“纯就技术观点而言，货币是‘最完美的’经济计算手段，亦即，在经济行动的取向中形式上最为理性的手段”。[①] 因此货币计算是目的理性的生产经济之固有手段，在完全符合理性的情况下，货币计算主要是指：第一，为了某种生产目的，按照市场状况对一切的效用和生产手段以及所有相关的经济机会进行评估；第二，计量地调查任何意图下的经济行为的机会，以及任何已完成之经济行为的事后计算结果；第三，将某一经济期间所能处分的财货与机会总额，和期间之始所能处分者，作出比较——前后计算皆以货币为准；第四，事前评估与事后确定那些以货币形式呈现或可以货币估算的收入与支出；第五，需求满足以上数据为取向。[②] 具备以上条件的理性的货币计算是近代资本主义经济

① [德]韦伯：《经济行动和社会团体》，康乐、简惠美译，广西师范大学出版社2004年版，第37页。

② [德]韦伯：《经济行动和社会团体》，康乐、简惠美译，广西师范大学出版社2004年版，第37—38页。

理性化的重要体现，而资本计算是资本主义社会中所特有的一种货币计算，所谓“资本计算”是指“对营利机会与营利损益所作的估算与监控”。[①] 而资本计算的最高形式合理性须满足以下条件：所有者完全占有一切物质性的生产手段，并且市场上完全没有营利机会形式上被占有的情形发生；所有者可以完全自主地选择管理人；自由劳动、劳动市场自由以及劳动者筛选的自由；实质的经济契约自由；技术性的生产条件具有完全的可计算性；行政秩序与法律秩序的功能运作具有完全的可计算性；经营及其命运尽可能彻底地与家计和资产的运势相分离；货币制度具有最大可能程度的形式理性。[②] 可见，资本计算的理性化不是一个单纯的现象，它需要一系列相应的体系和制度。

总之，对于韦伯而言，经济理性化是经济行动的理性化，它以货币和资本计算为主要内容，它需要自由的市场体系、理性的科学技术条件、理性的行政和法律秩序以及理性的经济秩序。因此韦伯在其经济社会学思想中介绍了大量的市场经济原理中的概念，如“交换手段”、“支付手段与货币”、“信用”、“市场状态”、“市场型”、“市场自由与市场规制”等等。对于韦伯来说，“市场之自由”是理性经济得以运行的必要条件，市场的自由性和开放性恰恰是经济理性化的体现，那么与市场相关的“交换”、“货币”、“规制”等相关概念能得到韦伯如此的青睐就好理解了，正是在这些基本概念的构建基础上，韦伯考察和阐释了资本主义发展过程中经济领域中发生的一切变化。

根据韦伯的分析，西方近代经济领域变化的根本特征就是理性化。他说：“现今的经济体制，因簿记的通行，已达到高度的合理化。所以就某种意义和某种限度而言，整部经济史无非就是站

---

① [德]韦伯：《经济行动和社会团体》，康乐、简惠美译，广西师范大学出版社2004年版，第43页。

② [德]韦伯：《经济行动和社会团体》，康乐、简惠美译，广西师范大学出版社2004年版，第142页。

在计算的基础上、而在今日已达成目标的、经济理性主义的历史。”[①]也就是说，西方经济的历史即经济理性化的历史，然而这种经济理性化何以在西方产生？

第二节 影响经济理性化的因素

通过韦伯的著作，我们发现造成近代西方经济理性化的经济因素有很多方面，而且很散乱，这使我们无法一一详述、面面俱到，只能从中抽取出韦伯一再强调、又的确影响重大而且能够凸显西方独特性文明的部分进行解读。

在韦伯的《世界经济通史》中，编者将第四编的题目定为“现代资本主义的兴起”，内设自二十二章至三十章共九章内容，其中包括“现代资本主义的意义和先决条件”、“资本主义演变中的外部实事”、“第一次大投机危机”、“自由批发贸易”、“自十六世纪至十八世纪的殖民政策”、“工业技术的发展”、“市民”、“合理的国家”以及“资本主义精神的演变”诸章，这表明上述各章都是现代资本主义兴起的因素，但是由于韦伯的遗稿只是一些带有模糊字迹的小纸片，《世界经济通史》只是韦伯夫人以及相关编者根据学生们的笔记整编而成，这些笔记是对韦伯在1919—1920年冬季给学生们开的一门题为“世界社会经济史大纲”的课的记录，内容的编排虽然稍显混乱，但基本能体现韦伯的思想。

根据《经济与社会》、《韦伯作品集》、《世界经济通史》以及韦伯著作其他一些单行本，我们从中选出了宗教、政治、法律以及城市和技术的因素进行分析，这是韦伯从纵、横两个角度考察资本主义理性经济发展历程得出的结论，同时西方文明的独特性也在这些因素上体现出来。

---

① [德]韦伯：《经济与历史；支配的类型》，康乐等译，广西师范大学出版社2004年版，第28页。

一、宗教、政治、法律

韦伯非常重视宗教对经济的重要影响，其对世界各大宗教的研究最终都服务于宗教与经济的关系问题，亦即宗教的经济伦理。韦伯指出："经济理性主义的起源，不仅有赖于合理的技术与法律，亦且取决于人们所采取某种实用理性的生活态度的能力与性向。一旦此种实用理性的生活态度为精神上的障碍所阻挠，则经济上合理的生活样式将遭遇严重的内在困境。在过去，世界任何地区，构成人类生活态度最重要的因素之一者，乃巫术与宗教的力量，以及奠基于对这些力量之信仰而来的伦理义务的观念。"[①]在本书第二章"文化理性化与人类生存境况"的阐释中，我们已经看到西方新教伦理在资本主义理性经济领域中的作用，即入世禁欲主义的新教伦理是西方经济理性化的内在根源。它表明了宗教影响经济的根本方式，韦伯谓之为"经济伦理"，所谓"经济伦理"指的是"行动——根植于宗教之心理的、事实的种种关联之中——的实践激活力"。[②] 尽管在韦伯看来，宗教伦理对经济的历史发展会产生重要的影响，但韦伯还是清醒地指出："经济伦理绝非经济组织形态的一个简单'函数'，反之，我们也不可能认为，经济组织的形态必是由经济伦理打造出来的……没有任何经济伦理是全然由宗教所决定的。就人面对世界的态度而言——这种态度或由宗教或由其他（在我们看来）'内在的'因素所决定——经济伦理，当然，自有其高度固有的法则性。既存的经济地理与经济史诸因素最大程度地决定了此一固有法则。不过，由宗教所规范出来的生活样式，也是经济伦理的决定性要因之

① [德]韦伯：《中国的宗教；宗教与世界》，康乐、简惠美译，广西师范大学出版社2004年版，第460页。

② [德]韦伯：《中国的宗教；宗教与世界》，康乐、简惠美译，广西师范大学出版社2004年版，第462页。

一——注意,只是其中之一。”[①]这段话表明了韦伯关于宗教对经济作用的观点:一方面,宗教伦理对于经济的发展具有重要的作用;另一方面,影响经济发展状态的因素还有很多,宗教只是其中之一。

宗教通过教义教规所设定的世界图像来影响经济,每一宗教都有自己的世界观、人生观和价值观,构建自己的世界图像,这些世界图像影响着人们的现实生存状态,从而影响人们对经济的态度,韦伯通过对世界各大宗教的研究来表达此观点。在韦伯看来,儒教是俸禄阶层——具有文书教养且以现世的理性主义为其性格特色者——的身份伦理,即维持现状的官僚,它决定了中国传统的、顺世的、平和的生活样式,缺乏变革与创新;古印度教的拥有者是一个具备文书教养的世袭性种姓阶层。他们并不出任官职,而是担负起作为个人及群体之礼仪、灵魂司牧者的功能。他们形成一个以阶层分化为取向的稳固中心,并形塑出社会秩序,即维持现世秩序的巫师;佛教的宣扬者是沉潜冥思、拒斥现世、离弃家园、流转四方的托钵僧,他们对于现世的经济起不了现实的作用;伊斯兰教的拥有者是进行征服世界的武士;犹太教是市民的“贱民民族”的宗教,即流浪的商人;基督教是流浪的职工。[②]

韦伯认为:“只有当救赎的理念所表示的是一个有系统且合理化的‘世界图像’,并且代表一种面对世界的态度时,此一观念才具有独特的意义。这是因为救赎的意义及其心理性质——无论是意图的还是真实的——都有赖于这样一个世界图像与态度。直接支配人类行为的是物质上与精神上的利益,而不是理念。但是由理念所创造出来的世界图像,常如铁道上的转辙器,决定了轨道的方向,在这轨道上,利益的动力推动着人类的行为。人们

① [德]韦伯:《中国的宗教;宗教与世界》,康乐、简惠美译,广西师范大学出版社 2004 年版,第 462—463 页。

② [德]韦伯:《中国的宗教;宗教与世界》,康乐、简惠美译,广西师范大学出版社 2004 年版,第 463—465 页。

希望'自何处'被拯救出来、希望被解救到'何处去',以及——让我们也别忘了——'要如何'才能被拯救,这些问题的解答全在于个人的世界图像。"[①]这样一种具有独特意义的世界图像在西方宗教改革的浪潮中被设定在新教徒的心中,在新教徒看来,从事世俗的工作是上帝所允许的,增加财富是上帝的意愿,而财富的多寡则是判定自我是否得到恩宠的确信的指标,上帝要求每个人必须有计划有系统地安排自己的生活,不能奢侈浪费,否则就是对上帝的亵渎。正是这样一种世界图像规制了新教徒的生活态度和行为方式,产生了合理的日常伦理,这恰恰就是西方理性主义经济得以发展的世界理念,在中国和印度等其他国家,由于不同的世界图像的设置,就产生了不同的结果。

韦伯通过东、西方宗教伦理对经济发展不同影响的比较,指出了新教伦理对经济理性化的重要作用,在文化理性化部分中我们已经做过分析,在此不赘述。

韦伯认识到政治是影响经济发展的又一因素,他重点谈到了政治团体对于经济产生的影响。这一影响主要体现在以下方面:政治团体利用自己的从属者来担任提供自己所需要的效用的御用商人,从而将其他人排除在外,这有利于政治团体对他们的操纵和控制;根据自己的利益实施一定的商业政策;不同的团体可能会实行不同的形式的或实质的经济规制;支配结构的多样性可能会产生营运方式以及营运态度的多样性,会对经济产生反作用;政治团体相互间会为了自身的权力以及支配下的成员的利益而发生领导权的竞争;不同的政治团体有不同的自我需求满足方式,必然产生不同的经济政策和结果。[②] 以上韦伯提到的诸方面可以归结为一点,即政治对经济的影响主要体现在政治团体利用自身的政治权力制定能够满足自己团体的经济政策来运营经济。

---

① [德]韦伯:《中国的宗教;宗教与世界》,康乐、简惠美译,广西师范大学出版社 2004 年版,第 477 页。

② 详见[德]韦伯《经济行动和社会团体》,康乐、简惠美译,广西师范大学出版社 2004 年版,第 175 页。

这样一种境况对于经济的影响是双面的：一方面经济政策和运营方式的多样化会增强经济的活跃性和实效性；另一方面也会增加社会经济的不稳定和混乱因素，甚至发生战争。政治团体的多样性是关键所在，如果政治团体是居于统治地位的唯一的团体，那么这种混乱和不稳定因素就会减少，但问题也会随之出现，因为统一的经济政策和运营方式一方面不利于经济的市场化和丰富化；另一方面由于缺乏监督和竞争，一味考虑自身团体的利益而忽略了其他人的利益，难免会制定出不符合现实状态的经济政策，韦伯清楚地意识到这种双重影响。

西方世界之所以发展出理性化的经济与其政治特点是紧密相关的，韦伯通过东西方国家状况的比较来说明这一点。

首先，就政治团体的领导者而言，西方拥有一批具有专业知识和形式法律知识的专业官僚阶级，具有高效性和体系性的官僚阶级保障了经济主体应有的利益和基本的公正性，必然提高商人从事经济活动的积极性。而在中国古代，韦伯认为官员是“受过古典人文教育的文人，他们接受俸禄，但没有任何行政与法律知识，只能吟诗挥毫，诠释经典文献，有无政治业绩，对他们而言并不重要；他们不亲自治事，行政工作是掌握在幕僚之手，为了防止官僚在地方上生根，他们须不断调离，而且绝对不能在原籍任职，他既无法通晓所治州县方言，故此无法与民众接触，有这种官吏的国家，与西方的国家是不同的”。[1] 固然，韦伯看到了中国古代官吏的弊端，但是韦伯只知其一，不知其二，中国古代的许多官吏并不像韦伯所说的那样无所事事，他们也是兢兢业业、励精图治、体察民情、造福于民的，并且不使官吏在原籍任职也不是只有弊而无益，它在一定程度上避免了许多诸如任人唯亲、官官相护、包庇勾结等腐败现象的产生。

其次，西方国家制定了有连贯性且首尾一致的国家经济政

---

① [德]韦伯：《经济与历史；支配的类型》，康乐等译，广西师范大学出版社2004年版，第166页。

策。韦伯认为："有计划的经济政策之所以无法在东方发展，根本上是受制于宗教惯习的因素，包括种姓制度与氏族制度。"[1]韦伯以中国、日本、朝鲜以及印度等国家的经济政策作了说明。他主要指出了这些国家对外贸易政策的限制和闭关主义政策实行的弊端，对此，韦伯在研究中国和印度国家的宗教时，尤其在对东、西方国家为什么走上不同的发展道路的宗教原因进行研究时有所提及，它一方面表明了国家政治对于经济政策的影响，另一方面也体现了宗教对于政治和经济领域的影响。

法律是影响西方经济理性化的又一重要因素，正如韦伯所说："在一个团体里，真正具有决定性的因素乃是，那些介入共同体行动的人，尤其是那些拥有相当重要的社会权力的人，不仅主观上认为某种规范具有妥当性，并且实际依此而行的可能性究竟有多大？此一差异也决定了法律和经济的基本关系。"[2]这样一种解读是从社会学的角度进行的，因为在韦伯看来，法的秩序属于应然的领域，而经济秩序属于实然的领域，二者处于不同的层次上，并没有任何直接的关联，只有在社会学领域中解读二者的关系才是有意义的。韦伯正确地看到法的秩序在社会学领域与法学领域中的区别，为法律问题的研究带上了社会学的格调。也正是在这一意义上，韦伯阐释了法律与经济之间最为一般性的关系：法律所保障的绝不仅是经济的利益，而是涵盖所有极为不同的利益，从保护个人人身安全的这种通常是最为基本的利益，到保护个人甚或神祇力量的"名誉"这种纯粹理念财的利益；法律保障在极大程度上是直接为经济利益服务的，即使在表面或实际上并不是如此直接的情况下，经济的利害关系都是法律形成上最为强而有力的因素；法秩序背后的强制力量，特别是在经济行为的领域，所能发挥的效果是有限的，这固然是其他外在环境使然，但

---

① [德]韦伯：《经济与历史；支配的类型》，康乐等译，广西师范大学出版社2004年版，第171页。

② [德]韦伯：《经济行动和社会团体》，康乐、简惠美译，广西师范大学出版社2004年版，第15页。

也是由于经济行为之特质的缘故;纯就理论的观点看来,法律的“国家”保障,对任何基本的经济现象而言,都不是不可或缺的。然而,不管怎样,一个经济体系,特别是近代形态的经济秩序,若缺乏具有极为特殊性质的法秩序,无疑是不可能实现的。[①] 韦伯实事求是地揭示了社会学意义上的法秩序对于经济的影响,时至今日,法律对于经济的影响更加明晰化和具体化。

韦伯认为,西方社会恰恰发展出一种能够保障经济理性化的形式主义的理性法律,这是他根据东、西方国家中法律状态的分析得出的结论,即“然而唯一能促进近代资本主义发展的合理国家,则与此大不相同,它是以专门的官僚阶级与合理的法律为基础的”。[②] 在韦伯看来,恰是西方形式理性化的法律秩序对于经济理性化的产生提供了保障。西方受过专门训练的官吏用来行事的合理法律,就形式上而言来自罗马法,它吸收了希腊民事诉讼法的合理性,为了便于法律的学习,在东罗马帝国时期即查士丁尼统治时期,官僚阶级意识到法律明确化和体系化的必要性,因此对古希腊城邦中的合理法律进行了一番系统化的整理。随着西罗马帝国的崩溃,法律落到意大利公证人之手,他们致力于恢复罗马法,在原有罗马法的契约形式上又给予了新的解释。同时从大学里发展出一套具有诉讼程序合理化的系统性法律学说,再加上日耳曼人法律中的巫术性特点和法国所创制的律师制度。在教会组织的倡导下,建立了尽量合理化的教会诉讼程序,韦伯认为“来自世俗与宗教方面的这种司法程序的双重合理化,遂逐渐蔓延到整个西方”。[③] 当然,韦伯并不因此就认为罗马法是资本主义发展的基础:一方面,英国拒斥罗马法而保持英国固有的法

---

① [德]韦伯:《经济行动和社会团体》,康乐、简惠美译,广西师范大学出版社 2004 年版,第 225—229 页。

② [德]韦伯:《经济行动和社会团体》,康乐、简惠美译,广西师范大学出版社 2004 年版,第 166 页。

③ [德]韦伯:《经济行动和社会团体》,康乐、简惠美译,广西师范大学出版社 2004 年版,第 168 页。

律制度，同样走上了资本主义道路；另一方面，近代资本主义所特有的制度，多半都不是来自罗马法，如有息证券、股票、汇票等等。但是西方法律继承了罗马法中的形式主义特征，这为西方经济理性化的发展提供了形式上理性的保障，正如韦伯所言："仅只在创立出形式的法学思想这一点，接受罗马法才有决定性的意义。"①形式法学原则是基于一种技术的考量能够对行为的法律效果及机会加以理性计算的原则，而实质法学原则是指基于功利的及公道原则的考虑。

韦伯强调西方法律中的这种可以计算的形式主义对于资本主义理性经济的影响，并认为中国缺乏西方所具有的这种形式主义的理性法。韦伯举了这样一个例子：一个卖掉了自己的房屋而又遭遇穷困的中国人，有时会赖在买主家里，如果买主不顾同胞互助的古俗，他就会担心鬼神作祟，因此穷困中的卖主就可以不交房租而再搬入已卖的房屋居住。韦伯认为这样一种深受传统习惯势力左右的法律是无法发展出理性的经济模式的，理性化的经济需要的是一种犹如机械般可以计算的法律，只有这样一种法律才能满足经济利益之间的公平裁定和合法保障。一切礼仪的、巫术的观念都得清除掉，而西方文化理性化的进程恰恰驱除了这些非理性的因素，又在逻辑化和形式化方面逐步完善，从而发展出一种形式主义理性的法律，它使资本主义的理性经济得以保证。

二、西方城市的独特性

韦伯认为，西方城市的独特性对于经济理性化产生了重要的影响，其独特性主要表现在以下几个方面：

第一，西方城市产生了独特的市民阶级。市民有三个层面的概念："第一，市民可包含有特殊性质之经济利害关系的各个阶

① ［德］韦伯：《经济行动和社会团体》，康乐、简惠美译，广西师范大学出版社2004年版，第169页。

级。准此,则市民并非一元的:富裕市民与贫困市民、企业家与手工艺者均同样可成为市民。其次,就政治意义而言,市民包括享有特定政治权力的所有国民。最后,就身份的意义而言,市民是指官僚阶级与无产阶级以外有财产与教养的社会阶层,包括企业者、坐食者、有学院教养以及一般有文化、有一定阶级生活标准与一定社会威望的人。”[①]在韦伯看来,“市民的经济性”概念、“国家公民”的概念以及作为有财产、有教养的阶级都是西方文明所特有的现象,他认识到市民阶级亦即近代意义上的资产阶级的产生对近代资本主义发展的重要影响。市民阶级是西方城市发展的独特产物,是近代资本主义理性经济的拥有者和主导力量,正是西方城市的特征才产生了西方独有的市民阶级,才为资本主义理性经济的发展提供了阶级基础。

第二,中世纪的城市是由行会构成,而古代的城市从未有过行会。首先,能够加入行会的是一批有财产和教养的人,如在佛罗伦萨这个行会城市里,由大职工团体掌握行会,它包含“商人、兑换商、珠宝商以及需要大量资金来经营的一般企业主,此外还包括法律家、医生、药剂师等具有现代资产阶级意义的‘有财产有教养’的人”。[②] 其次,在行会支配下,为了传统的就业与生活机会,为了利用禁制权、强迫使用市场从而使四周的农村从属于城市的利益以及阻止竞争、防止大企业发展,中世纪城市实行了一种特殊的城市经济政策。再次,在中古城市与古代城市之间,还存在身份关系的差异。中世纪城市的典型市民是商人或手工艺者,如果他还拥有房屋即为充分资格的市民,在人身关系上,市民是自由的,“阶级之平等化以及自由束缚之解放,成为中世纪城市

① [德]韦伯:《经济与历史;支配的类型》,康乐等译,广西师范大学出版社2004年版,第262页。

② [德]韦伯:《经济与历史;支配的类型》,康乐等译,广西师范大学出版社2004年版,第273页。

发展的一个主要倾向"。[①] 而古代城市中,土地所有者即为典型的充分资格的市民,在人身关系上存在隶属关系。正是这样一批人发展成近代意义上的资产阶级,为经济理性化发展提供了一定的阶级基础。

第三,西方城市独特的文化意义。韦伯认为,城市的文化意义体现在城市产生了政党与政客(政党在此指的是现代意义的政党,而这种政党只产生在西方的城市);城市产生了艺术史上的独特现象,即希腊与歌德式城市艺术;城市产生了现代意义的科学,这种科学是从希腊数学发展而来的;城市也是一些宗教制度的基础,如以色列人的犹太教完全是城市的产物;只有城市才产生出神学思想。正是这些源于具有希腊理性传统特色的艺术影响了西方经济发展中的理性化特征。

第四,西方的城市是以一个自治团体的形式存在的城市。在中世纪,这样的城市一般有自己的法律和法庭以及一定范围内的自治的行政组织。在此情况下,只有接受这种法律的管辖,并参与推举行政官吏才能算作市民,然而何以只有在西方才出现这种具有自治团体意义的城市呢?韦伯追溯这种城市的起源,发现西方的城市源于一种带有兄弟会性质的团体,在古代即为结盟,在中世纪则为同盟会,它带有一种革命的性质,如中世纪意大利反对东罗马帝国支配的革命运动。韦伯对比东、西方国家,认为东方没有这种自治城市的发展,原因在于兵制与巫术。首先,在西方,城市开始就是个防御团体,是一个由有能力在经济上自行武装、自行训练的人所结合成的团体,即军队的组织有自给的基础,而在东方则是由一个军事领袖来提供战略武器或工具,这阻碍了城市出现的机会。而由军事领袖来提供军用工具在西方直到近代才出现,韦伯认为这种差异源于东方国家中官吏对于国王的依赖,而国王恰是通过武力的垄断来体现自己的权力。有意思的是

---

① [德]韦伯:《经济与历史;支配的类型》,康乐等译,广西师范大学出版社 2004 年版,第 276 页。

韦伯将官吏依赖国王的原因归于东方国家中的水利灌溉的重要地位，这显然是有失偏颇的。关于中国与西方在城市问题上的区别，韦伯在《中国的宗教》中第一部分有详细的论述，可以参考。其次，韦伯将阻碍东方城市发展的障碍归于与巫术有关的观念和制度，韦伯认为，西方的三件大事撤除了残存于城市的氏族、部落与民族间的巫术性藩篱，使得西方城市的建立成为可能。1.“犹太人的预言将犹太教里的巫术消除掉，巫术事实上虽仍存在，但是已被视为邪魔外道，而非神圣性质之物”。2.“圣灵降临的奇迹，亦即基督降灵于信徒的仪式。这点对于古代基督教信仰的迅速传布，实具有决定性的意义”。3.“在安提奥克大会上，保罗反对彼得而允许未受割礼的信徒共同祭祀”。① 这是韦伯从横向角度对东西方城市起源的考证。

第五，西方特有的城市共同体。韦伯按照城市的主要功能把城市分为：经济概念的城市、政治—管理概念下的城市以及要塞与市场合一的城市。农业城市、工业和贸易拥有者之城市当属经济概念的城市，古代的要塞和镇戍则属政治—管理概念下的城市，而要塞与市场合一的城市应是经济与政治合一的城市。在经济性城市里，其中一个值得注意的地方就是经济政策问题。韦伯认为，经济政策的目的在于“企图要稳固化的就是城市经济中这些自然天生的情况，其手段则是利用经济规制来确保食物供应的稳定与便宜，以及工匠及商人的经济机会”，②这种划分的目的在于引出对西方城市共同体概念的界定。在韦伯看来，只有西方才发展出大量的城市共同体，因为要发展成共同体，除了具有较强的工商业性质外，还要有下列特征：防御设施、市场、自己的法庭以及自主的法律、团体的性格以及至少部分的自律性与自主性。韦伯界定的共同体的特征显然已经具备一定的经济因素、政治因

① [德]韦伯：《经济与历史；支配的类型》，康乐等译，广西师范大学出版社2004年版，第268页。

② [德]韦伯：《经济与历史；支配的类型》，康乐等译，广西师范大学出版社2004年版，第207页。

素、军事组织因素以及相应的法律因素，他认为东方的城市却缺乏这种城市共同体成立的条件。亚洲的城市缺少一套适用于市民的实体法或诉讼法，缺少自治的行政，以及城市的团体性格和西方意义下的市民，如中国、印度和日本等国，由于宗教、氏族等因素的制约，要么缺少城市共同体成立的这种条件，要么缺少那种条件，而没有形成共同体。

第六，西方城市中的贸易、市场竞争和自由劳动力。经过考察，韦伯发现，中世纪末期的资本主义已开始以市场为目标，这是它与古代资本主义之间的差异，这种差异影响到城市丧失自由后的发展方向。在城市团体发展的初期，古代城市与中古城市是极为类似的，只有骑士豪族才被视为城市团体的积极分子，而骑士豪族能够成为城市居民，完全是为了分享贸易机会的缘故，因此在这一阶段，贸易具有决定性的作用。最初具有完整资格的市民和城市贵族，都有土地与商业资本，靠受益为生，而不是自营工商业，随着民主制度的建立，古代城市与中古城市的发展出现了分歧，古代城市的自由由于官僚组织的世界帝国的出现而消失，而近代城市虽然其自由与自治权也被逐渐剥夺，但其发展却与古代城市不同，近代城市常落入不断在和平与战争中争取权力的民族国家的掌握中，正是这种竞争性的斗争为近代资本主义发展创造出极大的机会。各独立的民族国家需要自由流动的资本，而这些资本拥有者则可以向国家提出种种有利于自己的条件，这导致国家不得不与资本结盟，就是在这种情况下，民族市民阶级即近代意义的资产阶级产生了。由此可知，正是这种独立的民族国家为资本主义的发展提供了机会。韦伯认为，只要这种民族国家不被世界帝国所取代，资本主义就会持续下去。

韦伯把各式各样的资本主义看作无论何时何地都存在的东西，这一点我们在前面也曾提及，例如为包税、融通战费的目的而成立的资本主义企业，与商人投机贸易有关的资本主义企业，趁他人之危贷款以行压榨的高利贷资本主义。但在韦伯看来，这些形态的资本主义均属“非理性且出于偶然性的经济活动，由此是无法发展出劳动体制的合理组织的”。[①] 而合理的资本主义则是以市场机会，亦即狭义的经济机会为目标而进行的，然而，这种资本主义的组织与发展直到中世纪末期及近代西方才出现。通过对世界古代城市与中古城市的比较，韦伯发现具有近代资本主义倾向的经济特征在古代城市是不存在的，或只是萌芽，它在中古城市才发展起来。“决定性的关键，毋宁说，是在与市场发展有关的因素里——资本主义形态下，工业产品所需要的消费者群是如何在中古世界发展出来的？另外，我们也得考虑到生产结构的因素——到底是在什么情况下，利用资本的倾向‘自由劳动力’的结构的出现？此一现象在古代世界根本是不存在的”，[②]于是韦伯接下来比较了古代与中古封建制以及古代与中古资本主义制度的发展状况。通过对古代城市与中古城市封建制中庄园制度以及阶级结构的比较和考察，韦伯得出的结论是封建制军队以及封建制国家创造了中世纪农民层及市镇，这为近代资本主义制度提供了产品所需要的广大的、相对稳定的消费者阶层。另外，中世纪的贸易组织成为一个运用理性计算方式运营的商品系统产生的重要因素，即“资本主义制度萌芽自中古商业及工业制度，利用其物质与法律形式”。

第七，西方城市中工场的出现。中古时期随着工业生产的逐步深入出现了小工场，而小工场在购买原料并进行生产制作的过程中发展出合理的技术，进而成立与家庭分离的较大生产单位，这逐渐导致劳力密集与劳动分工的情况。韦伯还对工场与工厂做了专门研究，他将工场分为三种类型：分离的小工场、作坊以及大规模的不自由的工场经营。韦伯认为，“制作场是利用自由劳动的工场经营，不使用任何机械，而将多数劳动者集合起来进行

---

① [德]韦伯：《经济与历史；支配的类型》，康乐等译，广西师范大学出版社 2004 年版，第 279 页。

② [德]韦伯：《经济与历史；支配的类型》，康乐等译，广西师范大学出版社 2004 年版，第 241—242 页。

有纪律劳动的工场”,[1]而工厂则是“利用自由劳动以及固定资本的一种工场经营”,亦即利用固定资本与资本主义计算进行专门化与协作劳动的组织。这种工厂成立的先决条件有三个:大量而稳定的经济需求、生产成本相对便宜以及充分的自由劳动力。但韦伯发现,工厂并不是源于手工业或代公制,而是与它们并列发展起来的,而且近代的工厂并非一开始都是靠机器发展起来的,虽然工厂与机器有着密切的联系,近代工厂经营使企业主成为为市场而生产的工场所有人,但也使劳动者由不自由劳动成了契约劳动或自由劳动者,这一转变具有重要的意义,它使基于技术的合理分工以及正确的计算成为可能。韦伯也曾用专节来介绍劳动分工的问题,基于技术性的分工对于经济生产的影响是重大的,现代性生产则主要是以劳动、技术分工与合作为基本特点的。西方这种特有的工场在其他地区是没有的,如印度,尽管有过高度发达的技术,但却被种姓制度的隔阂所阻碍了。中国由于氏族制度的强大,工场劳动成了氏族或家族经济,而古代的资本主义则由于奠基于政治,即私人利润的获得来自城邦帝国主义的政治征服,当利润消失时,资本即告结束。罗马帝国利用日渐成熟的官僚制将税收制度国有化,又由于和平的秩序建立和战争的取消,奴隶供应量缩减致使古代资本主义失去了赖以生存的根基,所以韦伯认为,官僚制扼杀了古代资本主义,并由此认为这是所有官僚制的特点,德国也不例外。韦伯进而认为,“德国社会官僚化的过程极有可能有一天会扼杀资本主义制度”。[2] 在这里,韦伯实际上暗示了国家对于经济干预要有一个度的问题,不能全管、死管,这不仅适用于德国,同样适用于包括社会主义国家在内的所有国家。

总之,在横向上,韦伯通过对东、西方国家城市差异的比较,

---

① [德]韦伯:《经济与历史;支配的类型》,康乐等译,广西师范大学出版社2004年版,第120页。

② [德]韦伯:《经济与历史;支配的类型》,康乐等译,广西师范大学出版社2004年版,第258页。

认为西方城市特有的文化艺术以及市民阶级的产生促使了西方社会资本主义理性经济的产生与发展。同时，在纵向上，韦伯又通过对西方古代城市与中古城市之间特征的比较，认为西方近代城市中产生了具有资本主义经济倾向的经济特征，它包括市场、竞争、自由的劳动力、固定的消费群体以及工场生产等，正是这些城市特色促进了近代资本主义经济的产生与发展。

三、西方货币和技术的发展

货币对于资本主义理性经济的作用是显而易见的，韦伯不仅考察了当今时代货币的重要功能，还从货币发展史的角度考察了货币制度逐步理性化的过程，目的在于探求货币制度的发展在西方资本主义理性经济发展过程中的作用。

韦伯认为，“从发展史的角度而言，货币实为个人私有财产之创造者”[①]，现代货币的两种功能即法定的支付手段和一般的交换手段，作为法定手段的货币功能要早于作为交换手段的货币功能。最初货币的铸造是应用于进贡以及部落首领间的赠与、聘金、嫁妆、杀人赎金、罚金、赎罪金等用途，接下来是首长对属民的支付。在此阶段，存在着各种不同属性的具有支付功能的财物，货币也是其中之一，当时的货币也是各式各样的，具有许多不同的种类。另外，在古代，货币还有一种作为积聚财富的手段的功能，那时的货币也不是作为一种交换手段，而是首领的一种身份性的象征，货币可用来满足拥有者的权威感和自尊感，因为酋长使用的货币与隶属民使用的货币是不同的。

韦伯指出了货币作为交换手段功能的起源问题。首先，作为一般交换手段的货币功能起源于对外贸易，有时是来自一种经常性的对外相互馈赠。例如，两个民族之间为了维持和平，统治者之间经常会相互馈赠，这是一种带有商业性质的酋长交易，是酋

---

① ［德］韦伯：《经济与历史；支配的类型》，康乐等译，广西师范大学出版社2004年版，第140页。

长贸易的起源。其次，货币作为交换手段的功能来自普遍应用的外国产品，典型的氏族商业及部族商业，将自己无法生产而极受重视的物品赋予一种交换手段的功能，这种货币应用在支付关税或通行税时，也不得不接受外商提供的通货，这样就出现了货币在经济领域的相互支付和流动。在这一阶段，货币的形式有很多，如装饰货币、有利用价值的货币、衣服货币以及代用货币。显然，在此阶段，货币是谈不上什么理性的，货币的使用是混乱而无序的。

在这诸多的货币形式中，贵金属货币发展为货币制度的基础，韦伯认为，这种情况的产生纯粹是基于技术性的条件。贵金属具有许多物品所不具有的优点，如贵金属不易氧化因而不易毁坏、贵金属比较稀少因此评价很高、贵金属比较容易加工和分割、贵金属可以用衡器来衡量，正因为这些优点，贵金属才能够逐渐发展起来。货币最早以铸币的形式出现大约是在公元前 7 世纪，铸币的情况最初也是极为混乱的，世界各地铸币的材料、铸币的使用范围、铸币的技术和方法都是各不相同的，铸造的技术也是经过了漫长的逐渐理性化的过程，铸造的成本随着技术的合理性程度的提高而降低，由手工到机器不断地先进化，最终确立了金属本位。所谓金属本位是“将(一)某种货币定为支付手段，可用于一切金额的支付，也可用于一最高金额限制下的支付；与此相结合的则为(二)本位货币的自由铸造原则——无论何人、无论何时，只要支付最低的铸造费，即有要求铸造之权，并可无限制地用为支付手段”。[1] 我们认为金属本位货币一方面使货币的铸造带有随意性和自由性，不能够反映市场的需要，国家也无法进行有效的控制，很可能会造成货币市场的混乱，甚至扰乱正常的经济秩序；另一方面，金属本位抛弃了以往杂多的各种材质的货币状态，使货币的铸造确定了统一的金属标准，有利于货币市场的净

---

① [德]韦伯:《经济与历史;支配的类型》，康乐等译，广西师范大学出版社 2004 年版，第 144 页。

化和统一管理，这对于经济市场的稳定是大有裨益的。总体看来，这是货币制度理性化的一方面体现，这也是韦伯提到金属本位的目的所在，不过韦伯犯的仍然是片面性的错误，只注重金属本位的积极作用而忽视其消极作用。16 世纪以来，贵金属大量流入欧洲为铸币制度的稳定关系提供了经济基础。贵金属大量流入欧洲有许多方面的原因，诸如，长达 150 年的"十字军"东征掠夺所得以及大规模的农作收益，墨西哥与秘鲁银矿的开采，以汞提取银的新技术的利用等等，这导致了银币供应的激增，银本位制得到普遍认可，但巴西金矿发现以后，金本位制得以发展，18 世纪中叶以后，银产量又居重要地位。

总之，货币制度的理性化不是一蹴而就的，它由最初的货币种类繁多、技术简陋、各种金属本位制的交替使用到最后的较为稳定发展，经历了一个漫长的过程。直到后来，为了使用的方便出现了银行本位制，即商人先将贵金属存入银行或钱庄，在结清债务时用票据支付给对方，而不用直接给付金银，这大大方便了商人的交易和经济的往来。由此，韦伯从货币发展史的角度论述了货币的发展为西方资本主义理性经济发展提供了货币基础。

在对西方资本主义的考察过程中，韦伯不止一次地提到过技术问题，并把合理的技术作为理性资本主义产生的重要条件和资本主义理性化的重要体现。技术的发展进步对经济理性化具有重要作用，韦伯以英国的资本主义发展为例来说明这一问题。

韦伯认为英国工业发展对于资本主义理性经济的发展具有决定性的意义。英国的发展情况被韦伯划分为这样几个阶段：第一，能证实的最古老的真正工厂阶段，即 1719 年英国德比附近德文特河畔的丝织厂，虽然它还不算是资本主义时代的产物，但是由于劳动工具、原料及产品均为企业者所有，它构成了近代工厂的决定性特征。第二，在发明了一种靠水推动而能同时运转一百个纺锤的工具之后，羊毛织造业发展起来(1783)。第三，浑麻纺织品的发展。第四，陶瓷工业的发展。第五，18 世纪以来的制纸业的发展。显然这里韦伯所指的是英国的工业革命，但韦伯认为,“如果只有此种劳动工具的革命,发展还有可能停顿,具有典型特征的近代资本主义还是不会出现。决定其胜利的是煤和铁”。[①] 只有燃料、动力以及技术相互结合才能使经济得以持续地发展和进步。由此韦伯认为:首先,煤与铁的应用使技术与生产所可能发挥的潜力,从有机材料固有的束缚解放出来,从此工业不再依赖兽力与植物的生长,即人类不再完全依靠自然的材料,而可以通过技术提供所需要的动力。人类生产力得到很大提高,这使人与自然的关系由依赖走向独立。其次,利用蒸汽机使生产过程机械化,它使生产从人类劳动之有机限制中解放出来。最后,由于工业与科学结合,财货的生产从一切传统的束缚中解放出来,这些条件使得资本主义的全面发展成为可能。

总之,技术的发展和提高为经济生产模式和组织方式提供了技术基础,技术理性化的过程就是经济理性化的过程。技术在经济领域中的普遍运用使人们获得了更多的经济利益,这刺激人类发明和运用更多、更先进的技术。的确,技术在资本主义产生之初促进了资本主义生产的发展,获得了巨大的成功,几乎任何经济行为都离不开技术的衡量与计算,它使经济越来越向技术理性的方向发展。

第三节 经济理性化对人类生存境况的影响

经济理性化体现在有计划、有组织地安排生产、交换、分配和消费等各个环节,它包含对技术和生产资料的充分估量、对成本与效益的权衡与计算。归根结底,经济理性化就是现代社会中人的生存方式在经济生活中的具体展开,那么经济理性化使人类的生存方式发生了哪些改变呢?

---

① [德]韦伯:《经济与历史;支配的类型》,康乐等译,广西师范大学出版社2004年版,第157页。

一、传统经济条件下生存方式的特征

根据韦伯对经济史的纵向考察,我们概括出资本主义经济产生之前的人类生存境况,并将之与资本主义经济时代的人类生存境况对比,从而凸显理性经济条件下的人类生存状态。在原始经济中,生产力水平低下,农耕占支配地位,耕作工具简单至极,每一个家庭都是自给自足的;家庭之间劳动没有专门的分工,家庭成员之间稍有分工,耕地与收割工作原来都以妇女为主,纺织工作由妇女承担,而渔猎、饲耕牛、木工、金工以及战争都是男子从事的工作,由此发展出家庭、田间劳动的公社化以及渔猎和军事的公社化,也逐渐发展出许多形式的男子社团;部落之间的交换很有限,个人没有独立的生存能力和个体的自由生存形式,也无从谈论人的个性存在与发展,因为个人总是不得不使自己适应某个团体,这些团体包括家庭、氏族、巫术集团、村落或马尔克组织,[①]个人必须考虑自己与庄园领主的关系以及与人身领主的关系等。在这种情况下,个人只能从属于自己所属的团体或组织,个人的利益由团体来保障,他无法靠自己的力量来脱离这个团体取得独立。

在封建经济条件下,人人平等的局面被打破。随着土地、租税、军事、贸易、人身自由、政治权力等因素的不断变化、发展,出现了财富和阶级的分化,产生了剥削和被剥削的境况。财富的分化首先是基于氏族及军事集团的酋长,他们有权分配土地或战利品,这成为传统的领主权力,这导致一部分人成为特权阶级,而另一部分人则成为依附阶级。另外,军事技术以及装备的进步,导致职业武士阶级的出现,在经济上处于依附地位的人是无法从事

① 比村落更大的团体是统一的马尔克,它包括森林和荒地而又同公有地或牧场有所区别,这个更大的团体由几个村落所组成,在统一的马尔克里有一个社长职务连同一块世袭的土地,这个职务照例是由国王或领主优先兼领的。参见[德]马克斯·维贝尔《世界经济通史》,姚曾廙译,上海译文出版社 1981 年版,第 7 页。

军事训练与购置武装的，这导致了那些拥有财富能够服兵役并装备自己的人与无法做到这一点的人产生了分化，他们逐渐积累了战利品成为上层阶级，而普通的农民越来越束缚于经济活动中，甚至必须向他们提供服务或纳贡，这就导致了阶级的进一步分化。通过征服敌人并令其隶属出现了隶属阶级或奴隶阶级与贵族阶级的分化，而没有武装的人也可自愿投靠于有武装的人，以寻求他们的保护，自己则为他们提供服务。另外，庄园领主进行土地垦荒，并把这些土地以出租的形式给外乡人或者贫民，而他们必须为领主服劳役或纳贡。一些酋长不是军事领袖而是具有卡理斯玛特质的巫师，他们形成巫师贵族，酋长通过贸易从中抽税，将财富据为己有，并逐步取得贸易的独占权。

总之，通过各种各样的形式形成了具有隶属关系的阶级的分化，一部分人处于统治地位，而另一部分人处于被统治或被剥削的地位。大多数人处于不自由或半自由状态，只有领主或君侯少数阶层才处于自由的状态，他们的自由是以大多数人的不自由为代价的，一种隶属或从属关系在社会中占有重要的地位，普通的民众由原始经济状态下归属于一个部落或团体来求得生存转变为目前的隶属于一个阶层，社会产生了大规模的阶层分化。

封建经济下的人身依附关系以及相应的不自由或半自由生存状态随着庄园制度的崩溃而改变。“这种变革意味着农民及农业劳动者之人身解放、随之而来的迁徙自由，以及土地从农民的耕作共同体与领主之权利的束缚中解放出来。反过来说，因保护农民而产生的农民对领主土地的权利，亦同样消失”。[①] 那么催动庄园制度瓦解的因素究竟有哪些？韦伯认为，直接因素在于地主和农民市场活动范围的扩大与市场利益的发展以及以货币经济为主的农产品市场的发展，即经济市场的发展。新兴的城市市民阶级利益的发展也要求庄园制度瓦解，这主要是因为庄园制的劳

---

① [德]韦伯:《经济与历史;支配的类型》,康乐等译,广西师范大学出版社2004年版,第83页。

役与纳贡义务限制了农民的劳动力完全投入市场生产。而且，日益发展的资本主义亦需要自由劳动力市场，庄园制经济却将很大一部分农民束缚于土地，阻碍了劳动力市场的发展。另外，新兴资产阶级想获取土地的企图与庄园制领主的意愿相冲突，新兴资产阶级要想获得更多的土地就必须使更多的土地从庄园制封建束缚中解放出来。国家为了增加其财政赋税收入，也希望庄园制瓦解，从而增加农民纳税的能力。在此内、外因素的夹击下，庄园制度不得不走向瓦解，实质上，庄园制度瓦解的根本因素在于资本主义经济因素的产生和增长。

在这样一个考察过程中，韦伯实际上向我们证明了在封建经济的胚胎中发展出了资本主义经济的萌芽，新的资本主义的经济发展模式和生产力水平摧毁封建经济。新的经济生产力决定了生产关系的变化，因为旧的生产关系已经不适应新的生产力的发展，它需要做出适当的调整以适应新的生产力的发展，这样人际关系和社会关系随之改变，亦即人的生存方式和状态发生了改变。就此而言，韦伯的观点没有超越马克思，马克思曾言："我们越往前追溯历史，个人，从而也是进行生产的个人，就越表现为不独立，从属于一个较大的整体：最初还是十分自然地在家庭和扩大成为氏族的家庭中；后来是在由氏族间的冲突与融合而产生的各种形式的公社中。只到18世纪，在'市民社会'中，社会联系的各种形式，对个人来说，才表现为只有达到他私人目的的手段，才表现为外在的必然性。但是产生这种孤立个人的观点的时代，正是具有迄今为止最发达的社会关系的时代。"[①]尽管韦伯没有进行奴隶社会和封建社会的划分，但他对封建经济条件下人类生存方式的描述本质上与马克思对奴隶社会经济与封建社会经济的发展状态的描述是相同的，韦伯所揭示的资本主义理性经济条件下人的生存状态相当于马克思这里所说的"市民社会"中孤立的个

① 《马克思恩格斯全集》第30卷，中共中央马克思恩格斯列宁斯大林著作编译局编译，人民出版社1997年版，第25页。

人的时代情况。

二、经济理性化导致的异化后果

首先，人类陷身于以技术为核心的经济秩序的牢笼。在经济理性化的发展态势中，当人类沉浸于经济利益的追逐与严密的经济组织方式之中时，韦伯却产生了深深的忧虑，这种忧虑来自人类生存方式的转变。严格理性化的经济秩序像一个牢不可破的铁笼将诞生于其中的人们困于其中，“这种经济秩序现在却深受机器生产的技术和经济条件的制约。今天这些条件正以不可抗拒的力量决定着降生于这一机制之中的每一个人的生活，而且不仅仅是那些直接参与经济获利的人的生活。也许这种决定性作用会一直持续到人类烧光最后一吨煤的时刻”。[①] 在韦伯看来，人们自己已经无法决定自己的生存方式，以大机器和科学技术为核心的经济秩序反而在人类的现实生活中起着决定作用，它决定了每个人的生活模式，这种境况会持久地存在下去。换句话说，人类依靠自身的理性和科学技术手段发明和创造了大量促进生产力、提高经济效益的工具和手段，制定了严格有序的生产、组织规定，这一切给人类带来了物质上的富足和征服自然的欲望满足。可是，人类不曾料到这些发明和创造、这些组织和规约已经逐渐成为人类生活的牢笼，人类的自由正在一步步被外在事物所剥夺，人成了外物的奴役，变成异化的人。正如迦达默尔所说：“自我疏远不断增长的条件不仅仅是由资本主义的经济秩序的特殊性造成的，确切地说应归因于对在自己周围作为我们的文明所建立起来的东西的依赖性。”[②]我们越是更多地依赖科学技术和理性，我们就越深地陷入科学理性所建构的一切秩序和文明，而科学与技术在理性时代正以不可遏止的势头侵入人类生活的各个

① [德]韦伯：《新教伦理与资本主义精神》，于晓、陈维纲译，生活·读书·新知三联书店1992年版，第142页。

② [德]迦达默尔：《科学时代的理性》，薛华等译，国际文化出版公司1988年版，第131页。

方面。也正因此，韦伯才会悲观，技术理性本身也是韦伯对理性内涵的一种解释，也难怪许多韦伯思想研究者直接将韦伯的理性作了技术理性和价值理性的划分。

其次，经济理性化打破了传统的人际关系，建构了以利益为根本原则的交往准则。资本主义理性经济条件下，资本计算以及货币计算都达到了高度形式理性化的程度，韦伯认为，“资本计算在其形式上最为理性的形态下是以人与人之间的斗争为前提”。[①]货币计算的形式理性条件首先则是“自律的经济行动间的市场斗争。货币价格乃是斗争与妥协的产物，因此也就是权势配置下的结果。价格原就背负着人与人之间的斗争所打造出来的性格，而‘货币’绝不是无害的‘不确定效用的指示器’——不在原则上斩断价格的这种性格就能随人任意改变。‘货币’毋宁是斗争手段与斗争价格，虽然作为计算手段，但也不过是利害的斗争机会在计量的估算上的表现形态”。[②]人与人之间的斗争和竞争是维系资本计算和货币计算的集中体现，这种社会关系直接受资本主义自由市场条件下利润最大化原则的支配，集中体现了人与人之间关系的紧张性和目的性。

“斗争”这一概念在韦伯的著作中出现频率比较高，在《社会学的基本概念》中，韦伯曾对“斗争”概念作了专门的界定，他说：“当行动是企图贯彻行为者的意志以抵挡其他团体的抗拒时，此种社会关系可被视为斗争。所谓‘和平的’斗争手段，是指那些不诉诸直接暴力的方法。当企图形式上和平地达成对机会的和利益控制的范围而此种机会亦是他人想获得时，‘和平的’斗争便是所谓的‘竞争’。而当一种竞争的过程，其目的和手段朝向一种秩

① ［德］韦伯：《经济行动和社会团体》，康乐、简惠美译，广西师范大学出版社2004年版，第45页。

② ［德］韦伯：《经济行动和社会团体》，康乐、简惠美译，广西师范大学出版社2004年版，第65—66页。

序时，便是‘规则化的竞争’。”[①]韦伯的意思在于资本计算的形式理性化关涉的是一种利益或机会的争夺，其目的在于获得这种利益或机会，同时资本的形式理性计算必然又加剧了这种利益或机会的争夺与斗争。

总之，资本主义理性经济建立以后，传统的兄弟般友爱的社会关系随之被打破，一种新的人际关系和生产关系随之产生，而这种关系的主要特色就在于斗争和竞争，亦即理性资本主义经济加剧了人与人之间的斗争，打破了人与人之间的和谐。建立在博爱基础之上的这种和谐曾经是西方基督教文化所倡导的，它随着文化理性化以及经济的理性化逐渐消失，代之而起的是一种人与人之间的算计和争夺。质言之，一种现代的意识结构和文化结构在理性化的经济体制中悄然出现，它以经济利益为根本导向，引领着人类朝向一种新的社会关系和生活模式前进。

三、形式理性化经济与实质理性化经济的矛盾

理性经济的迅速发展，致使理性化自身产生了矛盾，即形式理性化与实质理性化之间的矛盾，这一矛盾在经济领域中体现在有效需求与实质需求之间的矛盾以及流通经济和计划经济之间的矛盾两方面。

有效需求与实质需求之间的矛盾是就人类需求满足状态而言的。有效的需求指经由财货生产来满足的、纳入计算当中的需求，实质需求指真正需要满足的需求，即现实的必须的生活需求。在资本主义理性经济条件下，在以收益和货币计算为根本原则的条件下，两种需求之间存在矛盾。在韦伯看来，“没有任何经济体系能够将主观上的‘需求感’直接化为有效的需求，亦即，化为可以经由财货生产来满足的、纳入计算当中的需求。因为主观的欲求是否得到满足，一方面取决于紧急的程度，另一方面取决于若

① ［德］韦伯：《社会学的基本概念》，顾忠华译，广西师范大学出版社2005年版，第50—51页。

要满足此种欲求、估计上所可能处分的财货。欲求是有可能得不到满足的,倘若此一需求满足所需的效用被转移到其它更具紧急性的需求上,或者一来根本无法生产出来,二来惟有牺牲劳动力或物财来生产、以至于将来更紧要的需求无法获得满足。对任何消费性经济而言,事情莫非如此,即使是共产主义的经济也没有两样”。①

韦伯在此表达了两层意思:其一,由于形式理性的特点,人们实际需求的满足无法成为生产的首要目的,生产运营本身以自由市场效用的有效需求为转移。原因在于,在运用资本计算的经济中,收益性取决于消费者所能和所愿支付的价格,生产为了获得收益,势必只能为那些拥有一定收入的消费者而进行。需求无法获得满足的情况,不只发生在个人有较为紧急的需求时,也发生在有强大的购买力出现时,只要生产以营利为目的,个别购置者拥有财产的程度就成为决定财货生产的关键所在。也就是说,只有具备购买力的消费者的需求才能得到满足,而其他人的实质需求就无法得到满足,因为他们的要求无法通过十足的购买力显现出来,也无法满足生产者利益追求的目的。因此韦伯说:“并非‘需求本身’,而是对于效用的有效需求,通过资本计算的媒介,实质地规制着营利企业的财货生产。”②其二,财货的生产方向与财产分配形态之间的联系,即财货的生产方向最终由所得阶层的边际效用配置所决定,因为此一阶层对于一定的效用具有典型的购买力与购买性倾向。事实上,“资本计算在形式上最完全的理性——于市场充分自由的情况下——对于一切特定的实质要求是绝对一律等同视之的,然而潜藏于货币计算本质当中的此种性质,却造成其理性的根本限制。毕竟这正是纯粹形式的性格。形式理性与实质理性(无论其价值取向为何),原则上总是分道扬镳

① [德]韦伯:《经济行动和社会团体》,康乐、简惠美译,广西师范大学出版社 2004 年版,第 45 页。

② [德]韦伯:《经济行动和社会团体》,康乐、简惠美译,广西师范大学出版社 2004 年版,第 66 页。

的，尽管在许多个别情况下（就理论上的，亦即在极为非现实的前提下所构成的可能性而言，甚至使所有的情况下），两者在经验上是一致的”。[1]

在此韦伯指出了形式理性与实质理性之间的矛盾，即完全的形式理性理论上要求需求满足达到实质的平等。事实上，由于财货生产受购买力和收益性的决定性影响而无法达到这种实质的平等，这就是二者之间的矛盾所在。韦伯把人们需求不能得到满足的根源归结为理性自身的限制，在这里，他已经涉及了一个问题，只是他却回避了，这个问题就是阶级性问题。市场中的需求者分为拥有强大购买力的部分和无购买力的部分，显然拥有强大购买力的阶层就是资产阶级，而无购买力的阶层就是平民大众。正是因为这种购买力的差别导致了他们的需求得到不同的满足，固然对经济利益的追逐是企业不能生产满足小部分人真正需求的动机，但是财富的不均和阶级的差别才是导致人们的真正需求不能得到满足的根本原因。而韦伯直接对此略而不论，把需求矛盾的根源转嫁到货币的本质或者理性自身的矛盾上，显然是避重就轻的做法。

韦伯还进一步指出，即使在未来的共产主义经济状态下，人类也不能生活在需求完全得到满足的状态下，“对任何消费性经济而言，事情莫非如此，即使是共产主义的经济也没有两样”。[2]韦伯这种悲观的论调显然与马克思对这一问题的看法截然不同，它是对马克思关于未来共产主义社会生存状态的直接反击。在马克思那里，恰恰就是在共产主义社会里，可以实现生产力的高度发达和“按需分配”的原则，真正实现“自由人联合体”的生存状态，人类获得真正的自由与幸福。由于韦伯和马克思处在不同的历史背景中，肩负着不同的历史使命，有着不同的阶级立场，产生

① ［德］韦伯：《经济行动和社会团体》，康乐、简惠美译，广西师范大学出版社2004年版，第66页。

② ［德］韦伯：《经济行动和社会团体》，康乐、简惠美译，广西师范大学出版社2004年版，第45页。

这样的分歧是不可避免的。韦伯始终拥护资本主义制度而拒斥社会主义制度，即便在揭示资本主义社会中人类生存问题时，韦伯也始终把人类生存困境的根源归于理性自身，而唯恐将批判的视线转移到资本主义制度上来。而马克思肩负着号召全世界无产者联合起来、推翻资本主义剥削制度的历史使命，其批判的矛头自然指向资本主义制度本身，而不是理性问题。韦伯企图以即使在共产主义社会中人的生存境遇也不会改变这样的理由为资本主义制度辩护，反对人们的革命热情，因为在他看来革命与战争对于人类所追求的自由和幸福目标是徒劳无益的，只要理性依然在起作用，人的生存境况就不会改变，甚至会愈来愈坏。而马克思要做的恰恰就是用一种美好的未来以唤起人类的革命热情和斗志，韦伯和马克思虽同样面对资本主义社会，却由于不同的时代境遇和历史使命而站在了不同的立场上。

韦伯又用计划经济与流通经济之间的矛盾来阐释形式理性经济与实质理性经济之间矛盾。韦伯把“纯粹基于利害状态而一切以交换机会为取向，并且只因交换而伴生的经济性需求满足”称为“流通经济的需求满足”；把“在一个团体内部，有体系地以法律所制定的、根据契约或上面强制下来的、实质的秩序为取向的所有需求满足”称为“计划经济的满足”。[①] 根据韦伯对形式理性与实质理性的界定，很容易发现韦伯所谓的“流通经济”基本是形式理性取向的，而其所谓“计划经济”主要是实质理性取向的。韦伯阐释了不同的阶层在流通经济条件下的经济行为的决定性诱因，或生活方式。就无产者而言，强制性因素在于：首先，他们冒着完全丧失衣食之道的危险，包括他们自己及其亲属的衣食，因为他们是一无所有的自由劳动者。其次，他们在不同程度上发自内心地认为营利劳动就是他们的生活方式，这是受宗教伦理强烈影响的结果。就那些拥有资产或教育而享有特权的人而言，他们

---

① [德]韦伯：《经济行动和社会团体》，康乐、简惠美译，广西师范大学出版社 2004 年版，第 67 页。

的行为取决于以营利获得高收入的机会、名利心以及新教伦理的天职观念；就那些参与营利企业机会的人而言，韦伯认为他们的行为源于资本的利得机会以及以成就证明上帝恩宠的心态，还有一种行使支配权力的欲望。而在计划经济条件下，那种因害怕丧失衣食之道而被迫从事劳动的诱因必须被减弱，因为这关系到公平与仁义的问题，资本运营的风险以及经营管理上的自律性都很有限甚至不存在，因此计划经济就必然降低生产运营的形式理性计算程度，甚至会废弃货币计算与资本计算，这样，韦伯就得出实质理性与形式理性终究要分道扬镳的结论。韦伯指出："此种根本的、毕竟无以摆脱的经济非理性，乃是一切'社会'问题，尤其是一切'社会主义'问题的根源。"①

韦伯抓住了流通经济与计划经济的本质区别以及形式理性与实质理性之间的矛盾，但是他忽视了流通经济与计划经济相互结合的可能性。一方面，计划经济不是社会主义的专利，而流通经济也不是资本主义的专利；另一方面，流通经济需要计划经济的补充，而计划经济也不能没有流通经济的发展，二者的有机结合才是完美的经济体制。当今世界经济发展的趋势与潮流正是在向这一方向努力，而世界经济取得的成就也证明这种结合是完全可以实现的。纯粹的流通经济与纯粹的计划经济都是不可取的，它们只能给国家和民族带来灾难和混乱。也就是说，在形式理性与实质理性之间并非只有矛盾存在，二者也存在和谐相处的可能性，而二者的和谐相处恰恰就是维系经济发展与社会公正的纽带。我们要做的就是找到二者平衡的立足点，既不失经济的持续快速发展，又不失人类生活水平的普遍提高。但这样一个目标的实现绝不是一蹴而就的问题，而是一个漫长而复杂的过程，它不仅要求人与人之间、民族与民族之间的和谐相处，而且要求人与自然、人与社会之间的和谐相处，因为它不仅是哪一个民族或

---

① [德]韦伯：《经济行动和社会团体》，康乐、简惠美译，广西师范大学出版社2004年版，第69页。

国家自己的事情，更不是任何单独个体的事情，而是全人类共同的奋斗事业和生存目标。只有正确认识到形式理性与实质理性之间的关系，人类才能够更好地完善自身的生存。

通过以上分析，我们发现韦伯无疑指出了现代社会经济发展中的一些问题，即使在今天这些矛盾还是存在着，但韦伯对经济形式理性化与实质理性化之间的矛盾看得过分严重，理性经济的发展并不像韦伯设想的那样不可救药。他更没有想到，计划经济与市场经济在新的历史条件的有机结合。当今世界各国不仅在经济分配制度上实现了更加合理和公正的目的，而且经济发展的形式理性化趋势也没有因此而滞后。人们日益增长的文化和物质需求在不断得到满足，人们的生活水平在不断改善，而理性的经济组织和形式也在逐步完善。事实已经证明，韦伯对于理性化趋势的预测有其合理的成分，但是他夸大了形式理性与实质理性之间的矛盾。

韦伯始终把二者之间的矛盾看成是此消彼长的关系，不可调和。事实上，形式理性与实质理性之间的相互促进才是现代社会中各个国家和民族追求的目标，而且这种目标也不是没有实现的可能性，随着经济的不断发展和调整，这种矛盾也会得到新的有效的调整。因此，韦伯对于经济理性化矛盾的预测过于悲观，同样的情况也出现在韦伯对官僚制以及法律制度的预测上。

第四章 政治理性化与人类生存境况

政治理性化是西方资本主义社会理性化的一个重要方面，韦伯通过对各政治支配类型的本质、正当性基础、运行以及发展状况的分析，向我们呈现了人类在不同政治支配类型时期的生存境况。

克斯勒在其《马克斯·韦伯的生平、著述及影响》中曾以“统治社会学”为题对韦伯的这部分内容作了简单的介绍，他认为，韦伯这部分内容的主要话题还是“统治是‘社会行动和社会关系的一种特殊形式’。这是一个涉及这样一类社会关系的问题，在这类社会关系中，一个个体或团体强加他们的意志于别的团体或个体，而有关成员，则以‘服从’于这种意志的方式行动”。[①] 基于此，克斯勒用了三个概念来贯穿韦伯的这一理论，即“权力”—“统治”—“纪律”的三连式系统，克斯勒从社会学基本概念的角度来理解韦伯的统治社会学，值得肯定。韩水法在《韦伯》一书中，有“政治理论与政治态度”一章，重点探讨了韦伯的统治类型与官僚

---

① [德]克斯勒：《马克斯·韦伯的生平、著述及影响》，郭锋译，北京法律出版社 2000 年版，第 194 页。

制问题，其中不乏真知灼见，另外，顾忠华在《韦伯学说》之“韦伯的政治社会学”一讲中也作过介绍，这些研究成果为我们提供了许多有益的借鉴。

我们拟在以上研究成果的基础上从一种生存论的角度来解读韦伯的政治思想，纵观人类生存境况在不同的政治支配类型中的改变，以凸显现代社会中理性政治组织形式与人类生存境况之间的关系。

第一节 政治支配及其正当性

从本质来看，政治支配类型持续运行的过程就是人与人之间关系不断呈现的过程，不同的支配类型应对着不同的社会关系和不同的权威，人的存在状态也发生着相应的变化。从卡理斯玛支配类型到传统型支配再到法制型支配，体现了人类统治方式由非理性到理性，并不断向理性化迈进的历史进程。这一理性化的进程与文化理性化以及经济理性化的进程交织在一起，它构成了理性资本主义社会一个不可或缺的方面，也伴随着人类生存境况的改变，这是就纵向发展而言。就横向而言，韦伯向我们呈现的是政治制度与人的生存之间的关系。

在韦伯看来，“‘支配’即意味着此一情况：‘支配者’所明示的意志乃是要用来影响他人的行动，而且实际上被支配者的行动的确也产生了具有重要社会性意义的影响——被支配者就像把命令的内容当作自己行动的准则。从另外一端看来，此一情况即可称为‘服从’”。[1] 从这个定义中可以看出，支配实质上就是支配者对被支配者的权威命令以及被支配者对支配者之命令的服从。支配者之所以能够下命令，是因为其自身具有正当性或合法性，这种正当性或合法性来源于许多因素，不同的因素来源就决定了

① ［德］韦伯：《支配社会学》，康乐、简惠美译，广西师范大学出版社2004年版，第8—9页。

不同的支配类型。被支配者之所以会服从支配者的命令，是因为被支配者承认和确信支配者权威的正当性和合法性，这种承认和确信“可以是一种义务感，可以是来自恐惧，或者是‘不假思索的惯习’，或者是企图为自己牟取利益”。[①] 总之，支配关系成立与否关键在于支配者的正当性是否得到被支配者的确信，并确立正当性的基础地位。根据韦伯的论述，这一“正当性基础绝非仅只是个理论性与哲学性思辨的问题，它实际上构成经验性之支配结构的、最为实际之差异的基础，之所以如此，乃是因为任何权力——甚至生活中的好运道——一般都有为自己之正当性辩护的必要”。[②] 在此，韦伯禁不住将支配的正当性与人的生活好运道的正当性作了一个类比。韦伯承认“人类的命运并不平等。每人的健康、财富情况、社会身份等等皆有所差异”，[③]但是往往境遇好的人总会认为自己的好运是正当的，是应得的；同样，其他人的坏运也是他们“自业自得”。

根据韦伯的分析，支配的正当性可以基于三种原则：一是基于合理规则的制度，在此情况下，任何支配者或权力拥有者的正当性是由这种合理的制度赋予的，只要符合制度的规则，它的命令就是正当的，被支配者对命令的服从是因规则，而不是因人。二是基于人的权威，这种权威奠基在传统的神圣性上，这是一种具有惯习性和恒常性的神圣性，被支配者服从的是特定的人。三是这种权威基于对人的卡理斯玛的信仰，亦即“信仰带来某个实际启示、或具有天赋资质的人物，视之为救世主、先知或英雄”。[④] 这三种正当性对应的分别是官僚制支配、家父长制支配和卡理斯

---

① [德]韦伯：《支配社会学》，康乐、简惠美译，广西师范大学出版社2004年版，第9页。

② [德]韦伯：《支配社会学》，康乐、简惠美译，广西师范大学出版社2004年版，第19页

③ [德]韦伯：《支配社会学》，康乐、简惠美译，广西师范大学出版社2004年版，第19页。

④ [德]韦伯：《支配社会学》，康乐、简惠美译，广西师范大学出版社2004年版，第20页。

玛支配结构，这是在《韦伯作品集3》[1]中的划分，在《韦伯作品集2》[2]之“支配的类型”中，三种支配类型表述为法制型支配、传统型支配和卡理斯玛支配。这种表述更为合适一些，因为家父长制只是传统型支配中的一种类型而已，它不能涵盖其他的传统型支配，如长老制和家产制。故在以下的分析中，我们采用后一种分法，但是韦伯的这种划分也存在一定的问题，因为他无法回答究竟谁或什么能确定哪种制度、哪种传统以及哪个人的卡理斯玛的合理性问题，即各种合理性统治的合理性基础何在？这样追问下去，我们可能永远找不到一个合理的基础，只会陷入无穷的追问当中，得不到一个确定无疑的前提，因此，只能说，韦伯对正当性基础的界定是相对的。这里还要说清楚的是，以上三种类型都是韦伯界定的支配结构的“纯粹类型”，在真实历史中出现的支配类型都是这三种类型的结合、混合、同化或变形，不过，这并不会影响我们对各种实际支配形式的了解。这正是韦伯对其重要社会学方法论“理想类型”的运用，韦伯之所以划分出这几种纯粹的类型，在于方便考察各种统治类型的本质、特点及其发展过程，否则这一系列问题无法在一个混合着各种支配类型的支配结构中来考察和研究，这些清晰的概念将有助于我们的分析与讨论。然而本书作者也绝不认为，下文所要发展的这些概念架构，“可以涵盖整个具体的历史事实”。[3]

我们的主要目的在于考察在支配结构的理性化进程中人类的生存境况问题，并指出在典型的理性化统治类型，尤其是官僚制支配中人类面临的生存问题。对于韦伯来说，卡理斯玛型支配和传统型支配都是非理性的支配类型。它们从本质上看，都是一

---

① 《韦伯作品集3》即康乐、简惠美等译，广西师范大学出版社2004年版的《支配社会学》一书。

② 《韦伯作品集2》即康乐、简惠美等译，广西师范大学出版社2004年版的《经济与历史；支配的类型》一书。

③ [德]韦伯：《经济与历史；支配的类型》，康乐等译，广西师范大学出版社2004年版，第305页。

种人治。支配者的权威来自于某种特殊的人格特质或者某种神圣传统，而不是明确的、清晰的、系统的理性规则。由于许多弊端的存在，这些支配类型最终被法制型这种理性的支配类型所替代。

第二节 卡理斯玛型支配

韦伯认为，卡理斯玛表示某种人格特质，某些人因具有这一特质而被认为是超凡的，具有超自然以及超人的，或至少是特殊的品质或力量，它具有神圣性和不可侵犯性，这种力量或特质是普通人所不具有的，具有这一特质或力量的人便被认为是领袖。在较为原始的社会中，这种卡理斯玛来自巫术，如先知、号称具有医治或律法智能的人、狩猎活动的领袖及战争英雄等。卡理斯玛最初是与宗教联系在一起的，“这些非凡异能基本上即被冠之以‘mana’、‘orenda’与伊朗语‘maga’（我们的‘magic’一字即源于此）等这类特殊的称呼”，[①]这种超凡异能即韦伯所谓的“卡理斯玛”。韦伯将卡理斯玛分为两种类型：一种是一客体或人本身单凭自然的禀赋所固有的资质，这种资质是无法靠任何手段获得的，另一种是通过某种不寻常的手段在某人或某物身上人为地产生出来的。“卡理斯玛自然是种原则上相当个别化的特质，因此其把持者的使命与力量，并非通过外在秩序，而是从自己内部发生实质的限制”。[②] 通过韦伯的论述我们可以确定，卡理斯玛特质只是很少的人才能具有，而大部分人则是卡理斯玛的皈依者或服从者。

人们是否承认卡理斯玛的支配在于卡理斯玛持有者是否灵验，这使韦伯对于卡理斯玛的认识深入现实生存的领域。如果人

① [德]韦伯：《宗教社会学》，康乐、简惠美译，广西师范大学出版社2005年版，第2页。

② [德]韦伯：《支配社会学》，康乐、简惠美译，广西师范大学出版社2004年版，第265页。

们不承认卡理斯玛持有者的使命，其要求就遭到瓦解；如果人们承认其使命，就会要求他用实效证明其使命。此种承认是对某种启示、对英雄崇拜、对领袖绝对信任的完全献身。可是当卡理斯玛真正存在时，正当性就不再以此为基础，此时，"正当性的基础在于以下的观念：人们将承认卡理斯玛的真实性及听从其召命而行动，当成是自己的职责。由心理层面而言，这项'承认'是个人对拥有这些特质者的完全效忠和献身。它来自狂热、绝望或希望"。[①] 因此，如果卡理斯玛的把持者在很长一段时间内无法创造奇迹获得成功，给追随自己的人们带来希求的利益，那么他的卡理斯玛支配权就很可能会丧失。事实上，人们对卡理斯玛特质的服从与追随来自两个方面：一是来自一种对某种神秘的神圣性的恐慌与盲目崇拜，这种恐慌与崇拜源于人类对于未知领域的自卑和无奈以及由此产生的不安全感，这种不安全感是随着近代自然科学的发展以及启蒙运动的开展而逐渐消除的；另一个方面就是出于人类纯粹现实性的生存需要，一种简单的经验性总结和现实利益的追逐。正因此，人类才会在一个卡理斯玛持有者不能够显灵给自己带来利益时，会毫不犹豫地去改信别的卡理斯玛持有者。这两方面实质上体现了人类对精神需要与物质需要的追求。

韦伯认为纯粹的卡理斯玛与经济考虑无关，对此我们要分两面来看，就卡理斯玛的把持者而言，有些确实是有意识地避讳拥有或赚取钱财，但这并非定则，因为一些军事卡理斯玛的领袖也会去追求战利品，尤其是钱财，"关键性的要点在于：卡理斯玛对于有计划的、理性的赢取钱财——事实上，一切理性的经济——总是觉得有损品格而加以拒斥"。[②] 官僚制支配是靠恒常性的收入，尤其是货币经济与货币租税来维持生存，家父长制支配则奠基于秩序井然的家计，而纯粹的卡理斯玛"从来不是其拥有者之

① ［德］韦伯：《经济与历史；支配的类型》，康乐等译，广西师范大学出版社2004年版，第355—356页。

② ［德］韦伯：《支配社会学》，康乐、简惠美译，广西师范大学出版社2004年版，第265页。

私人的营利来源：在经济性的利益之意义下，它既不被利用来交换服务，也不为了报酬而运使；它更不知以租税制度来供给其使命的物质需求”，[①]在这种情况下，卡理斯玛支配得以维持的经济来源或者来自个人的赞助，或者来自赠礼、献金等自愿性的给付，但卡理斯玛的追随者无疑具有获得自身利益包括经济方面的利益的想法。事实上，卡理斯玛可以拒斥经济，但它无法彻底与经济分开，无论如何，其生存的需要是无法逃避的，这也是为什么卡理斯玛支配不能够长期稳定地存在下去，而很快会被其他支配类型所替代的内在原因。“据此，‘纯粹’的卡理斯玛支配在某种极为特殊的意味下是不稳定的，并且，其所有的变形都源自于一个原因：不仅支配者本身通常这么希望，其门徒也经常如此，最重要的是被卡理斯玛支配着的归依者是这样憧憬：他们都渴望将卡理斯玛及被支配的卡理斯玛福气从一种个例的、昙花一现的、随机在非常时刻降临于非凡个人身上的恩宠，转变为一种日常的持久性拥有”。[②]

卡理斯玛共同体是以感情性共同体关系为基础的，在此团体中，卡理斯玛领袖不具有一般官员所具有的技术上的训练，卡理斯玛领袖的确认不以社会地位、家族隶属关系等外在条件为基准，始终以其自身的禀赋为标准，也无所谓任命、解职、升迁以及权责分配、薪资或俸禄之类的官员特性。卡理斯玛支配是没有任何行政组织的存在，没有任何正式法律规则和理性的判决规则，所有的判决都来自神圣的启示或训示，这些启示或训示通常为卡理斯玛团体内的成员所承认。当两种不同持有者的卡理斯玛支配产生战争与冲突时，唯一的解决方式在于卡理斯玛领袖之间魔法或武力的竞争，没有任何形式的法律规则可以约束，在这点上，卡理斯玛支配与传统型支配以及法制型支配都是不同的，后两种

---

① [德]韦伯：《支配社会学》，康乐、简惠美译，广西师范大学出版社2004年版，第265页。

② [德]韦伯：《支配社会学》，康乐、简惠美译，广西师范大学出版社2004年版，第280页。

支配类型受到流传下来的先例或形式理性的法律和规则的约束。

卡理斯玛来自于启示与英雄的信仰，是对一种宣示的意义或价值的情绪性确认和英雄性的信仰，“此种信仰，是将人‘从内部’革命起，再依据其革命的意愿来形塑外在事物与秩序”，[1]这使卡理斯玛的革命性格与官僚制的革命性格区别开来。官僚制的理性化是对传统的最革命的外在力量，它是“以技术的手段来进行革命，原则上——正如特别是对经济变革的作用——是‘从外部’：首先，先改变物质与社会秩序，然后再以此改变人，亦即改变人对外在世界的适应条件，可能的话，通过理性的目的——手段设定，提高人的适应能力”。[2] 理性化的作用在于使大众接受或使自己适应于那些对他们的利益具有实际意义的外在的技术的成果，官僚制的秩序是用人们对目的取向之规则的顺从来代替对传统规范之神圣性的信仰，而卡理斯玛则以强制人们从内心服从的前所未有的、独一无二的神圣的事物来代替对传统的被神圣化之事物之恭顺。二者之间革命性的差异正如韦伯在对支配的类型进行阐释时所说的：“后者（指理性）由外部造成影响：它改变人们生活的情境及难题，终至而改变了人类对其生活及其难题的整个态度。它赋予个人以智性。而卡理斯玛，由于人们的苦难、冲突或狂热，却可能在主观上或从内部改变人的心理取向。它可能因此导致人在基本的态度及行为方向上的激烈变动，使人们对‘世界’种种不同的难题有着全新的心理取向。在先理性时期中，人们的行为取向几乎全由传统和卡理斯玛决定。”[3]在对理性以及卡理斯玛之间的革命性作用进行比较的同时，韦伯实际上又将自己分析问题的视角转向了行动理论分析上，官僚制对于韦伯来说显

① [德]韦伯：《支配社会学》，康乐、简惠美译，广西师范大学出版社2004年版，第271—272页。

② [德]韦伯：《支配社会学》，康乐、简惠美译，广西师范大学出版社2004年版，第271页。

③ [德]韦伯：《经济与历史；支配的类型》，康乐等译，广西师范大学出版社2004年版，第361页。

然是目的理性的，而卡理斯玛则是非理性的行动。

韦伯虽然不把一个卡理斯玛权威视为一个基于目的—手段原则的人群事物秩序或一般的所谓组织，却承认卡理斯玛共同体是一种明确的社会结构形式，它具备了人的组合以及必要的符合卡理斯玛使命的效用与资财的建置。卡理斯玛共同体中有一个卡理斯玛的贵族层，这是从皈依者中挑选出来的人组成的，其依据的规则是门徒关系、扈从的忠诚以及个人之卡理斯玛资格的有无。财货的供给虽然是自愿的、无规则可循的、非定期的，但其满足需求的程度，则被视为是被支配者的良心义务，当然这也要视具体的需求与给付能力而定。在物质上，当扈从与门徒的生计无法保障时，他们可以分享首领所接收的财货，无论首领是如何得到的，分享的方式无需计算与契约，他们有权要求与首领同桌共食，并得到首领的扶持与赏赐。在精神上，他们可以分享加在首领身上的社会的、宗教的、政治的荣誉，因此韦伯把卡理斯玛共同体分配看作一种"共产主义"的财货分配，共产主义在此被韦伯理解为"在财货的消费上，缺乏'可计算性'；在财货的生产上，并不是为任何共同'账目'而设的理性的生产组织"。[①] 不过，韦伯认为："纯正的卡理斯玛支配无法抵挡住最终无止境地开放家庭的建立与经济营利的潮流，而于焉告终。"[②]

本质上，韦伯描述的卡理斯玛支配是一种人治，这一点顾忠华也曾指出过。他说："卡理斯玛型指的是纯粹的人治。"[③]它是一种非理性的统治形式，完全凭借被支配者的情感性的追随与盲从。韦伯之所以阐释卡理斯玛类型支配旨在于向我们传递这样的信息，即人类最初的行为绝少理性的安排，也绝不是有计划、有系统地进行的，即便对一种领袖的认可和追随也只是源于一种情

① [德]韦伯：《支配社会学》，康乐、简惠美译，广西师范大学出版社2004年版，第278页。

② [德]韦伯：《支配社会学》，康乐、简惠美译，广西师范大学出版社2004年版，第279页。

③ 顾忠华：《韦伯学说》，广西师范大学出版社2004年版，第166页。

绪性的确认。甚至这种对支配的认可与服从只是基于一种简单的事实的确证,这种简单的事实的确证指的是具有卡理斯玛特质的人要证明自己的灵验,这足以表明人类行为的随意性和偶然性,但这种随意与偶然却是那时人类生存境况的最集中体现,它是一种简单的生存即活着的需要。在这种支配类型下,人类组成不同的卡理斯玛团体,奉献着自己对卡理斯玛领袖的崇拜与敬仰,也会随时改变着不同的崇拜对象。这种崇拜不带有任何强制色彩,也不具有任何规则或法律的约束,纯粹是一部分人对另一部分人的崇拜与敬仰。这种崇拜与敬仰来自被敬仰者本身的禀赋与卡理斯玛特质,而这种特质不是普通人能够具有、只有少数被崇拜者才具有的。因此,韦伯说:"卡理斯玛支配的社会关系全然是私人性的,是以个人人格的卡理斯玛特质的妥当性和实证为基础。如果卡理斯玛支配希望维持一个持久性的关系,一个由门徒、战士或跟随者组成的'共同体',或一个政治性的教权制团体,而不只是一个过渡中的现象,那么卡理斯玛支配的基本特质必须加以改变。我们可以肯定地说:卡理斯玛支配只能存在于初始阶段,它无法长久维持稳定。它终究会被传统化或法制化,或两者的连结所转化。"[①]在其他著作中,韦伯也曾经预言卡理斯玛支配必亡的命运,"任何卡理斯玛都走在这条路上:从狂热的、感情性的、无经济关怀的生活,走向在物质关注的重压下慢慢窒息而死的道路——他存在的分分秒秒都不断加速地向死亡前进"。[②]卡理斯玛支配形式不断被官僚化或传统化替代的过程实际上就是人类社会关系和生存方式改变的过程。

卡理斯玛的不稳定性和非理性使其逐渐向日常化方向发展,韦伯通过各种继承方式对现实的社会关系的影响和改变向我们表明了纯粹卡理斯玛支配因素的逐渐淡化并被替代的进程。第

① [德]韦伯:《经济与历史;支配的类型》,康乐等译,广西师范大学出版社2004年版,第363页。

② [德]韦伯:《支配社会学》,康乐、简惠美译,广西师范大学出版社2004年版,第279页。

一，人们可以寻找一个新的卡理斯玛领袖，在此情况下，新的卡理斯玛领袖的正当性将受某种标识的限制，这种标识会变成规则，从而形成传统。所以韦伯认为，这样一个过程实际上就是一个传统化的过程，领袖的个人特质将被削弱，而传统的约束力将会增强。第二，以神意来选择新领袖，如神谕、抽签、神示或其他，在此情况下，新领袖的正当性基于选择技巧的正当性，韦伯认为这实际上是一个法制化的形式。第三，由原来的卡理斯玛领袖指定继承人，并由其追随者加以承认，在这种情况下，领袖的正当性基于原来领袖的指定，而不是新领袖的个人特质。第四，由具有卡理斯玛特质的管理干部推举继承者，并由其共同体加以承认，在此情况下，其正当性基于获得这种地位的过程和形式的正确性。第五，卡理斯玛可通过血缘而继承，即世袭性卡理斯玛，其正当性基于世袭本身，这明显具有传统化倾向。第六，卡理斯玛可以通过某种仪式，由持有者传给另外一个人，或者通过某种仪式从一个人身上创造出来，它意味着卡理斯玛可以和个人相分离，成为可传送的实体，其正当性基于某些仪式的正当性。

通过这样一个例行化的转变，卡理斯玛支配由最初的卡理斯玛共同体，即由狂热的门徒或追随者组成的小团体，共同生活于一个以信仰和狂热为基础，借奉献、战利品或其他不定期的收获为生的共同体，转变成一个大多数门徒或追随者在物质层面上借其维持生计的团体。随着例行化的过程，追随者或门徒可能建立某些甄选人员的规范，这些规范可能会转变为界定传统、身份地位的规范，管理干部可能会为其成员寻求或创设某些个人性的职位，并享有相应的经济利益。在这种情况下，就可能发展出俸禄、官职等家产制或官僚制特点。另外，韦伯专门强调了这种变化与经济的重要关系，他充分认识到经济利益对于卡理斯玛例行化产生的促进作用，他说："由每一重要层面来看，卡理斯玛例行化的过程都是对经济条件的适应。因为经济乃是日常生活中最主要的、绵绵不息的运作力量。因此经济条件扮演着一个领导变动的角色，而不只是一个函数。由个人卡理斯玛至世袭性卡理斯玛或职位性卡理斯玛的过渡，在很大程度上乃是一项手段，正当化了对经济财货既有的或新获得的控制权。”[①]在这里，韦伯承认了经济条件对政治支配形式或政治生存方式转变的重要影响，卡理斯玛例行化的过程实质上就是人的行为由情绪性、非理性的狂热到理性的经济关照的过程，同时也是个体行为力量减弱，而其他非个体性力量增强的过程。正如韦伯所言：“整体观之，卡理斯玛的消亡意味着：个人行为之作用力的衰退。致使个体行为的重要性减退的力量当中，最无可抗拒者为合理性的纪律，它不只根除个人性的卡理斯玛，连基于身份荣誉的阶层等级也加以清除，或者至少是使之合理性地变形。”[②]卡理斯玛支配最终走向消亡，被传统型支配代替。

第三节 传统型支配

韦伯是这样界定传统型支配的：“如果某一支配的正当性来自其所宣称的、同时也为别人所信服的、‘历代相传’的规则及权力的神圣性，则我们称此种支配为传统型支配。支配者的产生是传统型的惯例，而人们之所以服从也是因为他们因袭的身份。此种支配团体，就其最简单的例子而言，奠基于经由共同培养出来的个人恭顺上。支配者并非工作的‘上级’，而是个人的主人。他的管理干部主要并非‘官吏’，而是随从。至于被统治者或是他的‘传统的伙伴’，或是他的‘子民’，而非一个结合体的成员。管理干部与主子间的关系取决于个人的忠诚，而非官吏无私的职责观念。”[③]这样一种被传统束缚的关系显然与卡理斯玛共同体中的关

---

① [德]韦伯：《经济与历史；支配的类型》，康乐等译，广西师范大学出版社2004年版，第379页。

② [德]韦伯：《支配社会学》，康乐、简惠美译，广西师范大学出版社2004年版，第332页。

③ [德]韦伯：《经济与历史；支配的类型》，康乐等译，广西师范大学出版社2004年版，第324页。

系是不同的，同时它与以法制为其正当性基础的支配也是不同的。在此支配下，支配者的权威不是因为支配者个人的人格特质，而是依据传统的规则与神圣性，服从的对象从一种纯粹个人本身的力量转化为一种外在的约束，但这种外在约束仍然不是形式上的法律和行政法规。支配者的行为就相应地分为两个层面：一是受特殊传统所约束的行为层面，一是不受特殊传统限定的行为层面。就第一层面而言，它必须严格按照传统的规约来行为，否则被统治者就可能以其背弃传统为理由将其推翻；就第二层面而言，支配者具有较大的自由，他可以自由地以其个人喜好而施惠，或者获取回报，但其自由的限度同样是被支配者习惯的顺从程度，超过一定限度，同样会引起被统治者之反抗，其理由是支配者无视自身权利的传统限制。

韦伯以家父长制支配与家产制支配为例具体阐释了传统型支配的本质与特点。家父长制支配本质上并非奠基于官员对某一即事化、非人格性之目的的认同，也不是奠基于对抽象规范的服从，而是基于一种严格的、个人性的恭顺关系。家父长制支配源自家长对其家共同体的权威，此种个人性权威与官僚制具有相同的稳定性与日常性，被支配者对权威的服从是对一种规范的服从，这种规范不是形式理性化的官僚制支配下那种合理制定的、以技术训练为前提的合法性规范，而是来自对相传久远的传统之神圣不可侵犯性的信仰。此种信仰植根于以下事实，即由于长期紧密地共同生活在一起，家中的依附者自然形成一个“命运共同体”，总之，“对传统的恭顺与对支配者的恭顺，乃构成家父长权威的两个基本要素”。[1] 在家父长制支配下，支配者没有个人支配的干部，这是家父长制与家产制支配主要的区别，支配者须依靠团体成员的自愿执行。在这种情况下，团体成员仍维持伙伴的身份，不致完全沦为子民，他们的成员资格来自传统，而非法令，服

① ［德］韦伯：《支配社会学》，康乐、简惠美译，广西师范大学出版社2004年版，第93页。

从是针对拥有传统身份的支配者。而当传统型支配开始发展出特别的行政机构及武装力量，而且这两者皆成为支配者个人的工具时，家产制即可能发生。这时，团体中的伙伴被视为子民，原先属于团体所共有的支配权威成为支配者个人的权利。支配者可以利用自己的权威处分任何经济资产，其权利的主要外在支柱是奴隶、部曲（其身份介于自由农与农奴之间）及征集来的人民，以及雇来的贴身侍卫及佣兵，凭借这些控制工具，支配者可以扩展其独断独行的权力。只要这种支配基本上还是传统型的，即为家产制支配，如果此种支配基本上是基于支配者的独断独行，即为苏丹制。

在家产制支配下，依附关系本身仍然是奠基于恭顺与诚信的关系之上的，这种依附关系由最初的纯粹是一方的支配逐渐演变成权利服从者之要求互惠，在这种情况下，支配者对其服从者也负有某种义务，但这种义务是基于支配者本身的利益与某种习俗，而不是某种法律。首先，支配者对服从者负有对抗外力时的保护与穷困时的援助的责任；其次，人道的待遇以及对经济剥削之惯例性的限制，这种限制有利于支配者自身的利益以及支配权的稳定性，而服从者必须尽一切力量来援助支配者。支配者在法律上保有任意支配隶属民的权利，但支配者之任意裁量权仍然受到限制，这种限制来自习惯以及传统之神圣化力量。因此就出现这样一种结果："支配者对个别依附者之无上权力与其面对依附者全体时之软弱无力，乃是并肩而存的。从而导致一种法律上极不稳定、事实上却极为稳定的秩序之形成，此一秩序缩小了支配者自由裁量的领域，而扩大了传统所制约的领域。"[①]

那么，何谓"家产制支配"？韦伯说："当君侯以一种人身的强制，而非领主式的支配，扩展其政治权力于其家产制之外的地域与人民，然而其权力的行使仍依循家权力的行使方式时，我们即

① [德]韦伯：《支配社会学》，康乐、简惠美译，广西师范大学出版社2004年版，第100页。

称之为家产制国家。”[1]在家产制国家里，被支配者最根本的义务在于满足支配者物质性的需求，随着支配者政治权力逐渐持续化与理性化，供应义务也越来越多，一种基于实物给付与实物贡租的共同体经济成为满足家产制政治结构之需求的最主要形态。随着商业与货币经济的发展，家产制支配者不再以庄宅式的方式，而以营利经济的形式来满足需求，这样，在财政理性化的过程中，家产制也逐渐朝着基于货币租税体系的理性的官僚制行政迈进。

家产制支配下的支配者可以从被支配者那里取得多少贡纳，取决于支配者的权力，亦即其威望及其机器的性能，不过它仍然要受到传统的约束。如果支配者拥有一支可以支配的军队，他就可能敢于要求不合惯例的贡纳，这支军队可能是由家产制的奴隶、仰赖实物配给的依附者或者是部曲所组成，可能是由完全脱离生产的奴隶组成，可能是由被征服民族中征调组成，也可能是由从他那里接受份地的人组成。总之，“家产制支配者都企图迫使非家产制的子民，像家产制子民一样无条件地服从于其权力之下，将所有权力皆视为他个人的财产，就像家权力与家产一样，这是家产制支配的内在倾向”。[2]但是韦伯的意思并非认为家产制中的军队只是为了一种政治权力的需要，它同样是维护家产制下经济利益与保护自身不受外族入侵的手段，而军队自身的组成也与经济的逐步理性化发展、货币经济的发展以及军事技术本身的发展有着紧密的关系，韦伯始终认为政治、经济、技术等社会诸因素在不同发展阶段上都存在着的相互影响的关系。

家产制的需求靠赋役制满足，韦伯认为这就是为什么赋役制在家产制国家中最为发达的原因。对于支配者而言，赋役制的供应意味着他设定一些负责的团体来确保其义务之充分履行，这些

---

① [德]韦伯:《支配社会学》，康乐、简惠美译，广西师范大学出版社2004年版，第103页。

② [德]韦伯:《支配社会学》，康乐、简惠美译，广西师范大学出版社2004年版，第118页。

团体具有其成员对支配者之个人义务的连带责任，这导致了强制性的赋役团体在家产制支配下成为极普遍的现象，具有最彻底性。韦伯说："对这种政权而言，子民的存在乃是为了满足支配的需要，由此更进一步认为子民的经济活动之配合赋役制的义务、乃其存在的理由。"[①]就此而言，赋役制不仅是支配者一种有效的政治控制手段，也是一种有效的满足其经济需求的手段。而被支配者即子民自身却因此而处于一种不自由的状态，同时它也有利于一种中间阶层、尤其是望族支配的兴起，所以韦伯说赋役者可能导致两种不同的发展方向：一种是具有强烈独立性、地方望族的行政，它受传统约束，附着于特别的财产对象；一种是子民之总体的、人身的家产制隶属关系之发展，每个人皆被束缚于其土地、职业或强制性团体之中，在此情况下，每个子民都暴露于支配者纯然恣意的欲求状态中，不过在大多数情况下，两种发展方向是混合发展的。

由于家产制中君侯的直辖领域很广，他自己无法进行有效的管理，这就需要一种有组织的管理以及由此而来的各种职务分配，这就产生了家产制的官职。被任命的官员除了本身职务外，还必须随侍君主，有时需要代表君主，他们与官僚制官吏的区别在于缺少职务的专业化，虽然他们也形成一个有别于被支配者的特别的身份团体。支配者首先从其人身依附者中选拔官吏，因为这些人的忠诚是他能够完全信赖的，但是政治的管理极少能够完全靠这些人，不仅因为直接管理上的需要以及支配者的子民不愿看到非自由人的权利和地位比他们高。另外，自由人如果想获得此利益，必须首先承认与支配者之间的隶属关系，这是家产制自身的特点决定的，官吏必须是君主的"家人"才符合家产制的本质要求。当支配者颁布服务法规，这些人的地位进一步得以定型化，随之这些人垄断了官职并建立明确的规则来限制新加入的成

① [德]韦伯：《支配社会学》，康乐、简惠美译，广西师范大学出版社2004年版，第120页。

员以及服务与报酬，从而形成一个特别的团体，官吏的权力也逐步壮大，这就可能形成与支配者的抗衡。因此，支配者会设法避免官职为身份团体所垄断以及官职义务的定型化，他会任命值得信赖的世袭性的依附者或者外族人为官来反对这种垄断。而官职权力的定型化以及官制持有者对官职权力的垄断性占有，就导致了韦伯所说的家产制之身份制的类型。

韦伯认为，家产制的官吏制度也可能由于逐步的职务划分与理性化，以及文书利用的增多和职位层级制度的出现而具有官僚制的特点，不过就社会学的本质而言，纯正的家产制与官僚制官职，越是纯粹，其差别就越大。首先，家产制的官职缺乏私人领域与公职领域的划分，其权限完全是恣意的，除非传统的约束。其次，官职之间的任务与目标的界限是模糊不清的，官吏视官职为个人的权利，而不像官僚制中的专门化和即事化为权力的分工作了保障。而且官职的设置与选用本身也具有支配者的随心所欲性，完全缺乏一种官僚制的客观的、技术性和理性的考量。在支配者与官吏的关系上，官吏可以任意行事，只要不违背传统和支配者的利益，完全缺乏官僚制中具有约束力的规范与规则，支配者自身在处理事务时也完全是随机性的。因此，“官吏在执行支配者的权力时，是在两个通常互不相干的领域内进行的：一个是受制于具有拘束力之神圣传统与个人明确权利的领域，另外一个则是弥漫着支配者个人独断意志的领域。官吏因此不免会陷入矛盾之中”，[①]而这种矛盾一旦产生即很难调和。家产制官吏的地位来自其对支配者之纯粹人身性格的隶属关系，其对子民的地位也不过是此种关系的延伸，其职务忠诚并非如官僚制下对即事性的职务忠诚，而是一种奴仆的忠诚，这种忠诚是无止境的恭顺。因此，韦伯认为，“所有家产制政体的服务规则，究其实，也只不过是来自支配者之授予或恩宠的、个人性的纯粹主观性质的权利与

① [德]韦伯：《支配社会学》，康乐、简惠美译，广西师范大学出版社2004年版，第131页。

特权；实际上，这也可说是家产制国家之客观的规范、以即事化目的为取向的就事论事的态度，在此是付之阙如的。官职与公权力的行使，乃是为了服务支配者个人，以及得到此一职位的官吏个人，而非'即事性的'目的"。[①]

那么家产制官吏如何维持生计？原初家产制的官吏如其他家族成员一样依靠支配者的餐桌与库藏来维持生计，但是这很快就转变为赐予家产制官吏俸禄或采邑的形式，这表明支配者对官吏支配的权力的放松以及经济风险的转移。最初的俸禄来自支配者库藏与谷仓的实物配给，即实物俸禄，通常是终生享用；俸禄的第二种类型为规费俸禄，即支配者将特定的规费授予其代理人，这种规费是支配者或其代理人可以因执行职务而期待的报偿，这使得官吏进一步独立化，因为它主要来自家产外的收入；最后一种俸禄是采用职田或服务领地等土地俸禄的形式。韦伯认为，这种俸禄最接近采邑，并同样给予被支配者较大的独立性。除了正规经常性的收入外，家产制官吏如果立下特别功绩或者碰到其主子心情好的时候，还可得到额外赠品，这些物资来自支配者的库藏，包括贵金属、珠宝、武器等。

韦伯认为，"在家产制国家里，所有行政之俸禄分权化、所有权限之固定化以及俸禄的占有，皆意味着定型化，而非理性化"。[②]这些占有俸禄的官吏能够非常有效地制约支配者的统治权，这与一种行政的理性化状态背道而驰，它维持着政治权力分配的传统主义定型化，在定型化的过程中官吏变成纯粹象征性的清望官与持有俸禄的闲散官，而且俸禄的占有越是发达，家产制政体就越缺乏今日官府之意义，缺乏一种理性规则的支配，而代之以纯粹个人性的关系、偏好、承诺或特权。这样，中央权力就会面临日益壮大的官吏层的威胁，家产制支配会采用一些手段来巩固统一政

---

① [德]韦伯：《支配社会学》，康乐、简惠美译，广西师范大学出版社2004年版，第133页。

② [德]韦伯：《支配社会学》，康乐、简惠美译，广西师范大学出版社2004年版，第146页。

权，如：支配者不断去巡幸其领域；对于派驻外地的官吏，由于无法密切地监督，支配者往往会要求一些个人的保证，人质就是其中之一种。定期到中央述职，缩短官吏的任期，官吏不得就任于其有土地或亲人的地方，某些重要的职务尽量交给独身者，有系统地利用密探或正式的监察官来监督官吏，在同一辖区内设置相互制衡的官职，利用那些并非出身社会特权阶层的人、甚至外国人，以确保官吏的忠诚，分割地方官吏的权限等等。总之，这些手段可以有效地遏制官吏权力的膨胀、保障中央权力的稳定性。

韦伯对家产制支配的特点和本质的考察，使我们在深刻理解家产制支配的统治状态的同时，也看到了家产制支配中支配者、被支配者以及一些中间阶层不同的权限和自由生存状态。

支配者自然是享有最大的权限，只要其行为不是违反一些特定的神圣传统和规则，他们可以根据自己的喜怒哀乐恣意而行，其行为的对象是被支配者和随之而兴起的接受俸禄和分权的官吏。这些官吏扮演着支配者与被支配者的双重角色，就其所属的家或国来说，他们是被支配者，因为他们是否能够担任官吏的职务本身是作为支配者的君侯根据个人喜好或他们对自己的忠诚程度来决定的，所以他们须听任支配者的命令与满足支配者的需求。他们充当支配者满足需求的工具和手段，但是为着自身的利益，也会不断夸大自己的领域和职权范围，尽量利用自己亲近的人来担任一些职务，以此来扩展自己的利益圈和势力范围，这样一步步就形成了定型化和与支配者抗衡的局面，并在此抗衡中收获自己的利益。在家产制支配中扮演越来越重要的角色，但他们同样要受到特定传统的约束。另一方面，他们又是支配者，这体现在他们有权支配自己名下的子民、奴隶等等家人，他们也是最高支配者之下的次级支配者，除了满足君侯的需要以及不违背特定传统之外，他们的行为也是极其自由的。

自由民、半自由民或完全失去自由的人这些被支配者则是最无权利的阶层。他们丧失人身自由或财产自由或者一无所有，其生存全赖于支配者的行为和命令，他们依赖支配者获得生活来源，从属于支配者，无条件地服从支配者，要保持对支配者完全的恭顺，并提供各种各样的劳役、赋役或无条件地向支配者提供一切劳动。总之，在家产制支配下，社会关系完全建立在一种对主人的恭顺的关系基础上，支配者的行为完全是一种个人的、随意的、偶然的，依靠个人喜怒哀乐的随机的行为，起约束作用的只是特定的流传已久的神圣传统与规则，没有一种理性的、法制的规范与规则的约束，更缺乏一种专业化的、经过一定技术训练的办事高效的官吏，缺乏一种即事化的行为准则，代之以随意任命的闲散官和以关系、身份、地位为处事原则的行为标准。

究其实质而言，家产制支配与卡理斯玛支配类型一样均是一种人治的状态，它们都缺乏一种对人的恣意行为的有效约束，而这种外在约束是理性社会的标志。对韦伯而言，这样一些弊端必然在被克服的过程中，致使人类行为逐步向理性化转变，这是一种无法避免的趋势，这个理性化的过程即家产制支配逐步向法制型社会转变的过程。

第四节 法制型支配

相比较以上谈到的卡理斯玛型支配和传统型支配，法制型支配最能体现政治理性化的特征，在现代社会中，其理性化特征本质上就是形式理性。这种形式理性体现在其支配的正当性基础及其特点方面，如它以系统的、逻辑的、明确的法律规则和体系为基础，支配者本身也受此法律体系的制约，这是以前的任何政治支配类型所不具有的。它以严格的上、下级关系，即科层制度为办事原则，下级执行上级的命令，上级受下级的严格监督，这种服从与监督与个人本身无关，而是依据严格的程序规定。官职是官吏的唯一职业，要求官吏全身心投入，官吏以固定的薪俸为生活保障等，正是这一系列的严格规定使法制型支配具有高度形式理性化的特征，而这种高度形式化特征又以官僚制为最。

一、法制型支配的正当性基础及特点

法制型支配的正当性基础有:1. 任何一个法律规范都可以依据目的理性或价值理性(或两者并立)的基础,经协议或强制的手段来建立,并且可以要求该组织的成员对其服从,处身其中的任何社会关系和社会行为都受该组织管辖;2. 任何法律体系基本上都是由一些抽象的规则依照首尾一贯的系统所构成,它是人有意加以创制的。司法是其运用于具体的事例的体现,行政程序由规范组织的基本原则加以详细规定、不得逾越法律程序的限制,必须遵守一般化的原则并受到组织规范的认可;3. 典型的支配者即上级也得服从于一套无私的法令和程序,其命令受到这项秩序的指引,而不像卡理斯玛支配和家产制支配下支配者那样无所限制;4. 服从支配的人是以组织成员的身份而服从的,他所服从的是该组织的法,而不是如卡理斯玛支配与家产制支配下服从具有卡理斯玛特质的人和家的主人;5. 组织成员服从一个支配者,并不是服从其个人,而是服从一个无私的秩序,成员对支配者的服从义务,只限于这项秩序所给予的、为理性所界定的、切实的管辖权范围之内的。

这决定了法制型支配的基本特点是:有持续不断受规则约束的行为与正式经营;有明确范围的权限;各种职位的组织是依照官职层级制的原则,即每一个较低的职位都在其上级的控制与监督之下,下属有权对上级申诉其不满,这些不满能否以及在什么情况下会引发高阶层的纠正,或者不满对象自行加以改变,这些问题都有不同的处理方式;节制一个职位行为的原则可能是技术性的法规或规范;就理性的组织而言,原则上行政干部的成员必须绝对地和生产工具的所有权或管理的所有权分离;在理性组织的类型中,在职者也不可能占有该正式职位;行政措施、决议和规令都以文字的形式提出及记录;法制型支配的实施可以有许多不同的方式。[①]

二、典型的法制型支配:官僚制

法制型支配的最纯粹执行方式是官僚制。官僚制具有以下特点:各部门有依据规则而来的明确的权限,如为了支配团体之目的所需的一般性活动被分为官吏职务、为了执行职务所需的命令权力的明确分配以及为了履行这些职务和施行这些权利有计划地供应所需物资的权利等;实行官职层级制;近代的职务运作乃是以原本草案形式保留下来的文书档案以及由幕僚与各种书记所组成的部门为基础;职务活动通常以彻底的专业训练为前提;职务活动要求官吏全力投入,即职责是他们唯一的或至少是最重要的职业;业务的执行必须遵守一般规则。官僚制的特点决定了官僚的地位,对他们而言,职位即职业;作为官僚制中官员的一部分人,他们必须经过长期的专业训练,具备一定的专门知识,并要不断充实这种知识,任职时还要进行一定的专业测试;他们的职业具有义务的性质,接受一个职位,即接受一种特殊的职务忠诚义务,以换取安定的生活;近代官吏永远努力争取,通常也会享有一个卓越身份的社会评价,其社会地位受到相应的保障;典型官僚制下的官僚是由上级任命的、被支配者选举出来的官僚,具有一定的自主性;官僚的地位通常是终身性的;官僚通常可以得到一固定薪俸形式给予的货币报酬及年老退休金;在官职层级制中的官僚期望从较低的职位提升至较高的职位。[②]

由此可见,在法制型支配下,支配者的支配只限于法律规定的管辖和权限,它克服了卡理斯玛与家产制支配的顽疾,适应了现代社会理性经济、政治的发展模式,成为现代国家中不可或缺的管理系统。不过它也产生了让人忧虑的问题,即其高度形式理

---

① 详见[德]韦伯《经济与历史;支配的类型》,康乐等译,广西师范大学出版社 2004 年版,第 308—312 页。

② 根据[德]韦伯《支配社会学》,康乐、简惠美译,广西师范大学出版社 2004 年版,第 24—30 页整理而得。

性化的特点与实质理性之间的矛盾问题，正是对这一矛盾问题的揭示，使韦伯的政治社会学思想具有现代性的意义，使其政治社会学与其他领域的思想具有统一而深刻的生存论意蕴，这也是韦伯的政治思想直到今天仍然具有持久魅力的原因所在，韦伯以一元化官僚制为例来揭示这一矛盾。

三、一元化官僚制

韦伯认为纯粹官僚型的行政组织即一元化领导的官僚制，就纯技术的观点来看，它可能获得最高的效益，就此意义而言，它是人类支配方式中最为理性者，“在明确性、稳定性、纪律的严格性及可赖性诸方面，它都比其它形式的组织优越。因此，不论是组织的领导者或其他涉及组织的人，都能计算组织的行动后果。最后在纯技术的、高效率及运作范围之广泛性方面，它亦优于其他类型的组织”。[①] 此种官僚制在现代社会中是必不可少的，它已经广泛应用于经济、政治及法律生活中。官僚系统之所以优越主要是因为专业知识在其中扮演的重要角色，专业知识在现代科技以及经济生产企业技术的发展下是不可或缺的，它对于保证和增强支配者的权力地位本身也是不可缺少的。

韦伯看到现代官僚制的建立与资本主义社会和经济的综合发展是分不开的。

首先，货币经济的发展对官僚制的本质结构产生了重要影响。货币经济的发展使原来的实物俸禄改为固定的货币俸禄，防止了地方官吏对君主权益的侵吞和削弱，加强了中央对地方官吏阶层的控制，并促进了一种专门的租税制度的产生，保障了官僚制严格的层级制隶属关系。一种成熟的货币经济为官僚制向一种责权分离的形式发展提供了经济基础，虽然货币经济的发展不是决定官僚制结构的唯一因素，但它的作用却是巨大的。货币经

① ［德］韦伯：《经济与历史；支配的类型》，康乐等译，广西师范大学出版社 2004 年版，第 318 页。

济的发展又是资本主义经济发展的重要因素，因此官僚系统的发展与资本主义制度之间有着紧密的联系：一方面官僚系统的严格、有序、高效发展是资本主义发展的迫切需要；另一方面，资本主义经济的发展又为官僚系统的发展提供了最为理性的经济基础，并使其发展为最理性的形式。

其次，行政事务之量的扩展以及质的变化也是促进官僚制结构发展的重要因素。行政事务量的增加以及质的扩展，如经济、外交、军事事务以及交通、物流、电信等繁多的事务需要迅速处理，这是资本主义市场经济的要求，它要求一种高效率的事务运作模式来支撑，官僚制的特点恰恰能够满足此类需求，从而一种精准、迅速、明确、统一、严格、持续、谨慎的官僚机构的产生、发展与完善势在必行。技术组织的成熟与发展使官僚制具有组织上的技术优越性，技术本身的发展与经济、文化以及政治的要求具有相辅相成的关系。今日，行政事务必须持续、一致、精确地完成主要是自由市场经济的要求，而近代资本主义企业本身就是严密官僚制组织的模范，切事化即根据可以计算的规则、不问对象是谁来处理事务，它符合市场自由的规则。同时，官僚制结构的发展通常伴随着物质经营手段之集中于支配者手中的现象，如私人的资本主义大企业的发展状态等。

由此，韦伯不仅揭示了现代官僚制与资本主义的关系，还揭示了政治支配形态与社会经济、技术领域之间的相互关系，这正如韦伯在对文化或经济领域的理性化过程的考察中不会忽略其他领域与这些领域的相互关联一样。总之，在一种纵向的历史考察中，韦伯始终不忘一种横向联系的考察，这也是韦伯分析问题的突出特点。

第五节 官僚制对人类生存境况的影响

根据韦伯的分析，官僚制作为政治支配形态中最为理性的支配类型，对人类的生存境况产生了重要的影响。一方面它对于人类生存境况的良性改善发挥了重要作用，另一方面它又对人性的自由全面发展形成阻碍，这样双重的影响使官僚制成为有争议的支配形态。

一、正面影响：对人类生存境况的良性改善

官僚制的积极作用主要体现在官僚制支配的办事原则和办事效率上。韦伯认为官僚制的高效性没有任何其他制度能与之匹敌，其高度形式理性化和即事化原则，与现代资本主义企业的组织形式相符合，促进了理性经济的大发展，其技术上的优越性保障了现代社会中行政事务处理上的精准性与统一性，而官僚制的专业性要求为人类的普遍平等化提供了契机。

具体来讲，韦伯认为官僚制“对专业能力的重视使人才甄选范围尽可能的扩大，因此有平等化的倾向”。① 这一点可以这样理解：官僚制对于官员专业化知识的要求，给了那些具有专业知识的人机会，它要求人才甄选范围尽可能扩大，这为普通人提供了一个改变现实生存状况的机会和渠道。同时，韦伯认为，“形式化的、不受私人因素影响的精神取得主导地位：所谓的 Sine ira et studio，即无恨亦无爱。因此也没有‘感情’和‘狂热’。与私人考虑无关的直率责任观成为主导的规范。‘不问对象为谁’，每一个人都获得形式上的平等对待；亦即每一个人都被视为处于相同的情况中。这是理想的行政官员处理其公务的精神”。② 官僚制官员在执行公务时所坚持的“切事化”的办事原则，即“无爱亦无恨”的准则，排斥了个人的情感等非理性因素，要求依据理性规则和法律制度公事公办，不掺杂个人私情，对于实现社会的公平和正义具有积极的意义。

而且官僚制的专业化也促进了社会教育机构的专业化和理

---

① [德]韦伯：《经济与历史；支配的类型》，康乐等译，广西师范大学出版社 2004 年版，第 320—321 页。

② [德]韦伯：《经济与历史；支配的类型》，康乐等译，广西师范大学出版社 2004 年版，第 321 页。

性化。管理需要的专门知识必需专门的教育机构来完成，而且有目标地培养各社会组织所需要的专家和职业人，于是客观上促进了教育机构的日益专业化和以社会需求人才为培养目标的教育资源的合理配置和利用，从根本上来说就是教育的市场化。而专门知识人和职业人的培养对于社会经济和企业的发展也起到了连带的促进作用，因此，韦伯认为官僚制促进了理性的专业考试制度的持续发展。

事实上，从一种历史的角度来看，官僚制支配下人们的生存状态与卡理斯玛支配以及家产制支配相比有了明显的进步，它使人类摆脱了人治的状态而处身于法治的状态，这是人类文明的体现。在官僚制支配下，支配者主要是由选举产生，他同样要在法律规定的管辖与权限之下，他也处在官职层级制之中，尽管处于最上层，他同样可能受到下级的申诉，只要他的行为超出了其权限的规定。这些法律是明确的、具有文字性质和普遍约束力的，他只是根据法律的规定发布命令，而不是自己的主观命令，他只是法律的代言人，而不是法律的超越者。而卡理斯玛持有者以及家产制支配下的君侯或主人则没有一种明确的成文的法律制度的限定，他们的行为具有恣意而行的特点，他们享有对被支配者的完全支配权，包括人身自由以及财产自由，唯一的约束就是所谓的传统和被支配者的承受限度。因此，就支配者而言，随着支配制度的逐步理性化，他的行为受到更多的理性限制和约束，法制代替了人治。从根本来看，就人类的发展史而言，这不能不说是一种了不起的进步，它意味着对特权人物的限制，隐含着人类真正平等的可能性。

就官吏而言，也存在类似的情况。官吏有了明确的公职与私人自由的划分，有了明确的职业责任和明确的权限规则，他们所服从的只是上级权限以内的命令，而不是家产制支配下几乎所有的命令。一旦上级超越了其职位权限，下一级的官吏就有权利和义务对其提出申诉，而这种情况在家产制支配下，根本就是不可能的，官吏的任何命令其下的家人必须无条件服从，并对主人负有无限的义务，必须保持对其主人的无限忠诚与恭顺。官僚制支配下的官吏对上级没有个人性的义务，所服从的只是其职务本身，官僚制支配下一种即事化的理性处事规则限制了家产制下人情关系、身份地位等等的不平，也驱除了卡理斯玛支配下一种巫术的、宗教的非理性判决，更多地保护了被支配者的权利和自由。官员必须遵从一定的法规，必须与行政工具相分离，致使官员的权力有一定的限度，他们不敢肆意妄为，也不至于导致人治高于法治的局面出现，从根本上制约着人的行为，保持自由与纪律的张力，保证了社会的有序性。

就被支配者而言，由卡理斯玛支配下的非理性的狂热与盲从发展为家产制下对神圣传统的信仰，再到对一种有形的、明确的法制规则的遵从，这样一个过程表明了人类行为逐渐由模糊、无知、恐惧而产生的对卡理斯玛禀赋的无条件依赖到对主人的完全依赖，再到一种极为理性的认识与行为的发展过程，这是人类逐渐驱除蒙昧的过程，是从对外界的无知和恐惧、到认识的启蒙再到增强自身支配能力逐渐主动向外界出击的过程。

二、负面影响：自由的丧失

尽管官僚制作为一种高度形式理性化的支配形式有许多正面的作用，但也存在一些负面作用。韦伯认为，科层官僚制不仅仅是资本主义结构特性的一种反映，而且还具有更广、更深、更普遍的意义。这种更广、更深、更普遍的意义是指现代官僚制将成为席卷整个世界的无可逃避的洪流，从而将人类束缚其中，使人类面临丧失自由的危险。

对此韦伯有大量的论述，如“官僚制发展愈是完美，就愈‘非人性化’，换言之，亦即更成功地从职务处理中排除爱、憎等等一切纯个人的感情因素，以及无法计算的，非理性的感情因素”。[1]

---

① ［德］韦伯：《支配社会学》，康乐、简惠美译，广西师范大学出版社2004年版，第46—47页。

官僚制的发展趋向是理性化，即知识的专门化、法制规则的系统化和逻辑化、管理的科学化和技术化，这促使官员不得不按照理性的法则，按部就班地严格执行上级的命令，不得感情用事、不得任意发挥，从而使个人的自主性和创造性受到了限制。在另一处韦伯又指出："一般性的规范对行政官僚之积极与'创造性的'活动——绝不该被制约的——主要扮演了一个消极的角色、一种障碍。"[①]官僚职员成为"不断运转的机构中的小齿轮，遵照指示循一条固定的道路前进；他被赋予特定的职责，然而此一机构的运转与否，通常皆取决于最高首脑，而与其无关"。[②] 因此官员不能按自己的想法来运行处身其中的大机器，他只需要听从或服从上一级的指示，作为这个大机器中的小齿轮，他们每个人都有自己的任务和职责，必须使自己适应这种不停的运转状态，正如施路赫特所指出的，在官僚化形式下，"人类应该全面性发展的想法已经让位给'专业人'的观念"。[③]

韦伯深刻认识到人们对官僚制的强烈依赖性，发现现代人已经形成对官僚系统依赖的习惯，一旦没有官僚系统，就会不知所措。这不仅包括社会中的被支配者，也包括支配者。就被支配者而言，官僚制组织一旦建立，他们是没有办法改变或用其他东西来代替的，因为"此一机构乃是奠基于专门训练、功能专业化、以坚定的态度熟练地应付单一却又有条理地综合起来的职务上"。[④]一旦这一机构停止运转，被支配者很难用其他成员来代替这一专门性很强的机构，社会混乱即不可避免。"大的物质生活命运已日益仰赖私人资本主义之日渐强化的官僚组织之持续且正确的

① [德]韦伯：《支配社会学》，康乐、简惠美译，广西师范大学出版社2004年版，第53页。

② [德]韦伯：《支配社会学》，康乐、简惠美译，广西师范大学出版社2004年版，第65—66页。

③ [德]施路赫特：《理性化与官僚化——对韦伯之研究与诠释》，顾忠华译，广西师范大学出版社2004年版，第88页。

④ [德]韦伯：《支配社会学》，康乐、简惠美译，广西师范大学出版社2004年版，第66页。

运转,想要排除此种组织的想法,愈来愈是个幻想”。[1] 官僚制的复杂性和程序性只有具备专业知识的官吏才能掌握,普通人不了解,也不需要了解。因此,官僚系统一旦出现瘫痪的现象,普通人无法立刻做出补救,整个现代社会组织系统可能就会陷入瓦解状态。

韦伯认为,官僚制已经超越了经济、政治、文化等社会制度的界限,普遍存在于现代社会中,成为现代社会的突出特色。经济生产采用社会主义还是资本主义方式组织,对于官僚制来说,没有实质的区别,因为即使在社会主义社会中,官僚制也是不可或缺的,甚至会更加专业化和理性化。人们想通过建立新的社会制度来逃避官僚制对人的控制是不可能的,严格的科层组织会因服务对象不同而发生相应的变化。因此,官僚制为谁服务,关键看这种机器掌握在谁的手里,其高效性和技术性不会因主人的改变而消失,官僚制对于任何一个理性社会来说都是必不可少的。韦伯认为,“社会主义比资本主义可能需要更高理性程度的形式官僚化。如果在社会主义下,没有官僚化的制度,那么这将暴露出另一个根本的非理性因素——即社会学经常遇到的,形式理性和实质理性的冲突”,[2]这是韦伯通过对西方资本主义起源以及发展过程的考察得出的结论。理性主义现代社会的自由市场经济企业、行政组织以及法律系统的维系与运转都无法离开科层官僚制的运作,没有比科层官僚制更高效、更便捷、更统一的制度更适应这个高度理性化的社会。正如施路赫特所说:“韦伯对社会主义未来希望所表现的疑虑,明显的正是他对西方现代理性主义的根源及发展加以分析之后的结果。此种理性主义并未完全被资本主义所吞噬,甚且可以说,西方现代的资本主义只是支配现世之理念许多可能的制度性转化形式之一。同理,社会主义顶多也只

---

① [德]韦伯:《支配社会学》,康乐、简惠美译,广西师范大学出版社2004年版,第66页。

② [德]韦伯:《经济与历史;支配的类型》,康乐等译,广西师范大学出版社2004年版,第320页。

能算是这些可能性中的一种。”[①]

所以，在韦伯那里，社会主义与资本主义一样，不过是持续西方理性主义的一种形式而已，理性主义早已超出了社会制度的限制，它是无社会制度差别性的，是超越于社会制度之上的，无论资本主义制度还是社会主义制度对于它一往无前的征程都不会起到根本性改变的作用。相反，无论资本主义社会制度还是社会主义制度都不过是理性主义展开的场所和工具而已，显然，韦伯的这一论断与其对经济理性化的论断是一致的。

社会秩序的普遍形式化建构使人只能在这些秩序的固定支配下，按照固有的细则来行动，人无法更多地运用自己的判断来做出自己的自由选择，从而无法对自己的行为后果负责，人的自主性、创造性以及自由度都受到挑战。于是在人的发展和自由与政治秩序的形式理性化之间出现了矛盾，人的生存境况在得到外在秩序保障的同时，人自身的生存却日益陷入一种庞大的官僚体系支配之中。在现代社会的理性化趋势下，秩序越来越处于优势地位，人的自由活动空间却在不断缩小，人的自由逐渐被官僚秩序的膨胀所剥夺，于是官僚秩序的不断形式化培养和造就的是没有精神的专家和没有灵魂的工程师。理性驱逐了感性，理性也驱逐了自由，人类在其行为理性化的过程中，不断增强了技术化与专门化，创造了一个自己难以抽身而出的支配系统，最终为自己编织了一只牢不可破的铁笼，这就是普遍认为的韦伯对理性化的诊断，即理性化导致了人的自由的丧失。韦伯无疑看到了现代社会官僚制与人性以及人的自由之间的矛盾，他揭示了人类在现代社会中感到失落和痛苦的原因。

官僚制的高效性与对人的自由等人性发展的阻碍恰恰是形式理性化与实质理性化之间的矛盾体现。对于韦伯来说，这一矛盾是难以调和的，这也是人类在现代社会面临的生存困境，即形

① ［德］施路赫特：《理性化与官僚化——对韦伯之研究与诠释》，顾忠华译，广西师范大学出版社2004年版，第89页。

式理性正以不可阻挡的趋势压倒实质理性。人类为了适应这个理性化的时代，一定离不开具有高效、精准、迅速、统一等特点的高度形式理性化的官僚体系，可是这一官僚体系却在普遍化的过程中使人丧失了主体性和自由，人类对官僚体系的依赖已经达到了极高的程度，以至于到了离开官僚体系就不会生活和无法生存的境地。这些矛盾在理性化的官僚制中都有所体现，韦伯认为它们之间的矛盾只会随着理性化程度的提高而愈演愈烈。官僚制作为法治型统治中最为高效、科学的组织形式，必将在现代社会扮演无法替代的角色，官僚制组织形式涉及社会经济、文化、政治以及法律各个领域，在整个现代社会的机构运转过程中占有支配地位。可见，韦伯把官僚制与人的自由与价值完全对立起来，并预言官僚制会逐渐控制和剥夺人的自由空间，官僚制越向形式主义理性模式发展，人的自由空间就越狭窄，而官僚制向形式主义发展则是不可逆转的趋势。因此，人类正在随着官僚制形式主义趋势的发展而走向丧失自由的境地。无论在资本主义社会，还是在社会主义社会里，人的自由状态都不会有根本的改变，反而会越来越糟。

毋庸置疑，任何一个现代社会都离不开高效有序的科层组织，可是官僚机构掌握在谁的手里，就代表着谁的利益。在资本主义国家里，官僚机构掌握在资产阶级手中，它代表着资产阶级的利益，对于广大的无产者和人民群众来说，缺乏应有的自由。但是在社会主义国家里，官僚机构掌握在无产阶级手中，而无产阶级代表的是最广大人民群众的利益，它会尽最大努力履行自己的责任。韦伯之所以抹杀了官僚机构的阶级性，目的只在于转移人们批判的矛头，不是对准资本主义，而是对准理性化自身，从而客观上起到维护资产阶级的统治的作用。当然，官僚机构的日益专业化、科学化、体系化对于处身其中的人来说，也存在限制和束缚人的主动性和创造性的一面，这一点是超越阶级局限的，这就是韦伯所谓的官僚制将处身其中的人变成了一个个的小齿轮，不停地按照既定的程序运转，可是这种限制与官僚制的保障功能是同时存在的。任何官僚制度的最终目标都应该朝向保障最广大人民群众的根本利益以及社会的公平与正义两个方向发展，否则它就脱离了人类最初的预想，而走向异化状态。

韦伯误解了形式理性与实质理性之间的辩证关系，他总是将二者之间的矛盾看作你死我活的不能相容的对立矛盾，而没有看到二者之间的相容性。面对这种影响力日益严重的官僚组织，人类需要做的是如何最大限度地防止官僚组织的腐化、消极作用，而发扬其积极有效的一面。作为现代化建设的参与者，我们必须辩证地看待社会发展进程中出现在文化、经济、政治以及法律秩序中的新问题。

况且韦伯所描述的这种纯粹官僚制类型，在现实中可能不会出现。因为人毕竟是理性存在与非理性存在的统一体，即便官员必须依循理性法律的原则，也不会完全处于没有感情的非人性化状态下。即便官僚们要遵守命令，也不是没有发挥创造性和自主性的机会，对于完成命令的方式的选择和实践，同样可以发挥出作为人的自主性和创造性。事实已经证明，官僚制从来没有达到韦伯所描述的那种理性化的程度，人的自由也没有被制度的理性化所窒息。社会秩序的作用本来就是双重的：一方面它要保障人的各种正当合法的利益，另一方面又要规范人的行为，两方面是相辅相成的。正如马尔库塞所说："法的统治，无论怎样严峻，仍然比没有法律或超越法律的统治安全无数倍。"[1]客观而言，韦伯通过对官僚制的一些潜在危机的揭示，指出了现代社会中人类面临着被自己的创造物所支配和奴役的危险，面临着形式理性化与实质理性化之间的矛盾问题，为不断技术化和专业化的人类敲响了警钟。可是韦伯片面夸大了社会秩序对人类自由的限制，其观点过于悲观，这种悲观无一例外地贯穿在韦伯文化理性化思想、经济理性化以及法律理性化思想中。

---

① [德]马尔库塞：《单面人》，左晓斯等译，湖南人民出版社 1988 年版，第 44 页。

第六节 克服官僚制弊端的途径探求

既然官僚制存在这么多的负面影响，并形成对人类自由的限制，那么韦伯是否为克服官僚制弊端而提供了良方呢？对此研究者存有两种观点：一种观点认为，韦伯只是指出了官僚制的危机，却没有更加深入研究克服这种危机的良方；另一种观点则认为，韦伯提出了克服官僚制弊端的一些措施。通过对韦伯著作的整体研读，我们发现第二种观点是比较符合实际的。

持第一种观点的典型代表就是吕维特，他在比较韦伯与马克思的思想时指出："马克思的分析使他得出通过革命改变人类情境的结论，而韦伯只能提供对这种困境的理解以致认为人类只能适应之。'马克思提出了疗法之处，韦伯则给出了诊断'。"[1]洪镰德在其著作中也指出过这一点："对韦伯而言，人变成特殊行业的笼中鸟，乃是专业化、理性化的必然归趋。对人类这种宿命，韦伯不像马克思那样，口诛笔伐、大肆抨击，反而有逆来顺受的味道，这就表现在他政治理念的二律背反之上。换言之，韦伯主张无条件响应典章制度[2]理性的呼唤，将这个铁笼转化为个人自由行动与实现自己的空间。他否认典章制度的内在价值，但却认为它是每个人成全其本身可资运用的手段。"[3]根据前面韦伯对官僚制度之积极、高效作用的论述，可知韦伯并不是完全否定科层官僚制度的内在价值，事实上，没有人比韦伯更肯定官僚制在现代社会中自身的优越性和价值，那么，其中关于韦伯否认科层官僚制度内在价值的观点则是错误的，面对一种自由被日益挤压的现代危机，作为时代思想者的韦伯，又怎么会无动于衷呢？

---

① ［英］戴维·比瑟姆：《马克斯·韦伯与现代政治理论》，徐鸿宾、徐克辉译，浙江人民出版社 1989 年版，第 23 页。

② 此处的"典章制度"实质就是韦伯所谓的科层官僚制。

③ 洪镰德：《从韦伯看马克思：现代两大思想家的对垒》，台北扬智文化事业股份有限公司 1999 年版，第 116 页。

事实上，吕维特的观点只是建立在对韦伯一些悲观言论基础上的想当然的推测。韦伯对社会理性化进程中人类的生存境况确实存在着许多悲观的描述和阐释，这在其文化理性化、经济理性化以及政治理性化思想中都有非常明显的体现，可是这不表明他只会被动接受这种理性化的危机。韦伯倡导一种价值理念，并呼唤特殊的人群采用具体的行动来缓解理性官僚制带来的危机，比如在政治领域呼唤真正的政治家和思想家，甚至亲身参与到政治活动中来。[①] 正如韦伯自己所说："政治是一种并施热情和判断力、去出劲而缓慢地穿透硬木板的工作。说来不错，一切历史经验也证明了，若非再接再厉地追求在这个世界上不可能的事情，可能的事也无法达成。但要做到这一点，一个人必须是一个领袖，同时除了是领袖之外，更必须是平常意义下的英雄。即使两者都称不上的人，也仍然必须强迫自己的心肠坚硬，使自己能泰然面对一切希望的破灭；这一点，在此刻就必须做到——不然的话，连在今天有可能的事，他都没有机会去完成。谁有自信，能够面对这个从本身观点来看，愚蠢、庸俗到了不值得自己献身的地步的世界，而仍屹立不溃，谁能面对这个局面而说：'即使如此，没关系！'谁才有以政治为志业的'使命与召唤'。"[②]正如亚伯拉莫夫斯基所指出的："在韦伯所有科学分析之后，在其所研究的通史之后，是一个现实问题：什么使理性化过程对于人类的本性产生效应？'在科层化日益张大，世界日益为科学所羁勒的条件下，人类的自由、负责任的行动以及有意义的存在怎样才是可能的？'两位学者的一致之处是，只有'个人独立决定与行动的自由'这种价值观才是韦伯的理性化过程的意义所在。"[③]亚伯拉莫夫斯基的观点

① 韦伯除了著书立说，还参加了许多政治活动，甚至作为战后德国的代表团成员参加了巴黎会议。

② [德]韦伯：《学术与政治》，钱永祥、简惠美等译，广西师范大学出版社2004年版，第273—274页。

③ 转引自[英]戴维·比瑟姆《马克斯·韦伯与现代政治理论》，徐鸿宾等译，浙江人民出版社1989年版，第23—24页。

无疑是符合事实的。韦伯不仅仅是现代社会的诊断者，同样也在千方百计想办法克服这些官僚制度对人类自由造成的限制，这是值得肯定的，但是他认为可以凭借个体的力量就能够克服官僚制的一些弊病，通过一些政治热情和行为就可以达到好的效果，这显然具有理想化和乌托邦色彩，这也体现了知识分子对政治的幼稚和天真，政治不是美好的设想，而是真刀真枪的实干，单凭一种美好的愿望和一腔热情未必能干出一番事业来。韦伯这方面的思想主要体现在他在 1919 年[①]作的一篇题为《政治作为一种志业》的演讲中。

一、政治家及责任伦理、心志伦理

在《政治作为一种志业》这篇演讲中，韦伯从政治和国家的定义入手，简述了政治支配的正当性问题，并对历史上出现的官僚、官吏以及各种职业政治家的特点进行了分析，简单对比了英国、美国以及德国政党制度的发展状态，在此基础上提出了志业政治家的特点。韦伯认为，职业政治家首先应具备热情、责任感和判断力，韦伯所谓的热情指“切事的热情、一种对一件‘踏实的理想’的热情献身、对掌管这理想的善神或魔神的热情归依”。[②] 而对某踏实的理想的热情要本着对此目标负责的根本方针，这就需要政治家的判断力，即一种心沉气静去如实面对现实的能力，要对人和事保持一定的距离，从而保证政治人格的强韧。为此，政治家还要克服虚荣，否则政治会成为纯粹个人自我陶醉的权力追求，就会失去原则性和责任感。另外，政治行动若要保持其内在的支撑定力，就必须有追求一种理想的意图，就必须有一种坚定的信仰或信念。

---

① 对于韦伯这篇演讲的时间尚有争议，有人认为是 1918 年，有人认为是 1919 年，争论的要点详见韦伯《学术与政治》，钱永祥、简惠美等译，广西师范大学出版社 2004 年版，第 277—283 页。

② [德]韦伯：《学术与政治》，钱永祥、简惠美等译，广西师范大学出版社 2004 年版，第 252 页。

韦伯认为真正的政治家在行动时要将责任伦理和心志伦理结合起来。在韦伯那里，责任伦理的行动准则指“当事人对自己行动的(可预见)后果负有责任”，[①]而心志伦理的行动准则，“在宗教的说法上，就是‘基督徒的行为是正当的，后果则委诸上帝’”。[②]韦伯承认，在一般情况下二者处于尖锐的矛盾对立状态，但韦伯的终极目的却是寻求二者的有机结合，“真正能让人无限感动的，是一个成熟的人，真诚而全心地对后果感到责任，按照责任伦理行事，然后在某一情况来临时说：‘我责无旁顾；这就是我的立场。’这才是人性的极致表现，使人为之动容。只要我们的心尚未死，我们中间每一个人，都会在某时某刻，处身在这种情况中。在这个意义上，心志伦理和责任伦理不是两极相对立，而是互补相成；这两种伦理合起来，构成了道地的人、一个能够有‘从事政治之使命’的人”。[③]

虽然韦伯在此针对的是作为一名以政治为生命的政治家而言的，但他对一个普通人的期望也隐含其中，责任伦理实质上是韦伯对人在事实领域中行为规则的期望，而心志伦理则是韦伯对人在价值领域中行为规则的期望。只有将责任伦理与心志伦理有机结合，一个人的社会行为才会既对这个世界负责，又对他本身负责。就世界而言，他实现了社会价值；就个人而言，他实现了个人价值。那么其行为不仅使世界具有了意义，也使他自身具有了存在的价值和意义，这样他不仅无愧于作为一个社会存在物，也无愧于作为一种文化存在物，他成为一个真正的人。在这里，韦伯实际上又一次肯定了人是价值理性的承载者，人是一种价值存在物。韦伯的责任伦理和心志伦理提供了人类在伦理价值领

① [德]韦伯：《学术与政治》，钱永祥、简惠美等译，广西师范大学出版社2004年版，第261页。

② [德]韦伯：《学术与政治》，钱永祥、简惠美等译，广西师范大学出版社2004年版，第261页。

③ [德]韦伯：《学术与政治》，钱永祥、简惠美等译，广西师范大学出版社2004年版，第272页。

域和现实行为领域的准则，责任伦理意味着一种理性的衡量与选择，心志伦理意味着一种执著的信仰和价值追求，就人的价值存在与物质性存在而言是完整的。责任伦理在目的理性行为与价值理性行为之间，在形式理性和实质理性之间架起一座可能性的桥梁。这种设想是美好的，可是它在现实中的实施却是极其困难的。

韦伯之所以会想到责任伦理与心志伦理与他对宗教的研究密切相关，尤其对新教伦理的研究相关。韦伯无法忘怀新教伦理给资本主义的发展带来的无与伦比的内在动力，并深刻领会了“天职”一词的内涵。在韦伯的心里时刻存在着一种想法，即重新找到一种能够代替新教伦理的东西，以促进理性资本主义的继续发展，但又能够维系人的意义和价值的东西。心志伦理与责任伦理的统一是韦伯为这种东西塑造的“理念类型”，这其中隐含着调和人与世界的矛盾以及人自身的生存矛盾的想法。人与世界的和谐被人的主体性意识和创造性能力打破之后，便处于一种紧张的矛盾状态，这一方面体现在世界对人类理智的反抗，另一方面体现在人对世界的无奈。人类无法再像近代那样高扬自然科学的理性，一味地对世界进行开发与利用，因为世界已经对人类的进攻发出了警告，它使人类享受不到征服的胜利感和幸福感，反而处于痛苦与无助的状态中。韦伯认为，“所有自然科学提供的答案，都是回答一个问题：如果我们希望在技术上支配生活，我们应该怎么做。至于我们是否应该以及是否真的希望在技术层面支配生活和这样做有无终极意义，自然科学或是完全略而不提，或是依照它们本身的目标来预设答案”。[①] 于是，人在世界面前就茫然了。同样在人与人之间，理性的算计与利益的得失使人与人之间的关系变得淡漠，传统的兄弟友爱的伦理分崩离析，人与人之间的博爱精神也不复存在。因此，韦伯提出的责任伦理既包括

---

① ［德］韦伯：《学术与政治》，钱永祥、简惠美等译，广西师范大学出版社2004年版，第175页。

人对他人的责任，也包括人对世界的责任，同时还包括了人对自身的责任。心志伦理也不唯包含个人的信念，同时包含了个人对他人信念的尊重以及对其他世界文明价值的尊重，它蕴含着人与人之间、人与世界之间的和谐价值伦理观，而维系这种和谐的就是“责任”。在市场经济蓬勃发展，政治、文化多元化的今天，任何一个民族与国家要想维护自身的利益，要想更好地融入全球化的大趋势中，就不能忽视“责任”二字。人类要想获得真正的幸福，就要与他人以及处身其中的自然和世界保持和谐，就不能忘却自身背负的责任。

二、金子荣一和陈介玄对此问题的看法

韦伯希望真正的政治家能够站出来，以替代那种没有主见和热情而靠政治保障生活的人。正如日本学者金子荣一所指出的，官僚制的中心问题乃在于“为了从灵魂的分割与官僚制的生活理想守护仅有的人味，则应该在这机构里安置什么呢？面对这个压倒性的官僚主义化倾向，无论如何必须把个人主义活动的一点点自由予以拯救出来，这到底要如何才能够呢？”[①]金子荣一认为，“如果仅在特殊典型人物所推展的这一点上追求官僚制伴随而来的危机，则为了对付官僚制的弊害，必须要求培养与官僚不同类型的人，且予以活动的余地。以指导者置换官僚，在私人企业，则以企业家，在公共的政治，则以政治家置换之。韦伯认为官僚和指导者不仅在所处的环境上有差异，就是人的类型也不同，而且是应该不同的。透过这两个不同类型的比较，即可获致打开现代的危机”。[②] 可见，金子荣一认为，韦伯通过对官僚与指导者的比较，以具有个人自主性、判断力以及责任感的指导者或领袖来代替一味服从命令、没有主见的官僚，就是对官僚制危机应对的措

---

① [日]金子荣一：《韦伯的比较社会学》，李永炽译，水牛出版社 1986 年版，第 161 页。

② [日]金子荣一：《韦伯的比较社会学》，李永炽译，水牛出版社 1986 年版，第 161—162 页。

施之一。而且他还认为，能够给这种指导政治家提供自由活动余地的团体应是政党。他必须遵循责任伦理的行为准则，并不排斥心志伦理，是一个成熟的人。这样，“此意义的政治家对官僚制发挥了个人的自发创意，并从官僚制所带来的停滞化中拯救了近代欧洲人，因此，他们必须切开在真实中可以生存的可能性”。[①]

真正的政治家，在理性化的社会中无疑具有重要的作用，他们对于官僚制的弊端会起到一定的抑制作用，但绝不会如金子荣一所说，政治家的出现和发挥作用能够解救陷入危机中的近代欧洲人。正如施路赫特所说：“借着一个‘自由的’资本主义以及让‘自由的’人格来掌握国家和经济之领导大权，并不能圆满的解答现代社会的核心问题，亦即‘对于中央集权的——无论是私人或是国家的——权力，应该如何来加以控制’。”[②]施路赫特在论述韦伯的责任伦理和心志伦理问题时又提出一种“适应伦理”[③]的主张，他认为心志伦理和适应伦理分别执道德与效率之一端，唯有责任伦理是一种科学的态度。施路赫特的适应伦理与韦伯的目的理性和形式理性的实质相同，他对韦伯思想的把握无疑是正确的。不过即便如韦伯所说的这种集心志伦理与责任伦理的政治领袖出现并发挥作用，理性化的困境仍然是无法克服的，因为，个人在社会发展进程中虽然能够发挥作用，而且这种作用有时是巨大的，但他终究无法抗拒历史和社会发展的总体进程，目的理性与形式理性在现代社会中的日益壮大是个别政治领袖无法改变的。

也正是根据韦伯在《政治作为一种志业》这篇演讲中关于政治家的论述，陈介玄提出韦伯呼唤具有卡理斯玛特特质的政治领

---

① ［日］金子荣一：《韦伯的比较社会学》，李永炽译，水牛出版社 1986 年版，第 164 页。

② ［德］施路赫特：《理性化与官僚化——对韦伯之研究与诠释》，顾忠华译，广西师范大学出版社 2004 年版，第 132 页。

③ 施路赫特所谓“适用伦理”指一种把效率放在第一位，而道德合宜性放在其次的伦理态度。

袖来拯救人的自由的说法。陈介玄通过对布贺岱与韦伯的比较，提出了更为大胆的设想，他指出，虽然布贺岱与韦伯都承认一种历史性结构的客观存在，但韦伯更加注重人的主体性，而布贺岱更加注重外在制度与结构规则。陈介玄是通过韦伯与布贺岱使用的两个概念(即“团体”与“网络”)的比较分析得出这一结论的。他认为，韦伯运用的团体强调了构成团体的组成分子以及他们的主体目的性存在，而布贺岱的网络则强调了一种不具主体目的性的架构存在。这样一种差异致使二者“面对历史走向不可避免的结构性因素及其限制，布贺岱三缄其口，不再赘一言。韦伯却提出‘克里斯玛’来，韦伯与布贺岱关键性又奥微的分判，就在这里显现出来”。[①] 陈介玄的意思是韦伯借具有卡理斯玛特质的人来反对结构和制度的挤压，据此，他赋予卡理斯玛两层意思：一是“克里斯玛是种面对结构、制度，却又反结构、反制度的东西”，[②]西方理性化的进程使制度的形式化发展套住了人的生存空间，而唯有卡理斯玛才具有开创另一个生存空间的可能性。在此，陈介玄的观点与金子荣一的观点有相似之处，即他们都认准卡理斯玛或者政治家能够开辟个人主义主动性和创新性的空间，以拯救身陷制度囹圄中的人类，给人类以自由。虽然这种可能的空间不一定存在或真正实现，但它却是一个鼓舞人的希望所在，因此陈介玄认为这“正是韦伯提出克里斯玛人文关怀的意义所在”。[③] 克里斯玛的第二层意思即“克里斯玛是统治的反转”。[④] 陈介玄认为，克里斯玛在韦伯的三种统治类型中占有极其重要的地位，它具有形塑统治与支配的巨大力量，因此克里斯玛具有超越于统治的特

---

① 张维安、翟本瑞、陈介玄:《韦伯论西方社会的合理化》,台北巨流图书公司1989年版,第267页。

② 张维安、翟本瑞、陈介玄:《韦伯论西方社会的合理化》,台北巨流图书公司1989年版,第267页。

③ 张维安、翟本瑞、陈介玄:《韦伯论西方社会的合理化》,台北巨流图书公司1989年版,第268页。

④ 张维安、翟本瑞、陈介玄:《韦伯论西方社会的合理化》,台北巨流图书公司1989年版,第268页。

点，它是严密的统治之下人类获得自由的希望。陈介玄由此认为，韦伯通过卡理斯玛支配进一步肯定了人的价值与意义。但我们认为，与其说是韦伯在通过卡理斯玛肯定人性，不如说是陈介玄在通过卡理斯玛肯定人性甚至神性。

实质上，卡理斯玛之所以得到韦伯的重视，原因主要在于卡理斯玛特质在最初的人类支配形态中的宗教性与神圣性，韦伯充分认识到它在人类历史上以及统治史上占有的无与伦比的地位。这种神性与宗教性曾经那么牢固而持久地使人们甘心情愿地臣服，但是它却随着理性的高扬而消失，不可能再卷土重来。“我们的时代，是一个理性化、理知化、尤其是将世界之迷魅加以祛除的时代；我们这个时代的宿命，便是一切终极而最崇高的价值，已自社会生活隐没，或者遁入神秘生活的一个超越世界，或者流于个人之间直接关系上的一种博爱。无怪乎我们最伟大的艺术，皆以隐邃柔敛见长，而非以巍峨雄放取胜；更无怪乎在今天，唯有在最小的圈子里，在私人与私人之间的关系间，才有某种东西，以极弱的调子在搏动；换到以前的时代，这个东西，正是那曾以燎原烈焰扫过各大社会，而将它们融结在一起的那种发出先知呼唤的灵”，[①]这是韦伯感到遗憾和失望的一个方面。另一方面，韦伯意识到：“在今天，所有在等待新先知和新救主的许多人，所处的情境，和以赛亚预言所记的流亡时期以东的守夜人那首非常美的歌，所唱出的情境，完全一样：有人从西珥不住地大声问我：‘守望的啊！黑夜还有多久才过去呢？守望的啊！黑夜还有多久才过去呢？’守望的人回答：‘黎明来到了，可是黑夜却还没有过去！你们如果还想再问些什么，回头再来吧。’听这段话的那个民族，已经询问并等待了两千余年了，我们知道他们战栗的命运。从这件事，我们要汲取一个教训：只凭企盼与等待，是不会有任何结果的，我们应走另一条路；我们要去做我们的工作，承担应付‘眼下

---

① ［德］韦伯：《学术与政治》，钱永祥、简惠美等译，广西师范大学出版社2004年版，第190页。

的要求',不论是在人间的事务方面,抑是在成全神之召命的志业方面。只要每一个人都找到了那掌握了他的生命之弦的魔神,并且对他服从,这个教训,其实是平实而简单的。"①

总之,现代社会的一切弊端皆由理性而来,理性的力量不可阻挡,卡理斯玛在现代社会早就没有了生存的可能与空间,我们可以将自由的希望寄托于它,但这种希望只会永远落空,这一点恰是韦伯意识到的,不然他就不会处处流露出悲观的情怀。悲观并努力着、永不放弃,这就是韦伯的立场。

三、施路赫特对韦伯民主思想的解读

施路赫特根据韦伯题为《政治作为一种志业》的演讲,认为韦伯从民主制建构方面来克服官僚制的弊端。施路赫特特别注意到民主制在韦伯对于官僚制的抗衡中所起到的作用,他认为韦伯克服官僚制弊端的根本途径就是科层官僚制下的民主,进而根据韦伯的演讲概括出韦伯消解德国官僚支配所提出的三个措施:1. 于全德国施行普通及平等之选举法;2. 将帝国议会民主化;3. 以人民普选产生的政治领袖来补充议会政治之不足。② 在这篇演讲中,韦伯分析了英国、美国以及德国的政治组织问题。在此分析过程中,韦伯分析了德国政治工作中的三种基本状态:一是"国会无力",③这导致具有领袖特质的人都不肯长期呆在国会里,因为他们在此无所作为;二是"具有专门训练的专业官僚层,在德国有无比的重要性",④它导致专业官吏不仅担任事务官职,甚至还要担任部长;三是"官僚的行政体系,会以一种有系统的方式,规避

① [德]韦伯:《学术与政治》,钱永祥、简惠美等译,广西师范大学出版社 2004 年版,第 191 页。

② [德]施路赫特:《理性化与官僚化——对韦伯之研究与诠释》,顾忠华译,广西师范大学出版社 2004 年版,第 104 页。

③ [德]韦伯:《学术与政治》,钱永祥、简惠美等译,广西师范大学出版社 2004 年版,第 246 页。

④ [德]韦伯:《学术与政治》,钱永祥、简惠美等译,广西师范大学出版社 2004 年版,第 246 页。

像在英国制度里的委员会讨论过程那样的控制”。[1] 针对此种情况,韦伯提出“挟‘机器’以俱来的领袖民主制和没有领袖的民主”以及“直接诉求民意认可方式的选举”的说法,这应该就是施路赫特的依据。

韦伯以民主选举和民主议会制度以及具有领袖特质的政治领袖来限制官僚制在德国政治中的庞大作用,有一定的道理。实质上,这些对抗手段不仅适用于德国的官僚制,而且适用于整个理性化官僚制时代。韦伯企图用一种多元的相互制衡的系统结构来制约官僚制的弊端,而又能利用其高效性,这当然是最佳想法。正如施路赫特所说:“官僚制在韦伯看来,属于一种既不值得去歌颂美化,也不需要去摧毁破坏的制度。重要的是:人们应该利用它所提供的机会,在现代西方理性主义的条件下将这种制度用来服务于人类有意义的作为之上。”[2]

另一韦伯研究者翟本瑞支持施路赫特的这种观点,他认为,“面对此讽刺性的困境,韦伯所提出的解决方法在于将政治家与官吏的角色严格区分:作为官吏,其信念是在对官职忠诚的义务之下,置身于权力斗争之外;作为政治家,则必须决定其坚守之价值所在,于公开的权力斗争中,忠于其价值立场。藉此区别,韦伯同时保住了效率与民主的运作:民主与官僚制这两股对峙力量,藉由科层组织化的民主,而能互补互助。其关键就在于间接民主的施行,行政幕僚与政治领袖的相辅相成,促成相对开放的多元系统,于其间,‘积极运作的议会制衡着国家官僚,国家官僚制衡着政治领袖,人民直接选举的政治领袖制衡着政党官僚,政党官僚制衡着情绪化的民众’”。[3] 对于一种政治制度结构来说,这种

---

① [德]韦伯:《学术与政治》,钱永祥、简惠美等译,广西师范大学出版社2004年版,第247页。

② [德]施路赫特:《理性化与官僚化——对韦伯之研究与诠释》,顾忠华译,广西师范大学出版社2004年版,第123页。

③ 张维安、翟本瑞、陈介玄:《韦伯论西方社会的合理化》,台北巨流图书公司1989年版,第277—278页。

设想几乎是完美的，权力的相互制衡性可以防止行政官僚化的腐败与无所事事，防止政治领袖的专制，以及人们的骚动。如果这种状态真的能够实现，那么事实上韦伯所提出的形式理性与实质理性之间的矛盾也就消解了。然而，韦伯的观点是二者之间的矛盾只会愈演愈烈，两种看法显然是自相矛盾的。我们认为，韦伯只是提出了克服官僚制弊端的一些设想，而他的设想不可能解决这一问题，因为它在现实中的实施是极其困难的。

第五章　法律理性化与人类生存境况

在韦伯那里，法律理性化是西方资本主义社会理性化的一个重要方面，它与经济理性化、文化理性化以及政治理性化一样，对于西方资本主义社会的发展来说，都是不可或缺的。同时，法律作为一个重要的社会领域与宗教、经济、政治之间存在着密切的联系，具有不可忽略的地位。韦伯不止一次地对法律与经济、政治、文化等领域的关系进行阐释，"经济因素的作用表现于：基于市场共同体关系与自由契约的经济理性化，以及借着法创制与法发现来调解的利益冲突的日益复杂化，在强烈地激发法律分门别类地理性化发展，并且促进政治团体往组织化机构的方向发展。这是我们总要一再面对的课题……另一方面，我们也会反复看到，由法律技术和政治的各种契机所形塑出来的法律特征，也反过来强烈地影响到经济的体质"。[①]

在经济理性化部分中，韦伯把西方法律的理性化特征作为西方资本主义经济发展的一个外在因素来看待，在政治理性化部

---

① ［德］韦伯：《法律社会学》，康乐、简惠美译，广西师范大学出版社2005年版，第26页。

分，每一支配类型的分析也与法律有着密切的关联。根据韦伯的著作可以断言，没有西方法律的理性化，就不会有西方资本主义的理性化。正如董翔薇所说："离开法律的'合理化'和'合理性'来谈韦伯的'合理性'和'合理化'都是不准确、不完整的。正因此，哈贝马斯断言：'在韦伯的合理化理论中，法律发展具有突出的地位，即理性化是其法律社会学的鲜明主题'。"[①]许多研究者都意识到韦伯法律思想的重要性，如苏国勋认为韦伯的"理性化"概念是从对法律的研究开始的，于是，在《理性化及其限制》中，他直接从法律的理性化开始对韦伯理性化问题进行分析，傅永军在《韦伯合理性理论评议》一文中也持此种观点。[②] 帕森斯更直言，韦伯社会学的核心，不是政治和经济学，也不是宗教学，而是他的法律社会学。[③] 这些虽有夸大韦伯法律思想重要性的嫌疑，但却反映了法律思想在韦伯整个思想体系中的重要地位。

根据玛丽安娜的《韦伯传》，我们能够确证的是韦伯受过专门的法律训练，并曾经想以律师为职业，这可以解释为什么韦伯对于东、西方法律以及西方法律史如此熟悉和了解，这一点通过韦伯的法律思想著作可以见出。也正因此，对韦伯法律思想的阐释对于不是法律专业的人来说是困难的，诚如陈介玄所言："法律作为韦伯专业素养，其掌握史料之熟稔，论述架构之深且博，使人目眩神驰，而有不知如何下手之感。"[④]尽管如此，陈介玄对于韦伯法律思想的把握仍然是较为全面和深刻的，他从中、西方不同的法律理念出发，按照"西方法律内在层面之合理化"、"西方法律思想类型及承携者"、"西方法律外在层面之合理化"的逻辑对韦伯的法律思想做了较为清晰的梳理，有许多值得借鉴之处。

---

① 董翔薇：《论马克斯·韦伯的法律社会学的主题》，载《社会科学家》2004年第5期。

② 傅永军：《韦伯合理性理论评议》，载《文史哲》2002年第5期。

③ 张维安、翟本瑞、陈介玄：《韦伯论西方社会的合理化》，台北巨流图书公司1989年版，第184页。

④ 张维安、翟本瑞、陈介玄：《韦伯论西方社会的合理化》，台北巨流图书公司1989年版，第184页。

由于韦伯对西方法律的考察是从属于其对整个西方文明的考察体系之中的,其目的仍然在于凸显西方文明的独特性以及西方法律之所以得以理性发展的影响因素,这决定了韦伯对西方法律的分析方法。综观韦伯的法律著作可以发现,在其法律思想中他没有超越我们在第一章中提到的理念型方法,这一在经济、政治领域中广泛运用的方法同样在韦伯的法律思想中发挥了最重要的作用,其集中体现就是对法律类型的形式理性化与实质理性化的划分。另外一种很重要的方法仍然是历史——比较的方法,它体现在对西方不同历史阶段的法律特征的比较以及东、西方法律思想特征的比较,由于此作不是以韦伯的方法论为主,故此不论,只是找出韦伯法律理性化的脉络,并揭示法律理性化对人类生存的影响,使其服从于“理性化与人类生存境况”的主题。

第一节　理性法律的内涵及分类

韦伯从实体法的分化状态人手指出法律领域中许多基本概念的分化,这些基本概念包括“公法”与“私法”[①]、“请求权赋予法”与“行政法规”、“统治”与“行政”[②]、“刑法”与“民法”、“不法”与“犯

① 韦伯认为,公法与私法划分的原则充满争议,但所有划分均以社会学的划分为基础。根据社会学的划分,公法,就其在法秩序规定下的意义而言,可简单定义为:约制国家机构相关行动的总体规范;所谓国家机构的相关行动,是指使国家机构的各种目的得以维持、伸张和直接遂行的行动,而这些目的必须是根据法规或基于共识方为妥当。相对而言,私法,就其在法秩序规定中,可视为约制与国家机构本身无关、而不过是受国家机构所规制的行动的总体规范。参见[德]韦伯《法律社会学》,康乐、简惠美译,广西师范大学出版社 2005 年版,第 2 页。

② “统治”与“行政”在韦伯的支配社会学或者统治社会学中有详细论述,统治即支配。在其法律社会学中,韦伯认为法律的统治意味着两点:就积极方面而言,统治本身的管辖权应有其正当性的基础;就消极方面而言,统治之受到现行法与即得权利的束缚,意味着其自由活动受到限制,而且必须甘受此种限制。统治的固有特质在于其目的不只是要尊重和实现现行的法律,它还希望能实现其他诸如政治的、伦理的、功利的等实质目的。参见[德]韦伯《法律社会学》,康乐、简惠美译,广西师范大学出版社 2005 年版,第 7 页。

罪”、“公权力”与“权力限制”和“权力划分”①、“法律”与“诉讼”②。韦伯充分认识到这些概念和领域的复杂性，因此只从中选出“法律的合理性的量与质的问题”进行系统的分析。

按照韦伯的分析，法律之为“理性的”有两种意涵，即通则化与体系化。所谓“通则化”，是指“把决定个案的各种典型理由化约成一个或数个‘原则’，此即‘法命题’”，③法命题的确定意味着个人权利与义务的明晰化和秩序化，而这项工作本身与法律关系以及法律制度的法学建构是携手并进的。它要求一种逻辑的分析，并形成一定的体系，这就促成了法律理性化的另一特征，即法律的体系化，“体系化意味着：将所有透过分析而得的法命题加以整合，使之成为相互间逻辑清晰、不会自相矛盾、尤其是原则上没有漏洞的规则体系，这样的体系要求所有可以想见的事实状况全都合乎逻辑的含摄于体系的某一规范之下，以免事实的秩序缺乏法律的保障”。④

韦伯根据法创制与法发现的特征，将法律作了形式非理性、

---

① 权力限制出现在，某具体的公权力由于神圣的传统或基于制定法、而与公权力服属者的主观权力有所冲突时。此时权力拥有者只能发布特定种类的命令，或者具有发布各种命令的权限；权力划分出现在，某种公权力与其他旗鼓相当的或就某方面而言位于其上的公权力发生冲突时，并且从后者的妥当性当中，呈现出此种公权力的限制所在。参见[德]韦伯《法律社会学》，康乐、简惠美译，广西师范大学出版社2005年版，第21页。

② 在“法律与诉讼”部分中，韦伯界定了“法创制”和“法发现”的概念。政治团体的活动在法律方面分为两大范畴：法创制（立法）与法发现（司法）。法创制在韦伯看来是指一般性的规范的制定，这些规范一般具有法命题（所谓“法命题”即以一定的事态将招来一定的法律后果为其内容的抽象规范。《法律社会学》31页）的性格；法发现指的是将那些被制定的规范和透过法学思考的工作而从那些规范导出的一个个法命题，使用到含摄在这些命题下的具体事实上。详见[德]韦伯《法律社会学》，康乐、简惠美译，广西师范大学出版社2005年版，第23—24页。

③ [德]韦伯：《法律社会学》，康乐、简惠美译，广西师范大学出版社2005年版，第26页。

④ [德]韦伯：《法律社会学》，康乐、简惠美译，广西师范大学出版社2005年版，第27页。

实质非理性、形式理性以及实质理性的类型划分，这为他对东、西方法律以及西方古、今法律特征的比较做出铺垫。所谓“形式非理性的情况”是指在处理法创制与法发现的问题时使用神谕或类似理智控制之外的手段或方式；“实质非理性的情况”是指完全以个案的具体评价作为决定性的原则，而不管这一评价是伦理的、感情的或政治的价值判断。而法律之为形式的是指无论在实体上还是在诉讼上，唯有确定无疑的一般性的事实特征才会被计入考量，这种形式主义具有双重性格：一是法律上重要的事实特征可能具有感官直接感受到的性格；一是法律上重要的事实特征借着逻辑推演而解明含义，并因此形成明确的、抽象规则的法律概念，然后加以适用。所谓“实质理性的法律规划”，是指诸如伦理的无上命令、功利的、政治的准则等特别的规范，它对于法律问题的决定理应具有影响力。

我们知道，在曼海姆那里，也有“实质理性”和“实质非理性”的概念，这些与韦伯的概念有不同的理解。曼海姆把理性与非理性作了“实质的”与“功能的”的划分，在他那里，“明智地洞彻诸事件在给定情境中的相互关系的思维活动，理解为实质理性的，因此，明智的思维活动本身将被说成是‘实质理性的’，而其他一切或是虚假或完全不是思维活动的东西将被称为‘实质非理性的’”。[1] 同时曼海姆认为，假如“一系列行动以如此的方式被组织起来，以致它能够导致既定的目标，而在这一系列行动中每个要素又都获得了一个功能的位置和角色”，[2]这可视为功能的理性。因此，在曼海姆看来，一系列行动在功能上是否具有理性，取决于两个标准：其一，与一定目标相关的功能的组织；其二，从观察者或试图使自己适应于该目标的第三者的立场来看时，后果具有可预测性。相对而言，那么，每一件摧毁或破坏一种协调的功能安

---

① ［德］曼海姆：《重建时代的人与社会：现代社会结构的研究》，张旅平译，生活·读书·新知三联书店2002年版，第43页。

② ［德］曼海姆：《重建时代的人与社会：现代社会结构的研究》，张旅平译，生活·读书·新知三联书店2002年版，第45页。

排的行为就是非理性的。可见，韦伯的实质理性和曼海姆的实质理性概念是不同的，韦伯那里，实质理性强调行为的价值取向，而曼海姆的实质理性不牵涉价值领域的问题，单纯指一种思维活动，二者对实质非理性的理解也存在较大差异。但是，曼海姆的功能理性却与韦伯的"形式理性"和"目的理性"两个概念本质上相同。①

这些法律类型的划分与韦伯在文化领域以及政治和经济领域中的划分是相应的，形式理性与实质理性之间的划分是其根本，在一般的意义界定之后，韦伯转入了对具体法律领域的考察，以期在这种考察中发现西方法律发展的独特性及其与西方资本主义之间的联系。

第二节 法律理性化的进程

西方法律也如西方文化、经济、政治一样经历了不断理性化的进程，这种理性化进程的重要特征就是形式的理性化。韦伯认为西方法律，无论是主观的法，还是客观的法，之所以能够达到现代意义上的专门化，均赖于其具有的形式性格，那么它们是如何一步步演化出这种形式理性化特征的呢？

一、西方法律发展的阶段

通过对西方法律纵向发展历程的考察，韦伯发现西方法律发展的总体特征是形式理性化日益凸显的过程。西方法律的发展经历了以下阶段："从'法先知'的卡理斯玛法启示，发展到法律名家的经验性法创造与法发现，进而发展到世俗的公权力与神权政治的权力下达法指令的阶段，最后则为接受法学教育者体系性的法制定、与奠基于文献和形式逻辑训练的专门的'司法审判'阶段。以此，法的形式性质的发展阶段，则是从原始的诉讼里源于

① 关于韦伯与曼海姆理性化思想的详细比较我们在后面部分中进行。

巫术的形式主义和源于启示的非理性的结合形态，时而途经源于神权政治或家产制的实质而非形式的目的理性的转折阶段，发展到愈来愈专门化的法学的、也就是逻辑的合理性与体系性，并且因而达到——首先纯由外在看来——法之逻辑的纯化与演绎的严格性，以及诉讼技术越来越合理化的阶段。"[①]很显然，韦伯对法律发展阶段的理论性划分与其对政治支配类型的划分是一致的，正因此李强博士把韦伯的政治社会学看作其法律社会学[②]的基础。

二、主观权利设定中的形式特征

韦伯非常深刻地指出，某一具体权利的存在只是个人(这里指根据客观的法律而被赋予主观权利的人)一定的期待不至于幻灭的机会有所增加而已，这其实就是对个人主观权利的设定。这种设定不过是以一种行政法规的方式来保障个人期待的机会，而并不是个人被赋予主观权利，因此对于某人或某物实际获得处分力者，可以通过法律的保障使其处分权的持续获得特殊的确定性，从而受到某种承诺的人，法律亦保障其承诺被履行的确定性，

---

① [德]韦伯:《法律社会学》，康乐、简惠美译，广西师范大学出版社2005年版，第319—320页。

② 在韦伯法律社会学的方法论研究方面，可参考吉林大学李强博士题为"从'法律文化研究'的角度审视韦伯的法律社会学"的博士论文，作者在第一章中详细地阐释了韦伯的法律社会学方法论基础，其中有社会科学认识中的客观性问题(主要包括价值中立、价值关涉以及解释和理解的方法)、历史学研究中的逻辑问题(主要是因果关系问题)以及理念类型的建构方法。日本学者金子荣一:《韦伯的比较社会学》一书中也专有"社会学的方法基础"一章具体介绍韦伯思想的方法论。另外，还有一些文章也论述这一问题，如侯均生:《"价值关联"与"价值中立"——评 M.韦伯的社会学的价值思想》，载《社会学研究》1995年第3期；陆自荣:《"价值无涉"与"价值关联":韦伯思想中的一对张力》，载《西安交通大学学报》2005年第6期；徐道稳:《"理解"及其运用——韦伯个体主义方法论解析》，载《深圳大学学报》2000年第6期；王毅杰:《对韦伯社会科学方法论的几点述评》，载《社会科学研究》1999年第3期；胡玉鸿:《韦伯的"理想类型"及其法学方法论意义——兼论法学中类型的建构》，载《广西师范大学学报》2003年第4期等。

而客观的法律也便因此目的而被理性地制定出来。现代法律的法命题就是对这些主观权利设定的体现，韦伯所关注的是个人的处分权范围透过某类型的法命题在实质上的扩大。由于契约在现今社会的根本性意义，这种意义是市场结合体关系以及货币利用急剧增长的结果，而在过去，契约的这种意义则是微不足道的，韦伯遂选取契约作为对主观权利设定的典型案例来分析。

主观权利领域的法律因交换、货币的发展以及诉讼程序的改变而产生并呈现出形式理性化的特征，因此韦伯从货币发展而来的模式和诉讼程序的发展模式，来说明目的契约获得法律强制保障的历程。

身份契约与目的契约是韦伯为了说明契约作用的变化而划分的契约类型，原始的契约均为身份契约，而以财货交易为主的市场共同体下的契约称为目的契约。根据韦伯的考察，身份契约的目的在于改变人们的整体社会地位以及生活样式，为此效果，所有的团体几乎都与巫术行为有着密切的关系。各团体的参与者必然臣服于一个被众人拥护的超感官力量或神之下，并对违反本团体关系的行为者起到威吓的作用，“兄弟契约及其他的身份契约所针对的，通常是个人在社会身份上的总体资格，以及个人之整合到包摄其整体人格的团体里、所连带的一切权利义务及奠基其上的特殊心志素质”。[①] 而目的契约的目的仅止于取得具体的资源或效用的协议，并不涉及相关当事者的身份，也不会促使他们产生新的伙伴素质，它是随着交换以及货币功能的发挥而逐步产生的。

在韦伯看来，货币契约是一种非关伦理的目的契约，是将巫术或宗教性格驱除出法律行为的，即法律世俗化的最适当的手段。因契约而生债务的观念在原始法律中是陌生的，“因违法行为而来的个人责任，如何发展成契约责任，以及基于违法行为的

① [德]韦伯：《法律社会学》，康乐、简惠美译，广西师范大学出版社2005年版，第43页。

有责任性，作为诉讼原因，如何转变成契约性债务的问题"便成为韦伯要考察的重点。韦伯认为这一问题的连接点在于诉讼程序当中所确定或认证的赎罪债务责任，在原本的兄弟团体之间是无所谓诉讼的，发生在其间的消费借贷只能用巫术的程序来解决，但契约连带责任的发展正是源于氏族对于违法行为的责任。赎罪契约——诉讼由于不是兄弟契约且要求争议点多、特别是证明事项要能明确地定式化陈述，而走上目的契约之路，"诉讼越是具有明确的形式，就越能提供法律行为发展的机缘，而法律行为则创造出契约义务。其中尤其要紧者，是诉讼当事人给对手提供保证"，[①]这导致在诉讼过程中保证人和担保抵押两种法律制度以有强制可能的法律行为的方式出现。

三、客观法律的形式特质

西方客观法律同样经历了一个逐步形式理性化的发展进程。今日之新法律规则一般通过制定法，即人为的法律制定来实现，而原始的情况并非如此。就理论上而言，法规范最初是由于纯粹事实的习惯而经心理的认同让人感到是受拘束性的，然后由于得知此习惯以广布于众人之中继而达成共识从而期待他人的行为也符合此习惯，最后使这种共识获得强制机构的保障具有了法规范的特征，那么如何从这些被圣化的习惯中不断产生出新的东西？

韦伯找到了三种可能的答案：1. 由新的行为促成法律意义的转换或新法的创造；2. 外在生存条件的改变使得共同体行动的整体状态发生变化；3. 个人借着"发明"而创造出共同体行动与结合体关系的新内容，进而经过模仿与淘汰来扩展。韦伯特别重视第三种可能性，其作为经济取向的来源（实质上即是目的契约）具有更为重要的意义，只是最初这种协议或契约并没有法强制保障的

① ［德］韦伯：《法律社会学》，康乐、简惠美译，广西师范大学出版社2005年版，第52页。

意识。但"在这个领域里,毋宁说,历来都是、现在也是十分有规则地这样重新形成社会化的形式,使得由政治权力的各种法院进行的法律强制机会,都十分准确地(被)预计在内,并使将要缔结的'目的契约'适应这些机会,特别是在发明新的契约模式时,要兼顾这些机会";[1]"另一方面,法律强制的机会自然也处处最强烈地受到某种特定类型的默契和协议传播这一事实的影响",[2]随着这些默契或契约的类型化对个人的行为形成规范,他们需要受过专门训练的律师的帮助来划分其相互间的利益范围,需要法官根据具有妥当性的准则进行判案,这就出现了不断从事契约发明与司法的法律实践者们即专家律师与法官的"法学家的法"。

四、革命创制的法的形式性质及自然法

韦伯以法国民法典为典型来分析革命创制的法的形式性格。首先,就其形式而言,法典的多数规定意味着警句的作用,更有不少法谚式的语句,成为一般大众的日常用语,这些形式性质使得法典的规定具有了异常的明晰性与精确的了然性,它之所以具有此一造型,是因为许多法制度是以习惯法为基础而形成的。韦伯把这种形式性格看作法国民法典之所以能与盎格鲁·撒克逊法以及普通罗马法并列为世界三大法系的原因。其次,就法思考的方法而言,法律体系本身的抽象的整体结构和公理性格使得法思考不能将法制度置于其实际关联里施以应有的建构性加工,而是将法典里常见的定式化当作法命题,并使之适应于个别问题的实务所需。这正体现了此法典的理性主义特质,而法典的正当性最初则来自自然法。

---

① [德]韦伯:《经济与社会》(下),约翰内斯·温克尔曼整理,林荣远译,商务印书馆1998年版,第96页。在此之所以援引《经济与社会》中的翻译,因为韦伯作品集之"法律社会学"中的相应部分在翻译上的不通畅,有兴趣的读者可以比较之。

② [德]韦伯:《经济与社会》(下),约翰内斯·温克尔曼整理,林荣远译,商务印书馆1998年版,第97页。

韦伯所谓的“自然法”是指“独立并且超越于一切实定法的那些规范的总体：这些自然法的规范并不是由人为的法律制定来授予权威，而是相反的，人为的法令是因自然法才被正当化。换言之，自然法的规范之所以是正当的，并不是由于其乃源自于正当的立法者，而是由于其内在固有的性质；因此，自然法是当宗教启示或传统及其拥有者的权威神圣性失去运作力时，仍然留存下来的、法正当性的特殊的且唯一首尾一贯的形式。因此，自然法是经由革命所创造出来的秩序的特殊的正当性形式”，[①]也正因此，韦伯才会将自然法列入影响法创造和法发现的因素之一。韦伯认为所有自然法的教条多少都会对法发现及法创造产生影响，部分教条在其产生的经济条件消失以后仍然保存下来，并且成为法发现的一个独立因素。形式上，它们强化了法思考在逻辑抽象化方向上的倾向，虽然其实质的影响可能有着相当的差异。无论是革命时期的法典编纂，还是革命前的理性主义的近代国家与官僚阶层的法典编纂都受到自然主义教条的影响，它们从自然法教条主义的合理性里推导出其制定法的正当性，自然法也因此而从伦理——法律的形式性质转化为功利——技术的实质性质。

但是，自然法公理理论却在现今失去其作为法律基础的担当作用，韦伯认为：“这不只是由于形式的自然法公理与实质的自然法公理之间有着不可协调的斗争关系，也不只是由于各种不同形态的发展理论产生了作用，而更是由于所有超法律的公理——部分因法学的理性主义本身，部分因近代主智主义一般性的怀疑精神——普遍地日渐瓦解与相对化。”[②]而法的超法律的基础支柱之所以如此崩解，在韦伯看来，只不过是那些意识形态的发展中的一个现象，一方面是不断强烈怀疑具体法秩序中个别命题的权威，另一方面是借此极力促进对当时以正当姿态出现的权威势力

---

① [德]韦伯：《法律社会学》，康乐、简惠美译，广西师范大学出版社2005年版，第300页。

② [德]韦伯：《法律社会学》，康乐、简惠美译，广西师范大学出版社2005年版，第312页。

的事实上的服从。

第三节 影响法律理性化的因素

新的法律规则的形成无疑是诸多因素综合作用的结果,这些因素包括:法律利害关系者的共同体行动的新取向;律师活动的取向;法官的判例;由上而下有用意的指令等。韦伯无疑看到了影响新的法律规则产生的主体因素,那么这些主体因素是如何发挥作用的呢?

一、法的发明、法发现与法创制的方法

韦伯主要从两个方面来阐释客观法律的形式特征及其发展演变:一方面,法发现与法制定的拥有者逐渐由具有卡理斯玛特质的巫师或智者,到氏族长或地方首长的权威人士组成的集会,再到具有专门法律知识的法律名家,即法律的制定逐步排除巫术启示而走上世俗化的道路;另一方面,司法程序逐渐由形式的非理性走向形式的理性化,韦伯对这两方面的考察始终是交织在一起的。

韦伯以卡理斯玛型的法发现和法制定为起点来考察法律的形式性格的发展脉络,这与其对政治支配类型的考察是相应的。法律的拥有者最初与宗教有着最为密切的联系,巫术在其中扮演着重要的角色,根据韦伯的观点,"巫术之渗入所有的纷争解决与所有的新规范的创造,结果是所有原始的法律程序皆典型地带有严格的形式性格。因为唯有当问题是以形式正确的方式提出,巫术手段才能够给予正确的答案。而且,对或错的问题并不能听凭任意选取的巫术手段来解决,而是不同种类的法律问题各有其独特的手段。因此所有原始的、已有明确规则可循的裁判,率皆共同的一个原则是:在当事者表述其所当宣示的格式性套言时,任何一丁点的失误都足以使得该种法律手段失效,有时甚至使整个

诉讼失败”。[1] 简言之,不同的法律问题需要不同形式的巫术手段,而且问题提出的方式也各不相同。另外,法律利害当事者的哪一方可以或者必须针对自己是否有理的问题诉诸巫术力量,以及这可以或者必须出之以何种形式,这一切决定了原始法律形式的多样化和繁复化,从而客观法律是易变和富有弹性的,它完全不具有合乎逻辑的理性基础,不仅体现在对巫术手段或神祇的选择上,而且体现在对裁决的决定者的选择上。韦伯认为英国亨利二世时期的民事诉讼里的陪审制的起源以及罗马从事解答活动的法律家创制法律的作为都体现了这种形式非理性的特征,在个案当中哪些问题可以诉诸神祇或卡理斯玛权威,以何种方式提出,以及利害关系人中谁具有权力与义务来运用这些证明手段等这些严格形式的特点是罗马法务官的程序书诉讼程序以及英国含带陪审团的令状诉讼的基础。

后来法律的制定逐步排除巫术启示而走上世俗化的道路,即从最初的卡理斯玛启示到通过协议或指令而制定法律。这些协议的拥有者最初是氏族长或地方首长,其协议不过是他们的行政的或私下的约定,但其影响却不断扩大,甚而这些聚集在一起的权威人士将彼此的共同体宣言提升到解释神圣传统的地位,并借此干涉受巫术性保障的规范。这样,原来只有通过具有卡理斯玛资质的巫师或智者的启示方可成立的法创制的领域,逐步落入这些权威人士间的协议身上,但此时尚未区分法制定与法发现、客观的法与主观的权利、公法与私法以及行政命令与规范性规则。它体现了政治、宗教、法律三者权力的集中与统一,而这正与今日之权力的分割以及各个价值领域的分化一致。

卡理斯玛的宣法者后来变为经由定期选举并事实上任命而被正当化的官吏,而判决发现人则为国王所认证的法律名家亦即审判人所取代,这一转变意味着法发现与法强制的分离,即司法

---

[1] [德]韦伯:《法律社会学》,康乐、简惠美译,广西师范大学出版社2005年版,第156页。

裁判的权力分割。各种力量之间的权力关系存在状态在不同的地区有不同的表现，这正是法律之形式主义性格得以维持的基础，韦伯举“司法集会人集团”为例来说明这种情况。“所谓司法集会人集团的法发现就是指：法律伙伴的共同体的确参与法发现，但对于法发现并无主导支配权，只能够接受或否决法知识的卡理斯玛拥有者或官方拥有者的判决提案，因此也可以通过诸如判决非难的特别手段来影响判决提案”。[1] 随着司法裁判越来越讲求经验并要求有专门的知识，法发现利害关系者的私人顾问和代理人纷纷登场，他们借法发明的机会对法的形成产生相当大的影响。正是对法学专门知识的高度需求使法的理性化全面地向前推进，而其根本的原因韦伯认为还在于财货交易以及从事此种交易的法利害关系者越来越重要的地位，这就要求一种专门的理性的训练，也就是法律教育的问题。

二、法律教育和法典编纂

法律教育和法典编纂是影响法律特征的重要因素，而西方的法律教育对于西方法律的形式理性化特征具有重要意义，因此韦伯对法律教育和法典编纂进行了考察。

韦伯对法律教育的类型划分与韦伯对法律类型的划分是一致的。他划分了两种类型的法律思维，即经验的法教育与理性的法教育。所谓经验的法教育，是指“由实务家来进行的经验性的法教育，全面或主要在实务当中进行，亦即讲求‘经验’的‘工匠式’训练”，[2]如英国交由律师来训练的工会式的法教育。中世纪时，辩护人和律师是判然有别的，辩护人由司法集会人团体的诉讼特质中产生出来，他们与当事人一起出庭，并代替当事人以他的名义宣说诉讼中的话语。而律师则是随着王室法庭里诉讼程

---

① [德]韦伯：《法律社会学》，康乐、简惠美译，广西师范大学出版社2005年版，第179页。

② [德]韦伯：《法律社会学》，康乐、简惠美译，广西师范大学出版社2005年版，第182页。

序的理性化而出现的，他们为当事人作诉讼准备和证明手段的收集等技术性工作。随着理性诉讼程序的发展，辩护人被律师所取代，并形成一般律师或事务律师与法庭律师的区别。一般律师指违背组织到行会中亦未接受行会法学教育的职业营利阶层，而法庭律师担当法庭业务，他们组织成伙伴团体共同生活在行会会馆里，他们必须接受法学院教育并被授予律师资格，此种教育完全是实务——经验性的，正如在手工业行会里一样，具有相当的专业化。

韦伯认为，这种法教育产生出的是拘泥于判例与模拟的形式主义的法律处理方式，律师的工匠化、专门化阻碍了对法律整体素材的系统性整理，缺乏理性的体系化，致使法的理性化无从产生，它具有形式非理性的特征。“因为法实务所形成的概念是以确定的、具象的、依日常经验一眼便知的、因此也就是形式的事实为其取向，所以法实务便会尽量以外在明确的特征来区别种种概念，并且必要时借由上述手段加以扩充。这些概念既不是借着具体事实的抽象化、逻辑性的意义诠释、通则化与涵摄所形成的一般概念，也不是以三段论法使其适用而成为规范的一般概念。法实务与法教育纯粹经验性的营运，总是由个殊推论到个殊，而不会试图由个殊出发求得一般的命题，以便由此命题演绎出个别决定的规范。这样的营运毋宁是，一方面为言词所束缚——为了因应需求，而将言词反复翻转地加以利用、解释与扩张，另一方面，如果这样还不够的话，则有赖于‘类推’或技术性的拟制。”[①]根据韦伯的分析，只有借着具体事实的抽象化、逻辑性的意义诠释、通则化所形成的一般概念，或者以三段论法使其适用而成为规范的一般概念，由特殊到一般才是理性的，而根据外在特征和日常经验得出的规范则是非理性的。

所谓理性的法教育，是指“在特别的法律学校进行的理论性

---

① [德]韦伯：《法律社会学》，康乐、简惠美译，广西师范大学出版社2005年版，第186页。

的法教育，以理性且系统化的方式来探讨法律，亦即讲求‘技术’的‘学问式’训练”，[①]如近代大学里的理性的法学教育，它具有形式理性化特征。这一教育致使大学所建立的各种概念具有所谓抽象规范性，即“这些规范至少在原则上是严格形式性地、理性地经由逻辑性的意义诠释而建构起来，并且相互间有着严格的界定”。[②]

神权政治的法教育如神学院的法教育或者与神学院相结合的法学院里的法教育，其本质特征是追求法律的实质理性化，而不是形式的理性化。这类法教育一般是从因圣典或口耳相传或文书传承所确立的圣法出发，它不以利害关系者的实际需求为取向，而是追求因学者的主知主义的自由运动之要求而产生出来的纯粹理论性的决疑论。一方面，由于它能产生抽象的概念而具有合理且系统性的特点；另一方面，它又受到传统的约束，它本身往往含有诸多对人们或法秩序而言理想的要素，这些要素意味着宗教——伦理的要求，而不是经验性正当秩序和逻辑的规整，这些宗教——伦理的要求正契合韦伯对实质理性化法律的界定。

法典编纂的特点是体现整体法律特色的重要面相。一方面它取决于法典编纂的拥有者，另一方面体系性的法典编纂是法生活的一种全面而自觉的更新取向所造成。通常的法典编纂的拥有者有官僚阶层的利害关心、市民营利上的利害关心以及君主之财政的、行政技术的利害关心和其他被支配阶层，因此法典编纂不仅受政治支配及其拥有者的影响，同样受经济利害关系者以及阶级结构的影响。韦伯认为，体系性和理性的法典编纂有这样几条途径：一是通过法律专家的实务工作而导入；二是通过法教育的需求而导入，尤其是法书的制作；三是通过君主的官吏进行体系化地规整。由此导致法素材的合理化，实现法秩序的安定性目

① [德]韦伯：《法律社会学》，康乐、简惠美译，广西师范大学出版社2005年版，第182页。

② [德]韦伯：《法律社会学》，康乐、简惠美译，广西师范大学出版社2005年版，第188页。

的，而“从确立境内的法的安定性着眼，以使行政机器得以精确地运作，再加上君主对威信的需求，这就是罗马晚期的法集成、终至查士丁尼的法典编纂之所以形成的动机”。[①]

三、欧陆的法律名家与中世纪的“法书”

法律名家职业性地从事法实务运营，但他们不同于英国律师那种行会式的营利行为。韦伯认为这样一种法律阶层的存在，在下列情况下才是可能的：法律经营免于宗教的支配，职业负担范围尚未及于城市间交易需求的程度。西方中世纪的北欧大陆的经验性法律家即为此种类型，如意大利的公证人阶层，他们不仅是法律名家阶层，而且是政治上有力的名家阶层，他们对于有价证券的发展、对地方间法律事务的调整、对罗马交易法的继承与改造都起到了相当重要的作用。正如韦伯所说：“意大利的公证人在关注罗马法的现代适用改造与实际参与上，不仅是最重要的而且也是最古老的法律名家阶层之一，而不是像英国律师那样，成为国族法律的拥有者”，[②]法国与西班牙东海岸的城市里的公证人的情况与此相同。而在德国与法国北部的法律名家的情况却并非如此，他们不是基于城市的法关系，而是在农村——领主法关系里以审判人或官吏的身份进行法律事务的运作，经由他们编纂的法书，多是奠基于日常事务的具体问题及其经验性概念，其目的在于确立传统，其中虽偶有理论性阐述，但很少专门的法学理论。这些法记录的作者，一方面是名家裁判的代表，另一方面又不像英国的律师和意大利的公证人那样能自成一个有力的身份阶层，他们无力长期对抗理性的大学教育的法律思维和从中训练出来的法律家。因此，韦伯认为中世纪法书在形式上虽确有发展，但在体系与决疑论方面缺乏合理性，而且缺乏抽象的意义解明以及法律逻辑的

① [德]韦伯：《法律社会学》，康乐、简惠美译，广西师范大学出版社2005年版，第280页。

② [德]韦伯：《法律社会学》，康乐、简惠美译，广西师范大学出版社2005年版，第196—197页。

方法取向，反而强烈倾向于具体直观的区别手段。

四、罗马的法律家与罗马法的形式性质

在罗马法发展过程中，法律拥有者、法律编纂、法律教育和法律思维等诸方面都具有了韦伯所谓的形式理性的特点，这一形式理性化特点与罗马的政治官僚支配、经济贸易的发展有着密切的联系，也是罗马法之所以能在西方世界中发挥重要影响力的原因所在。

第一，罗马特有的诉讼训令实务。所谓诉讼训令，即政务官对于从审判人名单中选取出来的市民所下达的指令，市民审判人根据此一严格形式的指令，判断在何种法律与实际条件下应该承认或不承认原告所提出来的请求，这源于罗马官吏的诉讼指挥以及官吏与审判人之间的权力划分。[①]

第二，政务官在其上任之初便将这些诉讼训令的范型载入其告示中，告示的起草是在法实务家的协助下进行的，因此也考虑到法律利害关系者的新要求，但整体而言，法务官仅单纯承接其前任的告示。罗马的程序迫使实务家不得不对日常的法律概念作出极其严格且尖锐的区别与界定，并在法律上严格固定下来。

第三，由于以上这些技术方面的原因，草拟告示和诉权范型以及处理和解释诉讼训令等问题都需要专家顾问的参与，这些顾问活动最初掌握在神官手中，受到宗教法的强烈影响，但是随着罗马人生活实质上的世俗化以及祭司阶层在政治上的失势，宗教事务也以纯粹形式主义的法律方式来处理了。后来这些法律顾问不再以日常实务和利害关系人的需求为其训练取向，而是通过学术性的方法专心于鉴定法律判断所需提交的事实，进行严格抽象的法律概念及其一般原则的建构，这致使罗马法从最初强烈的经验性格逐渐发展成技术越来越合理化且具学术精纯性的法律

---

① ［德］韦伯：《法律社会学》，康乐、简惠美译，广西师范大学出版社2005年版，第201页。

体系。

第四,罗马法所具有的分析性、抽象性、逻辑性,不管是诉讼问题的提出,还是法律行为的形式主义都被置于逻辑上最为单纯的事实里加以分解,这在法律建构的方法论上具有重要的意义,正如韦伯所说:“以此,法逻辑与法建构的工作被提升到法律在纯粹分析性方法的基础上力所能及的最高境界。”[1]

第五,专门的训练和职业性的法律活动也随着需求的增加而逐步扩展,这促成了法教育与法律思维的形式理性化以及法学编纂和法学研究的体系化。

在罗马法中,训练有素的法律专家之所以能够发挥重要作用的原因在于将法律诉讼程序加以合理化的必要性,随着法律经营之不可避免的专门化,罗马法因其形式的性格而逐渐在西方社会占了上风。正是罗马法的形式性格防止了西方家产制君主的裁判走上真正家父长制的实质、福利等的道路,法律专家得以接受形式主义的训练而被指派为官员,这使西方的裁判维持了高度形式主义的特点,并成为西方裁判的独特性,也使得近代初期的君主法典编纂得以让受过大学教育的法律专家来进行,成为理性主义的产物。罗马法的承袭创造了一个新的法律名家阶层,他们以法律文献教育为基础,受过正规的法律训练,具有理性形式主义的特点。另外,罗马法的法制度在逻辑抽象性方面得以提升,法思考的方式也越来越往形式逻辑的方向发展,法律本身成为逻辑上毫无矛盾和漏洞的完整的规范的复合体,引导法律朝向这种逻辑化发展的是法学理论家及经其训练出来的博士的内在思维需求,借着这样的形式特点,罗马法影响了整个西方法律的发展。

五、政治支配和公权力

(一)政治支配

韦伯通过考察发现,政治支配形态对法律类型特点有着重要

---

① [德]韦伯:《法律社会学》,康乐、简惠美译,广西师范大学出版社2005年版,第211页。

的影响，这一方面凸显了韦伯社会学研究的视角，另一方面也表明政治在法律建构中的重要作用，其实，在上文中，韦伯对卡理斯玛支配中法的建构特点的阐释也能体现这一观点。韦伯是通过教权制支配以及家产制支配来阐释政治统治或支配类型对于法律类型的作用和影响的。

在韦伯看来，政治支配机器越具有合理性，也就是其政治权力运作越是通过官吏来进行，那么其影响下的司法裁判、诉讼方式以及实体法的体系化便越具有合理性。这些支配权力之所以能够显现出理性的倾向，原因在于其自身理性行政利害之所需，或者在于其本身与极为关心法律理性性格的法利害关系者的有力团体之间的同盟，否则法的世俗化以及严格形式的法律思维必将遭受失败。根据韦伯的分析，一般教权制支配者与家产制君主的理性主义具有实质的性格，"他们所求的并不在于获得形式上与法学上的极致精准，以使正确预计法律程序结果的机会达到最高点，并且最能切合法律和诉讼的合理体系化，反之，他们的目标毋宁是在找出一种最能符合其权威之实用——功利的、伦理的、目的的法律类型。对这些法律建构的拥有者而言，法律那种一概自足的、'法学'专业的处理方式，不啻是异类的，而'伦理'与'法律'的分离，根本不在他们的考虑之内。一般而言，教权制影响下的法律建构特别是如此，其特色正是伦理要求与法律规定的结合"。①

当然，韦伯也看到教士与其他政治力量之间不同的权力运作原则、权力地位以及权力结构会产生不同的法律状态。总体而言，以恭顺为基础的权威通常创制出非形式的法律，如教权制与家产制君主，原因在于他们除了承认某些宗教上或传统上绝对神圣的约束力外，不愿受其他任何形式规则的约束。因此，他们会面临法律逻辑的抽象的形式主义与他们欲以法律来充实实质主

---

① [德]韦伯:《法律社会学》,康乐、简惠美译,广西师范大学出版社2005年版,第218页。

张的需求之间无可避免的矛盾。因为法律的形式主义要求法律机制遵从技术合理性的原则，以保证法律利害关系者在行动自由上，尤其在对本身目的行动的法律效果与机会方面加以理性计算，并拥有这方面最大限度的自由活动空间，然而这种最大限度的自由会破坏宗教伦理或政治理智之类的实质要求。这让神权政治家或家产制的家长等权威势力感到不快，因为这将大大削弱他们自身对权威的恣意运用以及个人对这种权威的信赖与服从，所有这些都表明，形式的法律会以不可避免的抽象性格而伤害实质公道的理想。然而这样一种抽象性格的形式法律却受到经济利害关系者、致力于打破权威的束缚而借以推展个人的机会且使个人的能力得以自由发挥的意识形态拥有者的欢迎与支持。随着经济理性化发展起来的市民阶层对法实务表现出最为强烈的关注，他们关心是否能有一种“体系化的、毫不含糊的、合于目的理性所创造出来的、形式的法律，这种法律不仅能排除传统的束缚与恣意，并且主观的权利也因此只能以客观的规范为其唯一的根源”。①

其实，在这里，韦伯向我们揭示了三个层次的问题：一是政治支配类型对法律类型具有重要的影响；二是法的形式化与法的实质公道之间的矛盾；三是西方法律由实质理性化向形式理性化发展的必然趋势与倾向。值得一提的是法的形式化与实质公道之间的矛盾问题，我们知道，二者之间的矛盾是韦伯揭示理性化与人的生存自由之间矛盾的主要手段，这是理性化矛盾在法律领域中的集中体现。

(二)公权力

公权力在此指的是君侯、行政长官与官员的权威力量，韦伯把这看作干预旧有司法集会人团体的形式主义与非理性主义的第二种权威力量。一般情况下，君侯用以维持治安的禁制权最初

---

① ［德］韦伯：《法律社会学》，康乐、简惠美译，广西师范大学出版社2005年版，第225页。

的产物即为合理性的刑法，其目的在于军事的考量以及维持秩序的统一与安全。公权力涉入民法领域的时间要晚得多，而且其介入方式与结果也各种各样。当君侯或行政长官创制出自己的法律以后，为了区别于普通法，通常都标示出这些法律的特殊来源，他们在创制这些特别法时也尽量获得法律名家的支持，握有这些权力的官吏有时可以对法官下达具有拘束力的诉讼训令或以其他形式干涉司法活动，因此，这些法律手段往往发展为对原有的普通法效力的广泛剥夺。官吏之所以能够创设出这些法律，归因于他们迫切需要一套比较理性的诉讼程序，而韦伯认为这背后的动力来自经营理性经济活动的团体即市民阶层的支持。如英国17世纪以后大量运用的衡平法发展成为一套比较理性化的证明程序，并清除尚带有巫术色彩及人们法庭审判意味的形式主义的残余，至今英国仍存在着普通法与衡平法并行的二元体系。总之，"公权法的技术手段具有纯粹经验性与形式主义的性格"，它必须在妥当性上与普通法相竞争，其结果可能是与普通法并存，或者取代了普通法，或者与普通法对立。当其妥当性与普通法等同时，公权力即可大幅提升。韦伯进一步以家产制君主下的法律结构为例来说明公权力对法律的影响。

家产制君主的法创制是建立在尊重传统的基础上的，其制定法越是能够成功地排除司法集会人团体的裁判，就越能发展出自己的具有形式性质的法律体系。韦伯把这种形式分为两种类型，一是"身份制的"类型[①]，即"当君主自身的政治权力被视为一种正当取得的主观权利时，君主立法权的出现，是为了让他能将其所拥有的完整权力之中的一部分，以主观权利的方式让渡给其他人"。[②] 在这种情况下，客观的法律与主观的权利、规范与请求权是二而一的，整个秩序是一种特权组合，发展出一种经验式的法

---

① "身份制的"类型在《经济与社会》(约翰内斯·温克尔曼整理，林荣远译，商务印书馆1998年版)中翻译成"等级的"方式。

② [德]韦伯：《法律社会学》，康乐、简惠美译，广西师范大学出版社2005年版，第266页。

律解释。因此法秩序体现出严格形式和非常具体的非理性特征。二是"家父长制的"类型，在此情况下，君主不将任何可能会对自己或其司法机关有约束的特权授予其他人，要么是君主握有完全自由的裁量权，根据个别的情况下达命令，这致使客观的法律或主观的权利皆无存在的空间；要么是君主对其官吏发布具有一般性指令的行政规则，这意味着除非接到进一步的指令，否则官吏就必须根据这些一般性指令处理问题。在此，法律完全是非形式化的，司法机关重视的是探究实质的真相，而不是证明程序本身。另一方面，它破坏了主观权利的形式保障，同时也因追求客观上的正确与公正的要求而破坏了严格的辩论程序原则，其目标主要是追求社会秩序的实质原则，不管是政治的、福利功利主义的，还是伦理的，而且司法与行政的合一致使所有的司法皆具有行政的性格，君主的行政官员兼具法官的身份，君主也凭己意自由介入司法活动。韦伯认为，这是所有的家产制君主的司法体系发展的趋势，例如印度和中国，当君主为了某种宗教目的而活动时，这种实质的非理性形式会达到最强烈的程度，这时，存在于法律与伦理、法律强制与家父长的训令、立法动机和法律技术之间的界限就会荡然无存。

然而这种典型的家产制法律特质，在西方近代世界却为理性——形式的法律所替代。原因在于：一是家产制君主行政自身的内在需求，尤其是为了对抗身份制特权的支配并清除司法与行政体系中的身份制性格，而扩展自己的权力范围；二是经济利益团体的需求，主要是西方市民阶层的经济理性主义的需求。市民阶层热切需要一种"毫无二义的明确法律，既不受非理性的行政恣意所影响，也不受具体特权的不合理干扰，特别是能够确实保障契约之法的拘束力。换言之，能够完备所有这些特性而具有可计算性之功能的法。以此之故，君主与市民阶层的利害关系的结合，成为促进法之形式——理性化的最重要动力之一……任何一种官僚行政皆具的功利主义的理性主义的独特性格本身，早就自行积极迎合市民阶层的经济的理性主义。君主的财政利害关心也早就为资本主义的利益铺设了一条康庄大道，尽管这实在大幅度超越当时既有的资本主义利害关心所实际要求的范围”。[1] 在这里，韦伯将法律的理性化与资本主义发展联系起来，回归西方资本主义的独特性问题。

在上面的部分我们已经提到，韦伯按照支配的正当性基础把支配类型划分为卡理斯玛型支配、传统型支配以及法制型支配。从这里可以看出，韦伯始终把宗教、政治与法律交织在一起来考察，这也说明了在最初的社会生存状态中，宗教、政治与法律生活是不分家的，所有的生活领域都是合而为一的，统一的文明价值体系包容了社会的方方面面，它形成一个整体。对于韦伯来说，西方社会的这种整体性和统一性来自宗教的整合性，而法律和政治只是这一文明整体中的一个分支而已，随着宗教改革的进行以及西方理性资本主义社会的兴起，原本统一的政治、法律和宗教显然形成了各自独立的发展体系，并遵循自身发展的轨道形成一个独立的价值原则，这一分析与韦伯对文化理性化的分析是一致的。各个价值领域的分化与独立也是韦伯能够逐渐将政治、法律、文化以及经济作为一个相对独立的体系进行考察的客观条件，同时这种划分使我们看到韦伯对于法律与政治权力的掌握者或者支配者的特别重视。

质言之，韦伯非常重视人在政治及法律生活中的重要角色，这也构成了韦伯对西方法律形式理性发展轨迹的一个考察面相，不同特质的人对于法律的影响是不同的。最初的具有卡理斯玛特质的领袖或者巫师与先知对于法律事务的裁决定然是非理性的，而近代专门法律家的体系性与逻辑性的法制定则具备了相当的形式理性化，从总体而言，这是一个从非理性到理性的阶段性过程，这与韦伯所论述的文化理性化、经济理性化以及政治理性化是一个相互应和的过程。

---

① ［德］韦伯：《法律社会学》，康乐、简惠美译，广西师范大学出版社2005年版，第272—273页。

恰是在以上诸多方面的考察之后，韦伯将注意力转移到西方法律的独特性方面。让我们重新审视韦伯对于西方法律发展阶段的理论性整理：即"从'法先知'的卡理斯玛法启示，发展到法律名家的经验性法创造与法发现，进而发展到世俗的公权力与神权政治的权力下达法指令的阶段，最后则为接受法学教育者体系性的法制定、与奠基于文献和形式逻辑训练的专门的'司法审判'阶段。以此，法的形式性质的发展阶段，则是从原始的诉讼里源于巫术的形式主义和源于启示的非理性的结合形态，时而途经源于神权政治或家产制的实质而非形式的目的理性的转折阶段，发展到愈来愈专门化的法学的、也就是逻辑的合理性与体系性，并且因而达到——首先纯由外在看来——法之逻辑的纯化与演绎的严格性，以及诉讼技术越来越合理化的阶段"。[①] 韦伯意识到这些发展阶段在不同的地方存在差异，但他并不因此就否认这种一般的法律发展趋势，而是将这种差异归结为政治权力关系的不同（即公权力的强弱）、神权政治权力与世俗权力之间的权力关系的不同，以及对法律的形成具有决定性作用的法律名家结构的不同。

韦伯的总体思想无非是法律的发展如文化以及经济和政治领域一样，都是一个逐渐不断驱除迷昧而理性化的过程，那么这个除昧的不断理性化的西方法律体系对人类生存境况究竟产生了何种影响？

第四节　法律理性化对人类生存境况的影响

韦伯清楚地看到法律理性化对人类生存方式的影响，这种影响不仅仅是对人类权益的保障，同时也是对人类自由的限制，不断形式理性化的法律体系与人类对伦理、公正、自由等实质理性

① ［德］韦伯：《法律社会学》，康乐、简惠美译，广西师范大学出版社2005年版，第319—320页。

化的追求始终是交织在一起的，可是形式理性化的法律体系的高度发展却漠视了人类实质理性化要求，法律的理性化几乎与官僚制一样，“可能吞噬任何个人自由的空间，所谓的个人自由完全被笼罩在国家巨细靡遗的法律世界中”。[1]

一、自由与限制并存

韦伯认为授权规范与契约自由在赋予人自由权和方便的同时，更为根本的意义在于为个人彼此之间的自由领域划定了界限，而且必定会超出这项工作范围而影响到第三者的利害。如当某人有了新的债务负担时，此人的债权人的利益就会因此一债务人的负担义务的扩大而受到影响，韦伯把诸如此类的影响归结为主观权利产生的反射效果。实际上韦伯的这一思考已经触及生存论的层面，契约作为一种主观权利的设定与赋予究竟给人类带来什么？一般认为，法律规制的关系朝向契约社会发展以及法律自由本身朝向契约自由发展，尤其是发展成由法律范型来归整的、根据授权而来的自律，意味着束缚的减少与个人主义自由的增大。韦伯认为这种观点是“相对而言形式正确的”，就其实质而言，并不是单纯根据法律的发展境况可以断定的。“与他人步入契约关系而契约内容又全然是由个人协议而定的可能性，以及自由利用法律为最广义的结合体关系提供逐渐增多的范型的可能性，在近代法律里，至少在财货交易的领域和人的劳动与服务的领域里，比过去扩大得多。不过这个趋势实际上到底能够在塑造一己生活样式的条件上，将个人的自由提升到什么程度，或者尽管趋势是如此(或部分而言正因为如此)，生活样式会越来越赋予被强制地定型化到何种程度，并不是光从法律形式的发展入手就可以判断的问题。因为，尽管被认可的契约范型在形式上是如此的多样化，而且可以无视所有官方范型而一凭自由意愿来决定契

① 苏国勋、刘小枫:《韦伯:法律与价值》,上海人民出版社 2001 年版,第 162 页。

约内容的形式授权也确实存在,但这并不保证此种形式的可能性实际上是对任何人都管用的”。①

在这一点上,韦伯无疑是深刻的,法律形式上的自由并不代表实质上的自由,比如,法律对财产分配不平等的保障对于实质的自由就是一大障碍。表面看来,劳动者可以自由和任何企业缔结任何内容的契约,但这并不表示劳动者具有能够决定劳动条件最起码的自由,也不能保证他们会对此发挥什么影响力。这意味着,市场的较有力者,一般指企业者,可以自由决定劳动条件而任凭寻求劳动者接受或拒绝,而且当他们所提供的劳动对于劳动者而言具有经济上的紧迫性时,他们更具有强迫劳动者接受的可能性。从这样的分析中,韦伯得出契约自由的首要结果,即“公开机会让人得以在善于运用市场上所拥有的财货而无碍于法律的限制下,利用这些资源成为取得对他人权势的手段”。② 所以韦伯认为,形式的、普遍的契约自由只是有产者的自由。另一方面,不管在资本主义秩序还是社会主义秩序中,法律秩序本身都意味着一种强制的存在,这种强制来自法律共同体内部,它将任何处身其中的人都纳入这种强制之中。所以韦伯认为:“法秩序在形式上无论保证或提供多大的‘自由权’与‘授权’,或者不管包含多么少的命令规范与禁止规范,总还是能在其实际的效果上,不只促使强制在质与量方面大为强化,同时也使得强制力量的权威性格大为提升。”③从这些结论可以看出,韦伯认为法律带来的自由隐含着这种自由的限度,它意味着一种权威与强制力的出现和增强,意味着一种在人之外却无处不控制着人的东西的存在。这不得不让我们反省,究竟主观权利的设定和被授予对于人类来说是福

① [德]韦伯:《法律社会学》,康乐、简惠美译,广西师范大学出版社2005年版,第138页。

② [德]韦伯:《法律社会学》,康乐、简惠美译,广西师范大学出版社2005年版,第138页。

③ [德]韦伯:《法律社会学》,康乐、简惠美译,广西师范大学出版社2005年版,第141页。

还是祸？或者权威与统治的存在对于人的自由来说是得还是失？人类为了生存的自由而付出了自由的代价，这与韦伯对科层官僚制的质疑一脉相承，同样是韦伯对理性与现代性提出的质疑与反思。

二、法律形式理性化与实质理性化之间的矛盾

韦伯意识到近代西方法发展中反形式的实质倾向与法的形式化倾向是并行发展的，这无论在法思考还是法的具体运用中都有所体现。法思考在逻辑上的日益纯化意味着对外在明晰的形式特征的执著为逐渐强化的逻辑意义解明所取代，而逻辑意义解明要求让当事者的真正意图发挥作用，并将个性化的、实质的契机带入法形式主义之中。不仅如此，此意义解明试图全面将当事者相互间的关系建立在其行为的内在核心，即心志的基础之上，而这意味着非形式的事实要件。在财货交易领域，大部分交易皆以广泛的人际信赖，即对他者行为的实质诚实性的信赖为基础。因此，财货交易的不断增加致使保障此种行为的需求也日益增加，这使心志伦理的理性化得以实现，心志的、功利的、善良的交易风俗等伦理范畴的东西逐渐也成为法官审判中所接受的规范基础，但这势必削弱法律原本的体系。韦伯的此番论述实际上包含了这样两个方面的矛盾问题：法的逻辑理性化与法律利害关系者在实际的经济交易中的期望之间的矛盾以及法的形式理性化与生活伦理之间的矛盾。韦伯将矛盾的原因归咎于两方面：一是由于任何一种形式的法思考都具有逻辑上的固有法则性，即法律有其自身发展的逻辑规律，它必然会对影响其自身发展规则的因素产生抵触。二是法律理论与实际利益之间的矛盾，旧有的法律理论与逐渐发展的经济交易不协调，二者之间的矛盾不可避免。这两个方面的矛盾实质上都是形式理性化法律与实质理性化法律之间的矛盾体现。

除了经济利益的现实要求外，韦伯还看到阶级问题的产生对于法的形式主义的根本质疑。“随着近代阶级问题的兴起，一方

面来自部分法利害关系者(尤其是劳工阶级)这边,另一方面来自法的意识形态者这边,对于法律提出实质的要求,亦即,他们反对单以交易伦理为基准的排他性的支配,并要求一种奠基于激昂的伦理要求('正义'、'人的尊严')上的社会法。不过这意味着,对法的形式主义提出根本的质疑"。[①] 来自劳工阶级这方面对法律的实质民主、正义与尊严的要求很好理解,自不必多说。来自法的意识形态者这方面的要求主要是基于政治支配权势的占有以及体现自身作为法律执行者的价值的内在倾向。这一点韦伯又做出了解释:"工作被限定在单只是对条文和契约作出解释,就像个法的自动贩卖机,人们从上头丢入实事,他自下面吐出判决,这在近代的法实务家看来显得低级而有失身份,尤其是当法典化的形式的制定法愈来愈普遍化时,这种感觉定然愈益不堪。他们所要求的是法官要有'创造性的'法律活动,至少当法律使不上力的时候。"[②]由此可见,法律的普遍形式理性化对于法实务者来说,是一种对其主观性创造力活动的剥夺,所以会遭到他们的反对与抵制,而这客观上正是反法律形式主义的重要力量。韦伯对反对法的形式主义的力量的归结是较为全面的,从阶级的观点来看,既有统治阶级的要求,又有被统治阶级的意识形态要求。从社会的角度而言,既有经济方面的原因,也有政治和技术方面的原因,同时既有法律自身固有的法则性,又有法律之外的影响因素。

在韦伯看来,尽管有诸多反形式主义的倾向力量,但并不意味着法律形式理性主义的脚步就会停止,反之,法的技术化、专门化的理性形式主义是一股不可阻挡的潮流。"虽然如此,不管法与法实务在这些势力的影响下会发展成什么样的形态,作为技术与经济发展的结果,下属的情形无论在什么情况下都将是法所不可避免的命运:一方面,尽管有素人法官制度的种种尝试,随着法

---

① [德]韦伯:《法律社会学》,康乐、简惠美译,广西师范大学出版社2005年版,第325页。

② [德]韦伯:《法律社会学》,康乐、简惠美译,广西师范大学出版社2005年版,第325页。

的技术内容的逐渐增加，素人对法的无知、亦即法的专门性，也无可避免地会随之升高。另一方面，现行有效的法律也越来越会被评价为合理的、因此随时都可以合目的理性地加以变更的、在内容上不具任何神圣性的、技术性的机制。此种命运或许会因为对既存法律的顺应——基于各种五花八门的理由而逐渐升高的顺应——而被遮掩，但从来都没有真正被避免”。[①] 总之，根据韦伯的论述，西方法律的理性形式主义的趋势不会改变，由于这个理性形式化的过程就是不断排挤实质理性化的过程，形式理性化必然会在现代社会中继续形成对实质理性的剥夺。韦伯对法律形式化发展趋势的看法与对经济理性化以及政治理性化发展趋势的看法是一脉相承的。

① [德]韦伯：《法律社会学》，康乐、简惠美译，广西师范大学出版社 2005 年版，第 339 页。

第六章 韦伯的悲观理性化思想及其根源

韦伯通过理想类型在文化、经济、政治以及法律领域中的建构对经验领域中资本主义社会的产生以及面临的问题进行了详尽的分析。在对资本主义理性化发展的脉络分析中，韦伯体察到理性化自身发展面临的问题，即理性化的困境问题，亦即现代性的困境问题。它是对人类在现代社会中生存方式的描述，是人类不得不面对的生存难题，它集中体现在目的理性与价值理性之间的矛盾以及形式理性与实质理性之间的矛盾上。韦伯认为这种困境会随着理性化的加强而在现实中愈演愈烈，它具体体现在文化、经济、政治以及法律方面。文化理性化导致的意义的丧失以及经济理性化、政治理性化和法律理性化导致的人类自由的丧失境况，使韦伯陷入了悲观主义的泥淖。

第一节 韦伯理性化思想中的悲观主义体现

韦伯理性化思想中的悲观主义体现在他对文化、经济、政治以及法律形式理性发展前景的预测上。在文化领域，随着西方宗教改革而来的入世禁欲主义的新教伦理为近代资本主义社会的产生与发展提供了内在精神动力，新教伦理建构的理性主义世界图像为新教教徒提供了一种有系统、有计划、有组织、有纪律、有节制的现实生活态度，成就了一种理性主义的生活伦理。它客观上创造了巨大的物质财富，促进了资本主义经济的迅速发展。新教徒把对上帝的忠诚、获得上帝的恩宠与现世的生活联系在一起，现世创造财富的多寡决定了是否得到上帝的恩宠，因此为了获得上帝的恩宠确证，他们在现实中兢兢业业地工作，这使新教徒在获得物质财富的同时，获得了被上帝恩宠和眷顾的精神满足。于是以效益为根本准则的目的理性行为与以上帝恩宠为信念的价值理性行为很好地统一在新教教徒身上。然而，以效益和金钱为目的的经济行为要求驱除现实生活中的鄙陋和蒙昧，而科技理性在经济生活中发挥日益重要的作用。科技理性的迅猛发展却造成对传统生活模式和生存伦理的猛烈冲击，宗教传统也不例外，它在激发人类努力进取、创造财富的过程中却不得不面对被拒斥和清除的命运。这样一种客观结果是它未曾预料和无法克服的。正如韦伯所言："禁欲已着手改造世界，并在这世界踏实地发挥作用，结果是，这世间的物资财货，如今已史无前例地赢得君临人类之巨大且终究无以从其中逃脱的力量。如今，禁欲的精神已溜出了这牢笼——是否永远，只有天晓得？总之，获胜的资本主义，既已盘根在机械文明的基础上，便也不再需要这样的支柱。"[①]入世禁欲主义解体为纯粹的功利主义，一种现代社会的文化观念和意识结构悄然产生，现实利益和经济效益成为根本的行为准则，精准的计算和衡量成为根本的工具、手段，储存内在精神气度和价值信仰的思维空间被功利主义所排挤甚至替代，这样一种现代观念在资本主义社会大行其道，势如破竹，以致不可遏制。

在这样一种新型价值观念的笼罩下，人类在经济、政治以及法律等社会领域中的具体行为也表现出不同寻常的理性趋势，专

---

① ［德］韦伯：《新教伦理与资本主义精神》，康乐、简惠美译，广西师范大学出版社2007年版，第187页。

业化、科技化、机械化、形式化、逻辑化、系统化等成为现代社会秩序的根本特征。经济不断向技术、簿记、核算方面完善与发展，各种技术形式日益成熟与完善。经济行为主体或经济团体和经济个体普遍以经济效益和实际利益为根本，以越来越精密化和专业化的仪器或机器处理商品的生产、销售各环节，以严格的规章制度和规则来约束自身的经济行为，以理性的货币计算和资本计算为基本内容，以自由的市场、自由的劳动力、大机器生产、合理的簿记为依托，构建了一张组织管理科学而严密的经济网。政治方面集中体现在法制型统治秩序的建构，具备高效、迅捷、精准、统一等显著特色的科层官僚制将法制型支配的理性化特色推向极致，它以法律的明确规定为履行职责的唯一标准，以排除私人情感的切事化为办事原则，以上、下级之间的严格关系为约束。法律上以严格的逻辑化和体系化的法律条文为依据，以受过严格专门训练的法官担任法律事务的判决，法官就像机器一样运作，达到了高度的形式化程度，这种高度的形式主义特征形成了对人的自由和生存空间的限制和束缚。形式理性主义的经济发展导致了人与人之间传统兄弟般关系的破裂，金钱和利益成为人际关系的纽带，人的实际需求被经济效益需求所代替，人们的生活需求得不到应有的满足。形式主义的科层官僚制贯彻在社会经济、政治以及法律等各个领域，将人们的实际生活纳入到自身严格的组织与秩序中，限制了人的自主性和创造性的发挥以及人性的全面发展，高度形式主义的法律体系与官僚制相结合，在保障人类的权益的同时却对人的自由形成了严重的威胁。

总之，韦伯认为人们的实际生活被无处不在的秩序和组织所操控，无论在资本主义社会还是共产主义社会，经济形式理性化、官僚制的形式主义以及法律的形式主义的趋势都会愈演愈烈，而它们与实质理性经济、实质的政治自由以及实质的法律公正与尊严都是背道而驰的，形式主义的理性化趋势具有世界性普遍意义，是人类必须接受的事实。理性化发展使人类陷入了这样一种困境之中，人类被科技理性、目的理性以及形式理性所控制和支配，人的自由和价值空间被不断侵袭，人类在现代性的冲击下不能够安全而幸福地生存，而且这种状况会愈演愈烈。这是韦伯对现代化和理性化的悲观预测。

迦达默尔在《科学时代的理性》中曾表达了和韦伯相似的观点。迦达默尔认为有条理的建造和技术生产之间的关系产生了两种作用："首先，技术像旧时代的手工匠技艺一样，在整体上和一个先构想的客体相关联……在我们以技术发展为特点的文明中，我们可以亲眼目睹，随着一种让消费者惊醒和刺激需要的工业在我们周围建立起来，人为制造的东西如何规定了新的条件。其次，因为这个越来越人为化的世界而必然变得无所不在的结果，就是我们和世界相互交换中的灵活性的丧失。无论什么人使用技术——谁又不使用技术呢——都要把自己委托给技术的作用。正是依赖于从根本上放弃和自己全部活动能力相关的自由，人们才享用到了现代技术可以使我们得到的这些惊人的舒适条件，占有了不断增加的财富"；[①]"自由不仅受到各种统治者的威胁，而且更多地受着一切我们认为我们所控制的东西的支配和对其依赖性的威胁"。[②] 迦达默尔的话深刻地揭示了现代科技理性给人类带来的生存困境，即人的自由不断被人类自身建构的文明和秩序所束缚，人类一步步陷入对外在条件的依赖之中，难以自拔。

马尔库塞在《单面人》中批判现代工业社会时也指出："工业社会最发达的地区四处展现出这两个特征：走向技术理性的圆满趋向和把这一趋向包容于既定制度以内的巨大努力。这里有一个该文明的内在矛盾：理性中的反理性因素。这是它进步的标志。那科学技术占为己有的工业社会被组织起来，为的是要比过去任何时候都更为有效地支配人与自然，为的是要比过去任何时

① [德]迦达默尔：《科学时代的理性》，薛华等译，国际文化出版公司1988年版，第62—63页。

② [德]迦达默尔：《科学时代的理性》，薛华等译，国际文化出版公司1988年版，第132页。

候都更为有效地利用它的资源。当这些努力的成功开辟了人的现实化的新纬度时，该社会就变得反理性了。”[①]马尔库塞用“反理性”来表达现代理性社会中人的生存困境，其本质同样是人的自由的丧失，人类逐渐被自己制造出来的文明的产物所束缚。

显然，韦伯、迦达默尔、马尔库塞等人虽建构了不同的理论体系，但却都指向人类在现代社会中的生存矛盾问题，都指出了人类在社会不断理性化的发展进程中，被自身依靠科学、技术所建构的体系所控制和异化的境况。

面对着蓬勃发展的资本主义，韦伯何以如此悲观？以至于这种悲观已经强烈地影响到他正常的生活[②]？Andrew M. Koch 认为，韦伯关于现代性的悲观主义来自于他对科学、知识以及人的本质的假设，[③]Andrew M. Koch 的观点指出了韦伯悲观主义的两个重要因素，即人性论和知识论方面的因素，这两点我们都可以在韦伯的著作中找到证据，我们稍后将会论及。事实上，除此之外，还有一个很重要的因素非常值得我们注意，那就是韦伯理念类型的建构方法自身存在的问题，这是韦伯悲观主义在方法论上的根本缺陷。

第二节　对韦伯悲观主义的方法论解读

这种方法论上的缺陷在于韦伯为理性化内在关系设定了一

---

① ［德］马尔库塞：《单面人》，左晓斯等译，湖南人民出版社 1988 年版，第 14—15 页。

② 根据玛丽安娜著的《韦伯传》我们知道，韦伯曾几次因精神极度焦虑而不得不停止工作，到外地休养。1920 年韦伯因感染风寒而逝，但过度的思虑和悲观也是导致他英年早逝（韦伯 56 岁逝世）的重要原因。

③ Rationality, Romanticism and the Individual: Max Weber’s “Modernism”and the confrontation with “Modernity”. Canadian Journal of Political Science/Revue canadienne de science politique, Vol. 26, No. 1.(Mar, 1993), pp. 144. “It should be clear that Weber’ pessimism about modernity was determined by the assumptions he made regarding science, knowledge and the ‘essence’of the human personality.”

种片面的模型，这种缺乏辩证性的关系设定是韦伯对理性或现代性作出悲观预言的根本原因所在。

一、韦伯对理性化内在关系的片面设定

根据韦伯的设定，目的理性与价值理性之间、形式理性与实质理性之间，存在着此消彼长的不可调和的矛盾关系。就某种行为而言，从目的理性的观点来看，价值理性始终是非理性的，因为越是一味顾及行动的自身价值，就越是不顾行动的后果。就某种社会组织秩序而言，越是具有形式理性化特征，相应地实质理性特征就越少。在现代社会中，不管人的行为方式，还是社会秩序的组织方式，都日益凸显目的理性与形式理性的特征，而价值理性与实质理性则日益受到排斥和挤压。二者之间的这种极端矛盾性的设定恰恰是韦伯描述资本主义理性社会中人类生存状态的核心手段，是韦伯暴露现代社会中人类生存困境的重要工具。

在韦伯看来，以入世禁欲主义的新教伦理为内在精神动力而产生和发展起来的西方理性资本主义，在社会全面理性化发展的进程中，宗教的根慢慢枯萎，一种新的现代意识结构随之产生，宗教原本所具有的统摄性意义和涵盖性意义逐渐丧失，在这种文化意义丧失的过程中，个体生命和生存的意义也受到挑战。科学、艺术、法律各自遵循自身发展的逻辑规律而具有了独立性，人类面临着各种价值之间永无休止的冲突，根据韦伯的观点，这种境况恰恰就是目的理性与价值理性之间冲突的体现。

人类在目的技术理性的支配下，在启蒙理性的鼓舞下，在主客二分的哲学观的误导下，高扬自身的主体性和创造性，但却在极大地弘扬了人类主体性的同时，走向了反面，即对价值理性的忽视和削弱，而且这种境况正随着人类对效率与利益的追逐而变得愈加明显。同样在社会秩序领域，韦伯揭示了形式理性与实质理性之间的矛盾，二者之间的冲突体现在经济、政治和法律各个领域，这就是韦伯所描述的形式理性化经济、政治、法律与实质理性化经济、政治、法律之间的冲突。形式理性化经济的发展导致

了人际关系的敌对化，导致了人们成为追逐金钱和利益的手段与工具，导致了人的有效需求与实际需求的矛盾，导致了效率与公平之间的矛盾。形式理性化政治和法律体系致使人们成为大机器上的一个个小齿轮，只能按照既定的程序机械性地活动，失却了自主性和创造性的发挥，人类在越来越专业化、技术化、知识化和系统化的形式主义理性趋势下，渐渐丧失了自由。

总之，对于韦伯来说，现代社会中，目的理性与价值理性之间以及形式理性与实质理性之间存在着此消彼长的矛盾，不可调和。

韦伯所设定的这种关系模型在分析资本主义社会中的异化现象时是恰当的。也正因此，西方许多社会理论家，尤其是法兰克福学派的社会批判理论者，从韦伯的这一关系范型出发来揭露和抨击资本主义社会中的现实矛盾。可是当我们在一种更为普遍的意义上审视韦伯的这一关系设定时，就会发现韦伯的片面性所在，那就是，韦伯过分注重了目的理性、价值理性以及形式理性与实质理性之间相互冲突的一面，却忽视了对应的二者之间相互依存的可能性。目的理性与价值理性以及形式理性与实质理性之间的关系绝不是简单的冲突，而是既冲突又相互依存的辩证关系。

首先，目的理性或形式理性与价值理性或实质理性是理性化发展进程中的两个因子，它们是理性内部不可或缺的因素，统一在理性身上，不可偏废。就仿佛是人走路时的两条腿，对于人来说，两条腿不可偏废，缺少了任何一条腿，都无法正常行走。其次，价值理性与实质理性离不开目的理性与形式理性，因为价值理性与实质理性的发展要以目的理性与形式理性的发展为基础，同时，目的理性和形式理性也离不开价值理性和实质理性，因为目的理性与形式理性的发展需要价值理性和实质理性提供价值论的保证和导向，正如人走路时，左腿离不开右腿，右腿也离不开左腿。最后，目的理性与价值理性之间、形式理性与实质理性之间，又存在着矛盾，因为高度的目的理性与形式理性发展必然会减少对价值理性与实质理性的追求，一定程度上，目的理性与形式理性的发展要以暂时牺牲价值理性与实质理性为代价，而价值理性和实质理性的发展也要以目的理性与形式理性的暂时牺牲为代价。正如人走路时，绝少能够两条腿一起前进，势必先迈出一条腿，等站稳脚跟，再迈出另一条腿，这样，一步一步前行，而且，两条腿之间的距离不能超出两条腿长度的和，否则人就不能正常行走。

在理性发展的道路上，也存在同样的情况，在极少的状态下，理性的发展既能保证目的理性和形式理性，又能保证价值理性和实质理性，尽管这种短期的行为的确出现在了西方资本主义发展的初期，可是随着理性化的进一步发展，这种境况不复存在。随着资本主义社会的发展，目的理性与形式理性的步子先迈开了，而价值理性与实质理性的步子却还在后面，而且目的理性、形式理性与价值理性、实质理性之间的距离偏大了，这种距离要再拉大的话，社会发展就会出现像一个偏瘫病人一样的问题，而这恰是韦伯当时所看到和所担忧的情况。因此，我们说韦伯的担忧有一定的道理，因为随着资本主义全面理性化的进程，目的理性或形式理性与价值理性或实质理性之间的差距有些过大了，这意味着社会的畸形发展，韦伯深刻地意识到这一点，体现了他的远见卓识。

可是，韦伯的担忧又有些过分，因为一般情况下，人走路时，后面的步子会在前面步子的带动下赶上来，当然也不排除由于其中一个方面的片面发展而导致整个社会都出现问题的可能性，社会发展就是以这样近似交替的方式向前迈进。目的理性和形式理性固然是一种趋势，但是它绝不会只是人类实现公正与民主的绊脚石，况且一种纯粹的目的理性或形式主义理性，无论在经济、政治，还是在法律领域，都是不可能实现的。相反，目的理性和形式理性自身的不断强化还是人类更好地保障自身权益和公正的有效的、唯一的途径，因此，为了保障价值理性和实质理性的发展，我们必须大力发展目的理性与形式理性。从这一意义上来看，那种一味批判形式理性或目的理性的做法是不可取的，这种做法只是从一种偏颇走向另一种偏颇，由过分注重目的理性或形式理性而走向过分注重价值理性和实质理性，理性内部的问题仍然得不到解决。

举一个简单的例子：现代社会中“效率”与“公平”的关系问题。我们现阶段的任务就是大力发展生产力，不断满足人们日益增长的物质文化需要，追求效率是我们发展生产力、提高人们生活水平的唯一途径，可是在追求效率的过程中，我们势必要改革，改革就会存在矛盾和竞争，就会损害一部分人的利益，显失公平的事情就难以避免，但是为了实现真正的公平，我们又必须以追求效率为根本，效率与公平之间的内在矛盾就显现出来。既然目的理性与价值理性以及形式理性与实质理性之间存在相互依存、相互冲突的辩证关系，因此要尽力促进目的理性与价值理性、形式理性与实质理性之间的平衡发展。

目的理性与价值理性的矛盾或者形式理性与实质理性之间的关系问题实质上反映了社会发展进程中道德层面和技术层面的关系问题。对这样一个问题的探讨已经成为现代性问题的最后落脚点，也因此成为现代社会理论者最终讨论的问题，马克思、尼采、哈贝马斯都毫无例外。

西方社会批判理论者也正是看到了目的理性与价值理性之间可能的平衡点，才会在扬弃韦伯理性化研究范式的基础上构建自己的理论体系，正如傅永军所说：“合理性概念能够成为分析现代性问题的概念平台主要得益于马克斯·韦伯。正是这位伟大的社会学家，首先把欧洲现代化和理性化视作同一历史过程，以洞悉西方现代性的演进过程及其本质。韦伯的这种企图使得合理性这个以往平淡无奇的概念一下子获得了与世界进程以及人类命运相维系这样一种显赫的声誉，同时也使得西方现代性批判理论获得了一种分析问题的理论武器。”[1]他们所构建的理论体系从根本上来说，都是为解决韦伯的这一难题所做出的种种努力和探求。

但是企图找到一种切实的途径来克服目的理性与价值理性或形式理性与实质理性之间的矛盾，或者化解现代社会中道德层面与技术层面之间的冲突是极其困难的，包括哈贝马斯不遗余力地构建的交往理论理论对于这一问题的解决也不过是一种乌托邦式的理想。交往范式在理论上的确立是可以的，可是谁来保证这种交往范式在现实中的确立？交往范式无法脱离目的理性而独立建构起来，而以目的理性为前提的交往范式最终仍然会陷入目的理性的陷阱。因此，在哈贝马斯那里，那种平等的、协商的、公正的以语言为媒介的主体间理解和沟通只能是一种理想化模式。假如沟通与理解能够如此简单地进行，那战争就不会出现，人与自然的关系也不会恶化，系统对生活世界的殖民化也就根本不会有出现的机会和可能。可是这一切都出现了，在这一切产生的过程中，人类从来都没有放弃过主体间沟通的途径，只是始终无法真正摆脱主体性的羁绊和主、客体间深刻的对立。今天，这种主、客体的对立比以往任何时候都强烈，主体间性如何能够穿过主、客体性的铜墙铁壁而建构起来呢？对这一问题的思考会与我下面要论述的韦伯在知识论方面的分析最终结合起来。

二、卢卡奇对韦伯方法论的批判

卢卡奇站在历史唯物主义的角度，对韦伯的方法论进行了批判，他认为韦伯理想类型的方法建构是主观主义的表现。卢卡奇充分认识到理想类型的建构在韦伯思想中的重要地位，他说：“类型问题到了马克斯·韦伯手里变成了方法论的中心问题。马克斯·韦伯认为建立纯粹虚构的‘理想类型’乃是社会学的一项中

---

[1] 傅永军：《法兰克福学派的现代性理论》，社会科学文献出版社 2007 年版，第 40 页。

心任务”,[1]而“韦伯的社会学的彻底主观主义性质,在他的规律概念上表现得最彻底”。[2] 卢卡奇所说的规律概念应指目的理性以及价值理性等韦伯建构的理想类型概念。卢卡奇认为,“马克斯·韦伯在这个问题上起初是从物质动机与意识形态的相互作用出发的,他反对历史唯物主义,因为历史唯物主义以一种据说科学上不许可的方式肯定了经济的第一性”;[3]“马克斯·韦伯的思想总是倾向于表明,他越来越强烈地硬说意识现象(宗教现象)具有一种由他自己产生出来的、‘内在的’发展,而这种倾向又总是反过来表示,意识形态现象都是能够促使整个过程发展的第一性的东西”。[4]

显然,卢卡奇站在唯物主义的立场上,认为韦伯是反唯物主义的,对此我们要客观地看待。

一方面,在韦伯的著作中的确可以发现韦伯反对历史唯物主义的诸多言论。如在《社会科学认识和社会政策认识中的“客观性”》一文中,韦伯这样说:“作为‘世界观’或者作为历史现实因果关系解释基点的所谓‘唯物主义历史观’是应该予以断然拒绝的……早期的如《共产党宣言》中首创的、本来意义上的所谓‘唯物主义历史观’今天仍能支配的只是外行和浅薄人的头脑。”[5]又如韦伯在对以色列教团产生过程进行考察时指出:“此处,事实重点并不在于:贝都因于半游牧的生活条件‘生产出’教团,而教团的成立被看成像是其经济生存条件的‘意识形态的指数’。这种

---

① [匈]卢卡奇:《理性的毁灭》,王玖兴等译,山东人民出版社1998年版,第549页。

② [匈]卢卡奇:《理性的毁灭》,王玖兴等译,山东人民出版社1998年版,第549页。

③ [匈]卢卡奇:《理性的毁灭》,王玖兴等译,山东人民出版社1998年版,第542页。

④ [匈]卢卡奇:《理性的毁灭》,王玖兴等译,山东人民出版社1998年版,第542页。

⑤ [德]韦伯:《社会科学方法论》,韩水法、莫茜译,中央编译出版社2005年版,第19页。

唯物论的历史建构在此如同在其他处都是不适切的。事实重点毋宁在于:此种教团一旦形成,那么在这些阶层的生活条件下,它便拥有最强大的机会,相对于其他较不稳定的政治体,在淘汰斗争中胜出。不过,教团是否形成,乃是取决于全然具体的宗教史的并且经常是极为个人的情况与命运……穆罕默德以及利甲之子约拿达的宗教宣示,并不能被'解释'成人口或经济条件的产物,尽管其内容也有相当成分是此等条件齐力促成的。"[①]在韦伯的著作中,类似的言论还有很多,这表明卢卡奇对韦伯的批判是有据可循的。

另一方面,韦伯并不是无视经济条件的重要作用,而一味强调意识因素的重要性,更不是只注重精神或观念因素,而无视其他因素,尤其是经济因素的唯观念论者。韦伯指出自己考察新教伦理的目的是"在什么程度上,这种文化的某些特征可以归因于宗教改革的影响。同时我们必须消除这样一种想法,即宗教改革,作为一种历史的必然结果,或许可以从某种经济变革中推断出来";[②]"我们根本不打算坚持这样一种愚蠢的教条主义的论点,即资本主义精神的产生仅仅是宗教改革的某些作用的结果,或甚至认为资本主义作为一种经济制度是宗教改革的造物……相反,我们只是希望弄清楚宗教力量是否和在什么程度上影响了资本主义精神的质的形成及其在全世界量的传播。更进一步地说,我们的资本主义文化究竟在哪些具体方面可以从宗教力量中找到解释"。[③] 韦伯还曾指出:"这里我们仅仅尝试性地探究了新教的禁欲主义对其他因素产生过影响这一事实和方向;尽管这是非常重要的一点,但我们也应当而且有必要去探究新教的禁欲主义在

① [德]韦伯:《古犹太教》,康乐、简惠美译,广西师范大学出版社2007年版,第121页。

② [德]韦伯:《新教伦理与资本主义精神》,于晓、陈维纲译,生活·读书·新知三联书店1992年版,第67页。

③ [德]韦伯:《新教伦理与资本主义精神》,于晓、陈维纲译,生活·读书·新知三联书店1992年版,第67—68页。

其发展中及其特征上又怎样反过来受到整个社会条件,特别是经济条件的影响。一般而言,现代人,即使是带着最好的愿望,也不能切实看到宗教思想所具有的文化意义及其对于民族特征形成的重要性。但是,以对文化和历史所作的片面的唯灵论因果解释来替代同样片面的唯物论解释,当然也不是我的宗旨。每一种解释都有着同等的可能性,但是如果不是做做准备而已,而是作为一次调查探讨所得出的结论,那么,每一种解释都不会揭示历史的真理。"①

可见,韦伯对历史唯物主义的批判只是针对当时流行的教条主义的马克思唯物主义的误解而进行的,不是针对马克思原汁原味的唯物史观。洪镰德曾经撰《从韦伯的方法论谈马克思的唯物史观》一文阐释安托纽的观点,他认为:"韦伯对历史唯物论的批评,是在他对马克思的著作阅读有限的情况下,也是他对当时盛行的、狭窄的和机械性马克思主义的强烈反应下,所作的评论。"②洪镰德认为:"无论是对资本主义的抨击,还是在历史脉络中对社会现象之间的相互关联进行分析,韦伯的研究方式并非与马克思针锋相对,格格不入。刚好相反,这两位横跨 1820 年至 1920 年的,恰好满一百年的德国社会理论家,在实质的研究对象与形式的研究方法两桩事体上,却有上下承续,彼此关照,而形成一脉相传的研究精神。"③

吉林大学的张盾也曾指出过这一点,他运用翔实的资料论证了马克思与韦伯之间思想的渊源和联系,很有说服力。张盾认为,韦伯不仅不反对马克思本原本的历史唯物主义,而且在根本上与马克思相契合,因为韦伯的著作中经常流露出对马克思的推

---

① [德]韦伯:《新教伦理与资本主义精神》,于晓等译,生活·读书·新知三联书店 1992 年版,第 143—144 页。

② 洪镰德:《从韦伯看马克思:现代两大思想家的对垒》,台北扬智文化事业股份有限公司 1999 年版,第 210 页。

③ 洪镰德:《从韦伯看马克思:现代两大思想家的对垒》,台北扬智文化事业股份有限公司 1999 年版,第 152 页。

崇。如韦伯曾指出，历史唯物主义在其原初形式（如《共产党宣言》）中有着朴素的天才成分，它"过去是一种具有创造性成果科学原则，并且只要细心应用，摆脱教条主义的束缚，在未来很长时间内它仍然是这样一种科学原则"。[①] 再如韦伯指出："与自从马克思和罗雪尔（Roscher）以来的社会经济学一样，我们的杂志不仅从事'经济'现象的研究，而且从事'在经济上有重要意义的'和'受经济制约的'现象的研究。这样的对象的范围——它是随着我们当时兴趣的指向而变化的——自然明显地扩及所有文化事件的整体。"[②]

种种迹象表明，韦伯批判的对象不是马克思原创的历史唯物主义观点，而是对历史唯物主义进行了片面理解的"经济决定论"。通过韦伯和马克思的著作我们也可以看出，韦伯与马克思都是既注重物质或经济因素，又注重观念或精神因素，只是二者由于考察问题的角度差异，致使强调的重点不一样，所以虽同样分析资本主义理性社会，却建构了不同的理论体系，在社会理论界各自奠定了自己的重要位置。

而卢卡奇对韦伯的批判主要集中在方法是唯物还是主观主义的问题上，他没有能够深入地剖析韦伯在运用这一方法过程中存在的问题。这个问题的关键在于韦伯运用这一方法所设定的关系模式，原本应该是辩证关系的目的理性与价值理性在韦伯那里变成了一种片面的设定，这是导致韦伯对理性化的发展趋向陷入悲观主义的根本原因。

第三节 对韦伯悲观主义的人性论解读

通过韦伯隐含在其思想中的人性论假设，我们发现恰恰由于

---

① 转引自张盾《马克思当代视域中的韦伯》，载《南京师大学报》2005年第3期。

② ［德］韦伯：《社会科学方法论》，韩水法、莫茜译，中央编译出版社2005年版，第16页。

在现代理性社会中人类本真的完整人性被分裂,人类才产生了许多的不适感,进入一种缺乏安全的境地。韦伯的人性论假设隐含在其社会行动理论中,其思想主要有两点:

首先,人是理性与非理性的结合体,这需要从人的认知能力和生存能力的角度对韦伯社会行动分类进行解读。众所周知,韦伯将社会行动分为目的理性式、价值理性式、情感式和传统式,这样一种分类表明人是既有理性又有感性的存在物,人的行为正是受这些理性或感性因素支配的结果,人是理性与非理性结合体,缺少了其中的任何方面都不是完整的人。韦伯曾指出:"它们论证如果人是非常理性、不被错误或感情因素所影响的话,人类会以何种的方式行动;进一步而言,如果行动是完全且清楚地指向单一目的的话,则会极大化其经济利益。事实上,只有在少数实例中,人们的行动过程才会如此,甚至在这类情况下,实际的行动往往也只是近似于理念型。"[①]这表明韦伯对人的非理性存在状态的肯定。在这里,"理性"是单纯与"情绪"或"情感"等感性概念相对的概念,它指人的认识能力中的较高的层次,具有思维和推理等抽象功能的部分,而感性则是人的认识能力中较低级的层次,它主要是冲动和情绪作用的结果。这样一种对"理性"的理解显然与本书题目中的"理性化"之理性有着显著的区别,我们题目中的"理性化"主要是就社会文化、经济、政治以及法律秩序的科学化、技术化、专业化、体系化等方面而言的。但是这两个理性之间却有着密切的联系,正是人的理性认知能力才会产生科学与技术,而科学与技术的发展则是社会秩序理性化的前提,现代社会面临的问题恰恰就是理性过分张扬的产物。

其次,人具有物质和精神双重追求,这一点是通过韦伯对目的理性式行为与价值理性式行为以及形式理性式与实质理性式的划分得出的。功利目的的追求使社会秩序呈现出形式化的理

---

① [德]韦伯:《社会学的基本概念》,顾忠华译,广西师范大学出版社2005年版,前言第11页。

性特征，价值目标的追求使人类在形式理性化的秩序中呼吁自由和意义。人有物质和功利追求，表明人是物质性存在，它促成人类为了满足自身的物质需求进行经济活动，促进社会的物质文明进步。人又有精神和价值追求，表明人是一种文化性的存在，它不仅促使人思考社会，同时也思考自身存在的意义。韦伯说："任何文化科学的先验前提，不是指我们认为某种或者任何一种一般的'文化'有价值，而是指我们是文化的人类，秉具有意识地对世界采取一种态度和赋予它意义的能力和意志。无论这种意义可能是什么，它都将引导我们在生活中从它出发对人类团体的某些现象做出判断，把它们当作有意义的对待。"[①]人类对文化事件的意义确认和价值判断都表明人的文化存在性，人类不仅为改善自身的物质生存状态而努力，同时也在争取价值和信仰，在追求公平、正义和尊严，只有这两方面都得到体现，人类才会保持自身存在的完整性和统一性。

而现代社会的理性发展趋势恰恰使人失却了应有的完整性和统一性，这就是韦伯所描述的人的行为越来越趋向于理性化，而感性、情绪等非理性因素受到威胁的情景。同时，人类在科学与技术的推动下不断改变着世界和社会，这种改变主要集中在对物质条件的追求越来越重视，而对自身的信仰与价值以及社会的真正公平与正义的实质追求却被渐渐掩盖，这就是韦伯所描述的目的理性与价值理性或者形式理性与实质理性之间的矛盾状态。有了这样的人性论假设，我们就能够具体地理解韦伯关于西方资本主义理性化的发展对人的生存境况产生影响的思想。

资本主义建立和发展之初，入世禁欲主义的新教伦理对于新教徒来说，不仅满足了他们信仰上帝、荣耀上帝的信仰和情感依赖，即上帝是他们心灵和情感的真正栖所和归宿。同时，入世赚取财富过有序、系统的世俗生活对于从传统宗教观念中解放出来

① ［德］韦伯：《社会科学方法论》，韩水法、莫茜译，中央编译出版社2005年版，第31页。

的教徒来说，满足了他们基本物质生活的需要。这样，心灵和情感的满足和世俗生活的满足统一在新教徒的生活中，他们的人格是完整而统一的。而随着理性化程度的逐步加深，一方面，宗教被理性当作迷信和蒙昧驱逐，上帝在日益理性化的世界中渐失立足之地。一种新的现代意识结构逐渐形成，个人在资本主义大机器生产组织中，在形式主义的官僚制以及法律制度中身不由己，而容纳他们心灵的上帝却被赶出了生活。个体很容易就陷入茫然状态，这种茫然使他们体验到感情的无家可归状态，实际上，他们的完整人格遭到了现实生存状态的分裂，它表现在作为理性存在与非理性存在的个体人成为单纯理性的人，非理性情感在技术理性的时代中失去了地位，情感的冲动和爱的存在被理性所驱逐。

人格的这种完整性和统一性也是宗教之所以会在理性社会中逐渐丧失地位的人性论根源，这一点韦伯没有看到，他只看到理性社会对宗教的排斥，却没有想到理性的发展趋势只是宗教退出历史舞台的一个原因。实际上，在对新教伦理的考察过程中，这一点我们已有所提及，质言之，宗教走向衰亡是入世禁欲主义的新教伦理自身发展导致的负面效果，是人性长期被压抑后的爆发，这也是韦伯所忽视的新教伦理的消极后果。原因在于：入世禁欲主义的伦理准则要求人们只考虑上帝而不考虑自己，自己只是上帝在尘世的工具和手段，个人的一切努力都是上帝的意愿，尘世生活的严格苛刻规制对于人自身来说就是一种监禁与束缚。由于个人在尘世获得财富和成绩与否是上帝恩宠的确证性是否得以证实的体现，因而，对个人来说，每天都生活在极大的压力和心理重负之下。因为他们每时每刻都要小心谨慎以免违背上帝的意愿，生存对于教徒而言就是战战兢兢、如履薄冰。韦伯也承认，“人们是自己服从于自己的财产，就像一个顺从的管家，或者说就像一部获利的机器。这种对财产的责任感给人们的生活带来了令人心寒的重负。如果这种禁欲主义的生活态度经得起考验，那么财产越多，为了上帝的荣耀保住这笔财产并竭尽全力增加之的这种责任感就越是沉重”。[①] 可是韦伯由此得出的结论是这样一种对财富的重负有利于资本主义的生产发展，显然，韦伯只是从社会的角度来看这种生存状态，可是却忽略了人自身的生存需要，这样一种生存重负的积压对人来说意味着匆忙、焦虑、恐惧不安。固然，最初，对笃信上帝的人们看来这是他们的责任，是他们为上帝应该做到的，所以这种焦虑不安对他们来说是被遮蔽着的，可是被遮蔽就意味着被去蔽。这种去蔽的过程不是一蹴而就的，它是一个漫长的逐渐绽放的过程，随着时空的转移和变化，人类的本真生存状态一定会浮现出来，而去蔽之后的本真生存状态一定会让人在现实的非本真生存状态中痛苦和哀伤。人性的张扬恰恰与禁欲主义新教伦理背道而驰，这就是为什么在理性化的潮流中，宗教的根会慢慢枯萎的内在根源，也是为什么同样的财富赚取和累积过程却给人带来不同的感觉。在理性化初始阶段，人们能够感到赚取财富的安适，价值理性与目的理性能够浑然统一，而随着理性化进程的逐步推进，这种统一被打破，人们因此会感觉到不适与痛苦。

以上提到目的理性与价值理性应该有机地统一在人身上，它体现了人的物质性存在与文化性存在的统一性，体现在人对物质的外在追求与对文化、价值、意义等的追求的统一，这也是韦伯对人的生存目的的前提预设。在资本主义理性社会建立和发展之初，人认识到自身的价值在于为上帝服务，在于获得上帝的恩宠和救赎，自身追求物质利益的目的不仅荣耀了上帝，同时满足了自己对物质的需求，因此，他会感到满足与幸福。但是随着资本主义理性化的全面发展，目的理性行为与价值理性行为的矛盾日益凸显，在经验领域，这种矛盾直接体现为人的外在追求与内在追求的分裂。宗教一统天下的价值观念崩溃，新的价值观念尚未形成，人们面临的是价值亏空状态，这就使原本统一在个体身上

---

① ［德］韦伯：《新教伦理与资本主义精神》，于晓、陈维纲译，生活·读书·新知三联书店 1992 年版，第 133 页。

的价值理性与目的理性出现了分裂。人们过多地关注对于世俗功利目的的追求，追求金钱和财富的愿望占了上风，上帝在人们心目中的地位逐渐降低，失去上帝信仰的人随波逐流于享乐主义和金钱主义之中，虔诚的价值理性追求变得无所依托。最初那种价值理性与目的理性完整统一的人不复存在，正如韦伯所描述的："这个文化发展的最后阶段：'专家没有灵魂和纵欲者没有心肝；这个废物幻想着它自己已经达到了前所未有的文明程度'。"①

在社会秩序方面，韦伯则通过形式理性与实质理性之间的矛盾来揭示人类生存的困境。对于韦伯来说，制度的设置既应该体现科学、技术、高效、专业以及体系化的一面，又应该体现对价值、信念、伦理、自由以及社会公平与正义一面。可是现代社会过多地追求形式化利益，而削弱了实质利益，这就产生了人与制度之间的矛盾，即人的实质需求与制度形式化之间的矛盾，韦伯认为在这一矛盾中制度的形式化会越来越严重并占据支配地位，而生存于其中的人的生存空间只会越来越狭隘并逐渐处于社会发展的次要地位。总之，对于韦伯来说，无论个体的人，还是整体人类，都因为人性自身的统一性、完整性以及需求的双重性遭到现代理性社会的破坏而陷入生存困境之中。

综观韦伯的著作，我们发现韦伯在将人的行为做了传统型、情感型以及目的理性和价值理性的划分之后，就着重于对目的理性与价值理性行为的分析，而将传统型和情感式行动放诸脑后。在对资本主义目的理性与实质理性的经验性分析中，在对政治类型的分析划分中，又将传统型和情感型这两种非理性行为与价值理性行为混为一谈，从而混淆了理性与非理性之间的界限。因此，韦伯虽然预设了人性之非理性与理性的统一性和完整性，却缺乏更为详尽和深刻的分析。但韦伯对上帝死了之后文化危机和价值危机的描述都表明，人类的生存和发展必须包含文化价值

① [德]韦伯：《新教伦理与资本主义精神》，于晓、陈维纲译，生活·读书·新知三联书店1992年版，第143页。

领域的发展，否则人类的发展就是不完善的、残缺的。韦伯的思想提醒我们在现代社会中注重精神文化领域的建设，要在不断提高人的物质生活水平的同时，丰富和提高人的思想道德素质和精神境界。也正因此，我们要极力促进人性自身的和谐，人性自身的和谐既指理性与非理性因素在人的行为中相对平衡的支配状态，又指人对于自身目的追求与价值追求的协调，它意味着人性的全面发展和完整性存在。

在此基础上促进人与人之间的和谐，这种和谐要求对他人的尊重和理解。它超越民族和国界，是任何个人对其他人的尊重和理解，它意味着人类对于和平的期盼和幸福的期待，对于战争的厌倦和排斥，它意味着和谐地球村的形成。在韦伯的作品中，有许多关于人与人之间关系的描述；有宗教伦理中的博爱、兄弟情谊，也有经济利益中的竞争和合作；有传统的社会关系，也有现代社会中的人际关系。这让我们意识到，在国际经济、文化、政治一体化日益发展的今天，在价值多元化的现代社会中，处理好人与人之间的关系、国与国之间的关系对于个人和国家民族的重要性。我们要本着相互尊重、相互帮助、互惠互利的原则来处理与人与人以及国与国之间的关系，以促进世界的和平与稳定。

在此问题的分析中，我们也发现韦伯的疏忽所在，即韦伯对所谓的情感和习惯等非理性的因素与对价值理性的界定存在着概念模糊的问题。一般而言，宗教信仰是一种人类情绪的归依，属于感性信仰的领域，但是韦伯对于价值理性的界定却与这种感性情绪难以区分，因为在韦伯看来，“价值理性式，是通过有意识的坚信某些特定行为的——伦理的、审美的、宗教的或其他任何形式——自身价值，无关于能否成功，纯由其信仰所决定的行动”。[1]这样一种界定表明宗教信仰是一种价值理性式的行为。这样看来，信仰既是感性情绪的非理性行为，也是一种理性的行

① [德]韦伯：《社会学的基本概念》，顾忠华译，广西师范大学出版社2005年版，第32页。

为。因此，在韦伯那里，理性与非理性之间的界线是较为模糊的，这一切源于韦伯对于“理性”这一概念的多重界定，韦伯有时把理性作为非理性的对立面而使用，大多时候却把理性作为其划分的类型而与其他类型相比较使用，在这种使用过程中，往往忽略了其与非理性之间的界限，因此，在阅读韦伯的著作时，我们总要揣摩韦伯所运用的“理性”概念的当下内涵。

第四节　对韦伯悲观主义的知识论解读

西方理性化趋势之所以如此迅猛地发展并将人类带入现实的生存困境之中，不可忽视的一个因素还在于西方传统的理性哲学充当了基础性和引导性的作用，韦伯清醒地意识到这一点。质言之，它是文艺复兴和启蒙运动中对人的主体性张扬的体现，是近代自然科学技术发展的结果，是主客二分之哲学理论预设的结果，此即哈贝马斯所谓的“意识哲学”。

“在哈贝马斯那里，所谓‘意识哲学’的范式，指的是由笛卡儿开创的，由洛克和康德，特别是康德确立起来的，在黑格尔哲学中达到鼎盛状态的近代主体性哲学。意识哲学坚持主客体二元结构，因不满于前此哲学所主张的非知性化的存在论以及对人的思维能力的漠视而主张一种反映客体并作用于客体的能动主体。意识哲学的核心是认识论或知性的思维方式，它所使用的理性以主体为中心，被简单地理解为一种能够帮助主体有效地控制客体、占有自然的认知工具。意识哲学范式上一种典型的‘通过理性经验的运用，来思考存在或世界的统一性’的思维范式”。[①] 韦伯已经深刻地意识到，这种意识哲学恰是人类在现代社会中面临的生存难题的知识论根源，这对于一个身处于欧洲传统哲学氛围中的人来说实属不易，就此而言，韦伯是清醒而深刻的。

---

① 傅永军：《法兰克福学派的现代性理论》，社会科学文献出版社 2007 年版，第 254—255 页。

韦伯看到随着资本主义理性社会的建立与发展，近代人类的知识观悄悄发生了改变。韦伯从一种哲学史的角度指出，古希腊时期知识或学问的意义是广泛的，它是人通向真实存在的道路，在柏拉图那里，那个走出洞穴、看到真实的太阳的人，就是引领大家走向光明的使者。亚里士多德和苏格拉底对概念意义的确证表明学问的意义在于用概念把握真实的存在——真理。“在苏格拉底的弟子眼前展现的，正是这项强烈的实验。由这些似乎可以得出一个结论：只要发现美、善，或者例如勇气、灵魂，或任何事物的正确概念，就等于把握到这件事物的真实存在。而这种知识，似乎又使人得以知道并教导人在世上应如何正当行事，最主要的，作为城邦的公民应该如何正确行事”，[①]这是希腊时期学问的意义。学问的另一表现就是理性实验的引入，这是随着文艺复兴而被带入学问之意义中的，理性实验和精密仪器的引入使近代人相信学问是通往真实艺术之路和真实自然之路。同时，在中世纪，学问被宗教加以利用，通过学问的严密逻辑的推理以证明上帝或神的存在，学问成为通往神的道路。也就是说，学问自古希腊至近代具有通向真实存在、光明、真理、艺术、自然以及上帝之道路的功能意义。

然而韦伯看到，今天学问的意义已经悄然发生了改变，“但是，时至今日，谁还对学问抱有这样的态度？现在年轻人的想法，刚好与此相反：在他们眼里，学问所作的思想建构，乃是一个由人为的抽离所构成的渺冥世界；这些人为的抽离，伸出瘦骨嶙峋的双手，试图抓住现实生活的元漓之气，却总是惘然”。[②] 韦伯的话表明今天的知识体系对于现代人的现实生活存在意义亏空状态，学问不再是柏拉图《理想国》中通向真理阳光的道路，“然而今天情形又如何？除了几个老儿童——在自然科学界，还真有这种

---

① ［德］韦伯：《学术与政治》，钱永祥等译，广西师范大学出版社2004年版，第171页。

② ［德］韦伯：《学术与政治》，钱永祥等译，广西师范大学出版社2004年版，第170页。

人——谁还相信天文学、生物学、物理学或化学上的知识，能在世界的意义这个问题上，对我们有所启发？谁还相信自然科学能够指点迷津，告诉我们要循哪一条道路才能找到它的踪迹？其实，照这些自然科学的倾向，一旦他们真要涉及这些问题，那么有所谓世界的'意义'存在这个信念，将会被它们从根铲除"。[①] 总之，在今天，学问是通往真实存在之路、真实艺术之路、真实自然之路、真实上帝之路的各种幻想都被打破了。

韦伯认为所有自然科学都是回答一个问题，"如果我们希望在技术层面支配生活，我们应该怎么做。至于我们是否应该以及是否真的希望在技术层面支配生活和这样做有无终极意义，自然科学或是完全略而不提，或者依照它们本身的目标来预设答案"。[②] 韦伯在此指出了科学技术意义的局限性，即它对于价值判断的无奈。韦伯列举了医学上的例子：一个生命垂危的患者及其亲人都认为维持患者的生命只会增加他的痛苦，都愿意结束患者的生命以结束患者的痛苦，可是医生的使命却在于延续患者的生命，这是他们的义务与责任，至于让患者继续活着对其本人及其亲人是否有意义，那不是医学要探明的问题，而是伦理学或价值学要研究的问题。显然，韦伯意识到今天的学问在科学技术意义与价值意义上的分裂，而这样一种意义的分化一方面是理性的技术手段功能过分凸显产生的，另一方面是技术和工具性意义与反思意义分化造成的。

韦伯认为知识或学问的贡献在于：第一，学问让我们得到关于技术的知识，让我们通过计算来支配我们的生活、外在事物以及人的行为；第二，学问能够给我们思想的方法、思考的工具和训

---

① [德]韦伯：《学术与政治》，钱永祥等译，广西师范大学出版社 2004 年版，第 173 页。

② [德]韦伯：《学术与政治》，钱永祥等译，广西师范大学出版社 2004 年版，第 175 页。

练;第三,学问可以使我们获得自我的清明。[1] 学问的前两点意义,指出了学问对于人的工具性意义,即学问是人认知、把握和改造世界的手段与工具,它是文艺复兴和启蒙理性运动中对人的主体性张扬的体现,是将人与世界对立的结果,是主客二分哲学观的集中体现,它也是近代自然科学发展的内在动力,是目的—工具理性日益膨胀的哲学根源。韦伯曾把理知主义看作让人憎恶的魔鬼,“如果我们想和这个魔鬼周旋,我们便不能如今天人们喜为的,在它面前取逃避之途;我们必须通观其行径至终点,方可透见它的力量和限制”。[2] 这表明韦伯已经认识到理性知识自身的局限性,他是理性的反思者和批判者。同时,韦伯又清醒地认识到西方理性主义社会的建构与全面发展给资本主义国家带来的巨大物质财富是任何时代都无法企及的。知识的把握以及技术的利用,为人类解决了许多难题,在生产工具和生产手段方面的技术运用,使人类达到了许多以前难以达到的目的,人的物质生活变得富足,人的许多愿望得到实现。韦伯清楚地看到了这一点,这恰是学问的工具性贡献的体现,同时,韦伯也看到知识理性自身的局限,即理性的工具性或技术性的滥用。理性知识学问一度使人相信自己可以支配自然和万物,可以主宰外物,只要自己愿意就可以为所欲为,它变相地成了人类毁灭自己的工具,它导致了人与人之间的关系因利益而疏远,人与自然的关系因为人类的恣意妄为而背离了和谐,人的自由和幸福变得遥不可及。也正是在这里,韦伯揭示了西方理性主义社会建立以来,人类面临的自身人格的分裂、目的理性和价值理性的分裂或者形式理性和实质理性之间的分裂。它成为人类在现代社会中陷入生存困境的理论根源和哲学基础,也正因此,韦伯才会为理性知识的这种继续延续和无法阻挡的意义趋势深感忧虑。

---

① [德]韦伯:《学术与政治》,钱永祥等译,广西师范大学出版社 2004 年版,第 183 页。

② [德]韦伯:《学术与政治》,钱永祥等译,广西师范大学出版社 2004 年版,第 185 页。

同时韦伯也意识到知识的第三种意义是其终极意义,也是经常被我们忽视而又最值得我们现代人反思的意义。这种意义在于“对自己的行为的终极意义提供一套交待”,[①]这种交待是个人对其生命和生存意义的交待,是人类对自身行为的反思和反省。这表明,西方的理性知识在发展的过程中遭受了自身意义的分裂,即由古希腊时期知识完整意义的浑然一体到近代的前两种意义凸显,第三种意义却渐趋消弭,出现了知识对技术知识、思维工具的提供功能与促人反省功能的分化。西方理性社会的建立,就是知识的技术力量和工具力量得到普遍重视的结果,但是西方理性主义的迅速和全面发展带来的生存困境已经使韦伯意识到对知识统一性意义的割裂已经给人类带来了灾难和危机,它最显著的结果就是人类高扬主体性意识,遵从于主客二分的分裂哲学来指导自身的行为,不仅致使自身面临精神危机,而且注定了人与自然和世界的敌对与割裂。

韦伯所描述的知识的意义在近代社会的分化恰是哈贝马斯所谓的意识哲学凸显的过程,韦伯看到知识意义分化的结果,可是自己也没能够摆脱掉这种哲学的影响,他的理想类型的建构方法以及与对资本主义理性社会的分析又将其自身带入了一种主客对立的意识哲学框架之中。陆自荣、李向平在对哈贝马斯与韦伯的合理化理论进行比较时指出,哲学基础是韦伯与哈贝马斯的合理化理论的区别之一,韦伯合理化理论的哲学基础在于近代欧洲哲学中的主要表现形态即意识哲学,从笛卡儿的“我思故我在”到黑格尔的“绝对精神”就是这种意识哲学的典型代表,意识哲学强调主体和主体性以及主、客对立的理性。他们认为德国意识哲学自康德以来向两个方向发展:一方是以黑格尔为代表坚持历史发展的客观性和普遍法则及规律性;另一方是以宣称上帝和启蒙理性已死的尼采为代表的虚无主义,否定历史的客观性和普遍规

① [德]韦伯:《学术与政治》,钱永祥等译,广西师范大学出版社2004年版,第184页。

律性。他们把韦伯看作新康德主义者，是 20 世纪初意识哲学的代表，认为韦伯的合理化理论就是为了克服意识哲学在现代的两极对立危机的。一方面韦伯坚持历史发展的客观性和普遍规律性，一方面他又认为现代社会是“诸神斗争”的社会，必须坚持多样性原则。在韦伯看来，近代资本主义的产生就是宗教—形而上学文化普遍法则发挥主要作用的结果，所以近代资本主义的合理化首先是文化和伦理的普遍合理化。这种普遍合理化促进了资本主义生产的运行和发展，增强了人类战胜自然和征服世界的信心和勇气。另一方面，普遍法则和规律性在促进人类向制度化和法理化发展的同时却忽略了各个价值领域的独立性与多样性以及个体人格的自由，这就是普遍法则性在近代受到重创和崩溃的原因，因为它不能够兼顾统一性与多样性。由此，陆自荣、李向平认为，“韦伯看到了意识哲学在现代的两极对立，他想克服这种两极对立的局面，但他解决问题的出发点还是意识哲学的。他的合理性概念是行动意义分析的一项结果。他的目的合理性指向单个的行动主体，其哲学基础是主客二元对立的意识哲学、主体性哲学”。[①]

韦伯的思想最终将我们指引到这样一个问题上来，即如何对待知识，从而处理好人类与知识之间的关系问题，在现代社会中，我们认为只有在生存论层面上才能将人类与知识应然的状态表达出来。

知识在一定意义上可以看作艺术层面和技术层面的完美统一，因而艺术的生存和技术的生存应该合二为一。早在古希腊时期，苏格拉底就提出“知识即美德”的至理名言，那时，知识确如韦伯所看到的具有对人类行为的伦理导向功能。而知识的逻辑推理作用以及自然科学的实验功效也随着启蒙运动而进入知识的意蕴之中，这就是知识的工具性和技术性意义的彰显。西方知识

---

① 陆自荣、李向平：《哈贝马斯与韦伯合理化理论之比较》，载《中国青年政治学院学报》2004 年第 2 期。

的内涵通过哲学这一特殊的表达形式被体现出来，知识即哲学，哲学是人类智慧的象征，这是知识的本真状态，它包含伦理价值的层面，也包含技术层面的内涵。哲学的这两个层面内涵在亚里士多德的思想中得到最好的体现，亚里士多德的哲学既包含了作为自然科学的物理学知识，又包含了作为伦理学知识的实践科学，集自然物的本性或运动变化的原因和规则探求与伦理层面上善与幸福等问题的探究于一身，成为后来的西方哲学家研究问题的源头。假如哲学或知识能够坚守古希腊哲学的统一性原则，人类的幸福和自由或许能够“自然而然”。

可是，哲学却在随后的发展历程中被分割和撕裂，各种思想流派纷纷从哲学的统一性内涵中汲取一端而不及其余，并叫嚣这就是哲学。一部分人走向了纯粹的形而上学，一部分人沦落为形而下的奴仆，哲学从一种统一的状态被四分五裂，哲学统一性的意义丧失。随着近代自然科学在历史发展进程中扮演的角色越来越重要，一种技术层面的哲学意识迅速崛起并在近代乃至现代充当起了哲学的代名词，而与技术密切相关的理性这一概念也被日益凸显出来，理性或技术或技术理性成了现代社会历史舞台上的主角。康德哲学之后，技术理性代替了理性甚至哲学而大行其道，道德层面的实践理性处于一种边缘的状态。

韦伯及其后的西方社会理论者在这种哲学的运思之下建构了自己的理论体系，他们的思想介于哲学与社会学之间，这也使他们的身份处于一种尴尬的境地，究竟他们是哲学家，还是社会学家？他们的理论体系是一种分裂哲学背景下的产物，而其思想体系的纷纷建构也使他们成为哲学进一步分裂的推动者。韦伯设定了一个理性化的困境命题，之后的西方许多思想流派都在为韦伯的难题而孜孜不倦地寻求解决之道，各种流派在思想舞台上尝试一把之后，纷纷退场，新的尝试又纷纷而来，看似热闹的思想界恰恰显示了哲学在现代社会中的单调和无奈。我们预言在此后很长时期内，这都将是西方哲学界的主要内容，又由于理性化思想的普遍意义，它在许多正在进行现代化建设的过渡中弥漫开来，形成一股迅速蔓延的现代性思潮，它甚至也成为文学、政治学等各种独立的现代学科的中心问题。但是几乎所有的现有研究成果都止步于一种生存困境之中，包括科学自身在内的任何学科都无法获得一种超越，甚至没有一种理论能超越韦伯。韦伯为现代化设置了一个铁笼子，于是，许多人便在这铁笼子里四处乱撞，哲学也便被束缚在这铁笼子里狭隘地转圈子。

诚然，把知识作为一种技术支配工具和运思手段是现代社会无法逆转的潮流，这是我们难以克服的。因为，第一，今天的人类已经习惯了对自身主体性张扬的优越感，习惯了支配权力的理所当然的运用，就像吸了大麻的人，明知有害却欲罢不能；第二，只有把知识转化为技术运用，我们才能不断改善我们的生存境况，才能不断奋斗在通向真正幸福和自由的道路上，这种理念也不会在短期内改变。而这两条统一在一起就是哈贝马斯所谓的“意识哲学”无法在现代社会中消失的原因，它使任何想替代它的哲学难以在现代社会立足，难以逃脱它的影响而独立出来。上面我们曾指出，任何企图逆转这种理性化潮流的现实措施都是困难的，甚至是不可能的，包括哈贝马斯交往范式的确立也不过是一种乌托邦式的幻想，那么置身其中的我们究竟能够干什么？定然，我们很难超越韦伯，也不能为现代社会摆脱困境指出一条康庄大道，可是我们至少要明白哲学的根本性质，假如不能够恢复哲学的固有统一性意蕴，我们的任何努力都是一种幻想。

在这一点上，韦伯甚至比我们思考得更深，他至少指明了知识应有的生存论意义，即知识或哲学在现代社会中被忽视的反思性意蕴，于是，对于知识的生存论重建将成为现代哲学应有的命题。尽管它不可能迅速替代意识哲学在现代哲学中的地位，但是这需要我们不断的努力，也许经过一个漫长的冬夜，在一个晴朗的早晨，我们发现它已经长大并具备了与意识哲学相抗衡的力量，而它将对于人类如何在现代社会中更好地生存具有指导性意义，那么我们究竟应该如何从一种生存论层面上对待知识呢？

知识不是僵死的，知识是有生命的，因为它记载着人类生存的痕迹，知识的展开就是人类生存状态的展开，知识的绽放就是人类生命的绽放，因此，知识就是人类的生存。人类企图利用和控制知识的任何想法都无异于对自身的利用和控制，这就是为什么人类在利用技术知识改造世界的过程中，却发现自身却被技术控制于其中的缘故，这种局面就是韦伯笔下以及许多技术理性批判者笔下的异化的世界。人类不曾想到自己在痛心疾首的同时，知识也在哀叹自身的四分五裂状态，人类企图唤醒知识的道德良知，却不曾想到知识正在呼唤人类的良知，知识和人类始终站在同一立场上，它与人类同呼吸、共命运。

知识的统一完美状态就是人类的自由幸福状态，因为知识的统一性存在就是人性的统一性生存。邹诗鹏曾言："人的存在既是物性的存在，也是精神性的存在，而人作为存在物的特点恰恰在于通过精神性的存在去超越物性的存在，因而，要确立起人作为生存者的自我理解，必然要求在纯粹精神现象的层面确立起一种自在根据，这不过是确立形而上学的根据。"[①]人性自身是一种形而上与形而下的结合，这一点与知识对于艺术层面和技术层面的本真状态是一致的，因此，人性的分裂状态就是知识的分裂状态。韦伯笔下目的理性与价值理性的分裂，就是人性中物质性与精神性的分裂，就是知识中技术层面与艺术层面意蕴的分裂，而近代乃至现代哲学的内容已经传达了这种知识的分裂和人性的分裂。

面对这样一个分裂的生存状态，人类的任何恐慌都是不必要和无用的。正如韦伯面对目的理性与价值理性的分裂，或者形式理性与实质理性的分裂而表现出来的悲观主义是没有必要的，它除了能够警醒部分人以外，在实际效果上不起任何作用。因为，一方面，任何事物的发展都不可能总是停留在一种本真的状态下，包括人类和知识的发展，事物有其自身调试的系统，当然这种调试功能自身的力量有其自身的限度，当两种分裂的力量达到某

① 邹诗鹏：《论人学的生存论基础》，载《江海学刊》1999年第4期。

种程度，从而超越了它调试的张力时，这种调试系统的作用便微乎其微了。正如我们在对目的理性与价值理性的辩证关系说明时的比喻，人的两条腿在走路时，势必要交替向前迈进，而一旦两条腿之间的距离超过了两条腿长度的总和，人就没法走路了一样。不过，这种状态很少能够发生，人们总是会自然地迈开腿，其距离不会超过自身承受的张力，当然这并不意味着我们只要顺其自然地等待这种分裂的发展就可以了，我们首先必须建构一种新的知识观念，转变现代人的生存观念和生存方式。另一方面，知识与人性在现代社会中的分裂状态，远没有达到我们难以承受的地步，因而我们也不必视之为洪水猛兽而产生恐惧。

知识与人性终究要在生存论层面上汇合，它不是纯粹形而上的体系建构，而是兼顾形而上与形而下的融合，知识与人性在世界中融合在一起，世界是知识和人性绽放的家园。人类不是高于知识的另类，不是主人，而知识也不是为人类服务的工具，知识和人类都是世界中独立的存在，但是知识与人类却因生存而交织在一起，知识因人类而展现自己的存在，人类也因知识而展开自己的生存状态。知识通向艺术、通向自在、通向自然，人类通向艺术、通向自由、通向自然，知识与人类共在世界之中，共在自然而然之中，也许，这种生存理念的确立是人类获得真正自由和幸福的首要前提。

第七章　对韦伯与曼海姆[①]理性化思想的比较

在对韦伯理性化思想的解读过程中，我们发现韦伯的理性化思想与另一位德国社会学家曼海姆的理性化思想有许多值得比较的地方。比如，他们都使用一些相同的理性概念，但这些概念的内涵却不尽相同，甚至对同一概念却有截然不同的理解和运用，因此，我们专设一章内容对二者的理性化思想进行比较，以期有助于更全面地理解韦伯的理性化思想。

我们主要从三个方面对韦伯与曼海姆的理性化思想进行比较：1. 话语基础及概念内涵的划分，韦伯的话语基础是社会行动理论，而曼海姆则兼顾思维和行为两个领域；2. 理性概念划分的意义，二者都通过理性概念的划分来分析资本主义社会存在的问题，但具体分析又有所不同；3. 理性社会未来发展前景的预期，韦伯悲观地认为理性化矛盾会愈演愈烈，而曼海姆则乐观地认为社

---

① 曼海姆，Mannheim，Karl(1893～1947)，德国社会学家，是知识社会学的创始人和主要代表人物之一。

会的整合功能会有效地克服一定限度的理性与非理性之间的矛盾。

第一节 话语基础及概念内涵划分的比较

韦伯与曼海姆从不同的话语基础出发对理性概念做出了划分，韦伯的话语基础是社会行动理论，而曼海姆则兼顾思维和行为两个领域。

韦伯始终以人类行为领域为视角展开对理性问题的分析，他根据行动者的主观取向将社会行动分为目的理性式、价值理性式、情感式和传统式四种类型。“目的理性式，是指通过对周围环境和他人客体行为的期待所决定的行动，这种期待被当作达到行动者本人所追求的和经过理性计算的目的‘条件’和‘手段’”。[①]它成立的条件，是行动者将其行动指向目的手段和附带结果，同时他会去衡量手段对于目的以及目的对于附带结果的影响，最后也会考虑各种可能目的之间的关系。“价值理性式，是通过有意识的坚信某些特定行为的——伦理的、审美的、宗教的或其他任何形式——自身价值，无关于能否成功，纯由其信仰所决定的行动”。[②]无论目的理性还是价值理性，韦伯都是就人类的行为特征而言的，以至于韦伯在社会领域中对“形式理性”与“实质理性”的划分同样针对的是人类的社会行为，韦伯正是利用这两对概念来描述资本主义社会的特征以及人类在资本主义社会中的行为生存方式。

而曼海姆分析理性问题的出发点还包括人类的思维领域，他把理性与非理性都作了“实质的”与“功能的”的划分。他认为：“明智地洞彻诸事件在给定情境中的相互关系的思维活动，理解

① [德]韦伯:《社会学的基本概念》，顾忠华译，广西师范大学出版社2005年版，第31—32页。

② [德]韦伯:《社会学的基本概念》，顾忠华译，广西师范大学出版社2005年版，第32页。

为实质理性的,因此,明智的思维活动本身将被说成是'实质理性的',而其他一切或是虚假或完全不是思维活动的东西将被称为'实质非理性的'。"①同时曼海姆又指出,假如"一系列行动以如此的方式被组织起来,以致它能够导致既定的目标,而在这一系列行动中每个要素又都获得了一个功能的位置和角色"。② 这可视为功能的理性,在这里曼海姆又提到了人类的行为领域,显然,曼海姆的划分领域比韦伯要全面。

在概念内涵的划分上,就实质理性概念而言,韦伯认为实质理性意味着"光是考察纯粹形式上的明确无误的事实——目的理性的、在技术上最为适切的方法,的确已被计算在内——是不够的,另外还得设定诸如伦理的、功利主义的、快乐主义的、身份的、平等主义的和其他不管怎样的一种要求,并且借此来衡量经济行动的结果是否为价值理性的或实质目的理性的";③韦伯又指出所谓实质理性是指"一定的群体,通过经济取向的社会行动所进行的各种财货供给总是从某种价值判准的观点出发,且受此一判准检验"。④ 可见,实质理性行为不仅关注行为本身物质利益,同时注重考虑行为的价值追求,这与曼海姆之实质理性乃一明智的思维活动不同,韦伯是就行为而言的,曼海姆是就思维活动而言的,韦伯强调行为者对自身行为的价值和信念,曼海姆则强调思维活动的明智性。韦伯并不认为实质理性就是明智的,他总是坚持一种相对主义的观点,一种行为从一个角度来看是明智的、理性的,而从另一种角度来看可能是非明智和理性的,因此,韦伯指出理性概念的主观性,而曼海姆则强调一种客观性,在这一点上,韦伯

① [德]曼海姆:《重建时代的人与社会:现代社会结构的研究》,张旅平译,生活·读书·新知三联书店2002年版,第43页。

② [德]曼海姆:《重建时代的人与社会:现代社会结构的研究》,张旅平译,生活·读书·新知三联书店2002年版,第43页。

③ [德]韦伯:《经济行动和社会团体》,康乐、简惠美译,广西师范大学出版社2004年版,第36—37页。

④ [德]韦伯:《经济行动和社会团体》,康乐、简惠美译,广西师范大学出版社2004年版,第36页。

比曼海姆辩证得多。

就形式理性概念而言，韦伯认为形式理性是指经济行动中，不仅技术上可能且实际上真正运用的计算程度，“一项经济行动之所以是形式理性的，在于其能够以计量的、可计算的权衡思虑，表现出任何理性经济固有的事前准备，并且实际上如此表现出来的程度”。[①] 韦伯的形式理性强调行为的技术性和计算性。而在曼海姆看来，一系列行动在功能上是否具有理性，取决于两个标准：其一，与一定目标相关的功能的组织；其二，从观察者或试图使自己适应于该目标的第三者的立场来看时，后果的可预测性。[②] 相对而言，那么，每一件摧毁或破坏一种协调的功能安排的行为就是非理性的，可见曼海姆的功能理性强调一种协调的组织安排，有一定的目的性和秩序性，这显然与韦伯的形式理性在本质上是相通的。

第二节 理性概念划分意义的比较

韦伯和曼海姆都通过理性概念的划分来分析资本主义社会存在的问题，但具体分析又有所差异。韦伯对形式理性与实质理性的区分使得他对资本主义理性社会的经验性分析有了理论的依托，“Brubaker 认为对形式与实质理性的区分，是韦伯基本的社会思想，连结起韦伯对当代社会之经验分析与道德关怀，并有[方法论]及[实质上]的显著意义。所谓方法论上之意义是指，合理性概念在西方社会秩序之纯粹分析地位，使得韦伯更能强调价值中立（注：价值中立是韦伯的重要社会学方法论之一，它强调要将价值判断从社会科学中剔除出去，分清价值领域与事实领域的界线）的看法。至于实质上的意义有两方面：一方面是指，在形式理

① [德]韦伯：《经济行动和社会团体》，康乐、简惠美译，广西师范大学出版社 2004 年版，第 36 页。

② [德]曼海姆：《重建时代的人与社会：现代社会结构的研究》，张旅平译，生活·读书·新知三联书店 2002 年版，第 43—44 页。

性下，一种现代西方社会秩序［特殊而独特］之合理性乃是：社会秩序合理化——最大程度之可计算性——之目的，经常不是一个真正的目的，而只不过是，对目标之目的性的追求活动，没有任何帮助的普遍化方法而已；另一方面更重要，形式与实质理性的区分，可作为探讨现代社会经济秩序特定之内在紧张（尤其是资本经济之形式理性与从平等主义、友爱而来之实质不合理性之间的紧张）的一个跳板”。[①] 陈介玄在 Brubaker 的评价基础上，从四个方面概括了韦伯区分形式理性与实质理性的意义：1. 形式与实质理性的区分，使得社会实体的分析成为可能；2. 形式与实质理性的区分，是一个［距离的透视］，开启了［反身自省］的可能性；3. 形式与实质理性的区分，预设了批判的可能性；4. 形式与实质理性的区分，指明了西方自主与自由的理想与责任。“韦伯在这个论述命题，已暗中透显出，其中基本的人文关怀是它形成概念指控的动力，而这个关怀无非是人的自主与自由。在此，形式与实质理性的区分完成了人对自由与自主的醒觉”，[②]陈介玄的概括无疑是全面而深刻的。韦伯恰恰通过这两个概念的划分来打通了社会秩序与人的自由之间的界限，并为对现代社会中的理性批判设置了话语系统，为人类深思自身的生存境况找到了突破口。“韦伯这两个概念的区分，不但昭显了文明的形态，也点明了它的限制”，[③]这种限制就在于形式理性与实质理性之间有可能永远也消除不了的矛盾，或者就是在现代文明社会中，形式理性对实质理性永无休止地剥夺与侵蚀。

曼海姆也用“理性”概念的划分来分析现代社会的结构，但他以理性与非理性之间的失衡来描述理性资本主义社会的特点，并

---

① 张维安、翟本瑞、陈介玄：《韦伯论西方社会的合理化》，台北巨流图书公司 1989 年版，第 247—248 页。

② 张维安、翟本瑞、陈介玄：《韦伯论西方社会的合理化》，台北巨流图书公司 1989 年版，第 251—252 页。

③ 张维安、翟本瑞、陈介玄：《韦伯论西方社会的合理化》，台北巨流图书公司 1989 年版，第 251—252 页。

在此基础上追溯其产生的社会根源和文化危机。他认为在当代社会,个人不得不越来越多地实施功能理性的行为,这一点与韦伯所认为的现代社会中形式理性不断膨胀的情形相似。在这里,曼海姆引入了"自我理性化"概念,他把自我理性化理解为"个人对其冲动的系统控制——一种总是成为所采取的第一个步骤的控制,假如一个人想要计划其生活,以便每一个行动都受原则的指导并被导向他所期待的目标的话"。[①] 这一点与韦伯所描述的新教徒所践行的那种有节制的、有计划的、系统的生活无异。差别在于韦伯强调行动本身的特点,而曼海姆更注重行动之前的思想控制。在曼海姆看来,"客观活动的功能理性化最终引起了自我理性化。但是正如我们迄今为止所遇到的那样,自我理性化并没有体现行动主体理性化的最根本形式。与纯粹自我理性化不同,反思和自我观察才是其更为根本的形式"。[②] 曼海姆的意思是功能理性化虽然引起了自我理性化,但却没有引起自我理性化根本的反思和自我观察形式的产生。进而曼海姆非常肯定地指出:"诚然,日益的工业化暗示着功能的合理性,亦即根据客观的目标组织社会成员的活动。这并没有在同一程度上促进'实质合理性',也就是依据某人自己对事件的相互关系的洞察在给定的情境中明智地行动的能力。无论谁预言社会的进一步工业化会提高平均的独立判断能力,都将从近几年的事变中认识到他的错误。危机和革命的猛烈振荡,暴露了一种迄今为止一直在地下运行的趋向,即功能的合理化对理性批判能力的麻痹作用。"[③]而理性批判能力对于曼海姆来说就是实质合理性的体现。质言之,曼海姆认为日益功能理性化的社会没有增加实质合理性,这一点与

---

① [德]曼海姆:《重建时代的人与社会:现代社会结构的研究》,张旅平译,生活·读书·新知三联书店2002年版,第45页。

② [德]曼海姆:《重建时代的人与社会:现代社会结构的研究》,张旅平译,生活·读书·新知三联书店2002年版,第46页。

③ [德]曼海姆:《重建时代的人与社会:现代社会结构的研究》,张旅平译,生活·读书·新知三联书店2002年版,第47页。

韦伯不谋而合。

曼海姆的结论是“就其纯粹的性质而言，功能合理化必定使普通的个人丧失思想、洞察力和责任心，以及必定把这些能力转让给指导理性化进程的人”，[①]不过在这一点上，即社会的功能理性化导致人的某方面能力的丧失，曼海姆的观点与韦伯在对政治制度的形式理性化，即典型的法制型的官僚制度对人的自由创造力及主观能动性等空间的挤压有些相似之处。但即便在这一点上，韦伯的实质理性价值取向在于社会对人的自由的保护，即他认为形式理性化的现代社会应该使人的自由得到更好的保障和提高，但事实恰恰相反。曼海姆的关注点在于人的理性独立判断能力，而不涉及价值取向问题。当然这样一种境况的出现也只存在于一部分人身上，功能理性化的社会同样成就了一部分精英人物，这些精英的出现给了维护社会整体实质理性空间的希望，同时在精英与大众之间划出了明确的界限。曼海姆意识到了这一点，这表明他还是看到了功能合理性对于不同的社会阶层中的人产生不同的结果，即功能合理性对于实质合理性的影响的两面性，在这点上，曼海姆的观点比韦伯更全面。

第三节　对理性社会发展前景预期的比较

在对理性社会未来发展前景方面，韦伯悲观地认为理性化导致的矛盾会愈演愈烈，而曼海姆则乐观地认为社会的整合功能会有效地克服一定限度的非理性。

韦伯通过对理性社会经济、政治、文化以及法律领域的现代性分析，以及目的理性与价值理性和形式理性与实质理性间关系考察，认为理性化最终为自己打制了一个铁的牢笼，导致了现代社会的“意义丧失”和“自由丧失”的恶果，质言之，理性化最终导

① [德]曼海姆:《重建时代的人与社会:现代社会结构的研究》,张旅平译,生活·读书·新知三联书店2002年版,第48页。

致了非理性化，由此走向自身的悖论。对于韦伯来说，这种境况会愈演愈烈，难以克服，这就是韦伯对未来社会发展的悲观预测，正如顾忠华对韦伯的评价："现代生活的意义在解除魔咒、彻底理性化的世界中，已无法再度将自己的命运委诸'全能的上帝'，韦伯所作的诊断提醒了现代人去思索、找寻心灵的归宿，他这份信息与其说是带着怀疑的论调，倒不如说有更多的'悲剧情怀'，声声振人心弦。"[①]这种悲观预测体现在文化、经济、政治和法律各个方面，同时又体现在人的自由与制度之间的矛盾层面。在文化上，韦伯认为宗教作为统一的文化价值的局面被打破，人类将永远面对多元价值之间永无休止的争斗；在经济上，韦伯悲观地认为，"这种经济秩序现在却深受机器生产的技术和经济条件的制约。今天这些条件正以不可抗拒的力量决定着降生于这一机制之中的每一个人的生活，而且不仅仅是那些直接参与经济获利的人的生活。也许这种决定性作用会一直持续到人类烧光最后一吨煤的时刻"；[②]在政治上，韦伯认为"官僚制发展愈是完美，就愈'非人性化'，换言之，亦即更成功地从职务处理中排除爱、憎等等一切纯个人的感情因素，以及无法计算的，非理性的感情因素"，[③]官僚职员成为"不断运转的机构中的小齿轮，遵照指示循一条固定的道路前进；他被赋予特定的职责，然而此一机构的运转与否，通常皆取决于最高首脑，而与其无关"；[④]而法律的形式理性化"可能吞噬任何个人自由的空间，所谓的个人自由完全被笼罩在国家巨细靡遗的法律世界中"。[⑤] 韦伯悲观地认为这种理性化的

---

① 顾忠华：《韦伯学说》，广西师范大学出版社 2004 年版，第 56 页。

② [德]韦伯：《新教伦理与资本主义精神》，于晓、陈维纲译，生活·读书·新知三联书店 1992 年版，第 142 页。

③ [德]韦伯：《支配社会学》，康乐、简惠美译，广西师范大学出版社 2004 年版，第 46—47 页。

④ [德]韦伯：《支配社会学》，康乐、简惠美译，广西师范大学出版社 2004 年版，第 65—66 页。

⑤ 苏国勋、刘小枫等：《韦伯：法律与价值》，上海人民出版社 2001 年版，第 162 页。

趋势即使在未来的社会主义中也无法改变，"此种根本的、毕竟无以摆脱的经济非理性，乃是一切'社会'问题，尤其是一切'社会主义'问题的根源"；[①]"事实上，社会主义比资本主义可能需要更高理性程度的形式官僚化。如果在社会主义下，没有官僚化的制度，那么这将暴露出另一个根本的非理性因素——即社会学经常遇到的，形式理性和实质理性的冲突"。[②] 总之，对于韦伯来说，理性化导致的非理性的局面会一直延续下去，它会超越社会制度本身而根深蒂固，因为现代社会的发展离不开理性化，而理性化自身的矛盾也无法得以克服。

曼海姆意识到韦伯的价值，但他不同意韦伯的悲观论调，"马克斯·韦伯已经认识到许多这类二律背反现象，但显然他不可能预见到最近源于这种二律背反的危机。然而，认为这一过程必定无条件地和无论如何都导致它在今天如此经常造成灾难，则是不正确的"。[③] 曼海姆主要在两点上反对韦伯的观点：首先，曼海姆认为心醉神迷和非理性的产生并不是现代社会的必然，实际上在这一点上，曼海姆存在对韦伯的非理性的内涵的误解。因为，在韦伯那里，理性与非理性都具有相对性，一种行为在这种情况下可能是非理性的，但在另一种情况下可能就是理性的，如心醉神迷就可能如此，而曼海姆只把非明智的思维以及破坏一种有计划的目标的行为视为是非理性的。在曼海姆看来，"只要社会在整体上保持其旧有而整合完好的形式，它展现的就绝非是混乱的大众反应的症状"。[④] 有效的社会法则会将非理性的冲动行为加以协调和利用，自由的非理性情绪会被很好地抑制和控制，而根据

---

① [德]韦伯：《经济行动和社会团体》，康乐、简惠美译，广西师范大学出版社2004年版，第69页。

② [德]韦伯：《经济与历史；支配的类型》，康乐、吴乃德等译，广西师范大学出版社2004年版，第320页。

③ [德]曼海姆：《重建时代的人与社会：现代社会结构的研究》，张旅平译，生活·读书·新知三联书店2002年版，第49—50页。

④ [德]曼海姆：《重建时代的人与社会：现代社会结构的研究》，张旅平译，生活·读书·新知三联书店2002年版，第50页。

韦伯的观点，当今社会，形式的理性得到迅速发展，而必然导致实质的非理性，这是现代社会面临的两难选择，韦伯对于这种理性的分裂非常的忧虑，尤其是实质理性的逐渐被理性的挤压而成为非理性。但是曼海姆大胆地指出，非理性并不是总是有害的，“相反，当它作为一股有助于理性的和客观的目标的驱力而起作用时，或当它通过升华而创造文化价值时，或当它作为纯粹的激情提高了生活的乐趣而没有因缺乏计划破坏社会秩序时，它是人类拥有的最有价值的力量之一”。[①] 当然，曼海姆也并不认为非理性对于社会总是有益的，当社会无法创造出宣泄非理性冲动的渠道和方式，尤其在一个大众占支配地位的社会中，没有被整合进社会结构的非理性因素强行闯入政治生活时，它就成为非常危险的因素。况且现代社会并没有达到完全形式理性化的状态，政治上的非理性常常以暴力的形式得以克服，但那些没有被整合进社会结构的非理性同样存在潜在的危险。所以现代社会机制必须具有协调人性中理性与非理性因素的功能，这就是曼海姆的观点。而韦伯认为形式理性化对人的自由的挤压无法改变，而且会一直延续下去，因此人类将一直生活在这种双重的矛盾中，要么牺牲理性，要么牺牲自由，二者不能兼得。事实上，韦伯已经去世近一个世纪了，而这种矛盾并没有发展到不可收拾的地步，原因就在于曼海姆所看到的，社会机制的协调功能。在这点上，曼海姆比韦伯乐观得多。总之，韦伯和曼海姆的理性化思想及有许多相似的地方，又有许多差异，但不管怎样，韦伯和曼海姆作为理性社会的诊断者，他们都深刻地指出了人类在现代化进程中不可回避的问题和矛盾，而这些问题和矛盾直到今天仍然需要我们不断深思。

---

① ［德］曼海姆：《重建时代的人与社会：现代社会结构的研究》，张旅平译，生活·读书·新知三联书店2002年版，第51页。

参考文献

中文部分

[德]施路赫特:《理性化与官僚化——对韦伯之研究与诠释》,顾忠华译,广西师范大学出版社 2004 年版。

[日]金子荣一:《韦伯的比较社会学》,李永炽译,水牛出版社 1986 年版。

苏国勋、刘小枫:《韦伯:法律与价值》,上海人民出版社 2001 年版。

苏国勋:《理性化及其限制——韦伯思想引论》,上海人民出版社 1988 年版。

[英]D. 麦克雷:《韦伯》,孙乃修译,中国社会科学出版社 1989 年版。

[法]雷蒙·阿隆:《社会学主要思潮》,葛智强等译,华夏出版社 2000 年版。

刘放桐:《新编现代西方哲学》,人民出版社 2000 年版。

[美]莱因哈特·本迪克斯:《马克斯·韦伯思想肖像》,刘北成、刘援、吴必康、刘新成译,刘北成校,顾忠华审,上海人民出版社 2002 年版。

汪行福:《走出时代的困境——哈贝马斯对现代性的反思》,上海社会科学院出版社2000年版。

张维安、翟本瑞、陈介玄:《韦伯论西方社会的合理化》,台北巨流图书公司1989年版。

[德]韦伯:《中国的宗教;宗教与世界》,康乐、简惠美译,广西师范大学出版社2004年版。

[德]韦伯:《社会科学方法论》,韩水法译,中央编译出版社2005年版。

顾忠华:《韦伯学说》,广西师范大学出版社2004年版。

[德]韦伯:《学术与政治》,冯克利译,生活·读书·新知三联书店2005年版。

[英]比瑟姆:《马克斯·韦伯与现代政治理论》,徐鸿宾等译,浙江人民出版社1989年版。

傅永军:《法兰克福学派的现代性理论》,社会科学文献出版社2007年版。

[美]帕森斯:《现代社会的结构与过程》,梁向阳译,光明日报出版社1988年版。

[德]韦伯:《社会学的基本概念》,顾忠华译,广西师范大学出版社2005年版。

[德]玛丽安妮·韦伯:《马克斯·韦伯传》,阎克文、王利平等译,江苏人民出版社2002年版。

[德]韦伯:《经济与历史;支配的类型》,康乐等译,广西师范大学出版社2004年版。

[德]韦伯:《宗教社会学》,康乐、简惠美译,广西师范大学出版社2005年版。

[德]尤尔根·哈贝马斯:《交往行为理论》(第一卷),曹卫东译,上海人民出版社2004年版。

[德]韦伯:《经济行动和社会团体》,康乐、简惠美译,广西师范大学出版社2004年版。

[德]马克斯·维贝尔:《世界经济通史》,姚曾廙译,上海译文

出版社 1981 年版。

韩水法:《韦伯》,台北东大图书股份有限公司 1998 年版。

[德]韦伯:《新教伦理与资本主义精神》,黄晓京、彭强译,四川人民出版社 1986 年版。

[德]韦伯:《新教伦理与资本主义精神》,于晓、陈维纲译,生活·读书·新知三联书店 1992 年版。

[德]马尔库塞:《现代文明与人的困境——马尔库塞文集》,李小兵等译,生活·读书·新知三联书店 1989 年版。

[德]迪尔克·克斯勒:《马克斯·韦伯的生平、著述及影响》,郭峰译,北京法律出版社 2000 年版。

姬金铎:《韦伯传》,河北人民出版社 1998 年版。

[美]哈特穆特·莱曼、京特·罗特:《韦伯的新教伦理由来、根据和背景》,阎克文译,辽宁教育出版社 2001 年版。

[德]舍勒:《资本主义的未来》,刘小枫编校,罗悌伦等译,生活·读书·新知三联书店 1997 年版。

洪镰德:《从韦伯看马克思:现代两大思想家的对垒》,台北扬智文化事业股份有限公司 1999 年版。

[德]韦伯:《印度的宗教——印度教与佛教》,康乐、简惠美译,广西师范大学出版社 2005 年版。

[德]韦伯:《学术与政治》,钱永祥等译,广西师范大学出版社 2004 年版。

《马克思恩格斯全集》第 30 卷,中共中央马克思恩格斯列宁斯大林著作编译局编译,人民出版社 1997 年版。

[德]迦达默尔:《科学时代的理性》,薛华等译,国际文化出版公司 1988 年版。

[德]韦伯:《支配社会学》,康乐、简惠美译,广西师范大学出版社 2004 年版。

[德]马尔库塞:《单面人》,左晓斯等译,湖南人民出版社 1988 年版。

[德]韦伯:《法律社会学》,康乐、简惠美译,广西师范大学出

版社 2005 年版。

[德]曼海姆:《重建时代的人与社会:现代社会结构的研究》,张旅平译,生活·读书·新知三联书店 2002 年版。

[德]韦伯:《经济与社会》(上、下),约翰内斯·温克尔曼整理,林荣远译,商务印书馆 1998 年版。

[匈]卢卡奇:《理性的毁灭》,王玖兴等译,山东人民出版社 1998 年版。

[德]韦伯:《古犹太教》,康乐、简惠美译,广西师范大学出版社 2007 年版。

[德]韦伯:《非正当性的支配——城市的类型学》,康乐、简惠美译,广西师范大学出版社 2005 年版。

[德]韦伯:《文明的历史脚步:韦伯文集》,黄宪起、张晓琳译,生活·读书·新知三联书店 1987 年版。

[德]韦伯:《学术生涯与政治生涯》,王容芬译,国际文化出版公司 1988 年版。

[德]韦伯:《经济、诸社会领域及权力》,甘阳编,李强译,生活·读书·新知三联书店 1998 年版。

[德]韦伯:《民族国家与经济政策》,甘阳编,李强等译,生活·读书·新知三联书店 1997 年版。

[德]韦伯:《儒教与道教》, 洪天富译,江苏人民出版社 1995 年版。

[德]韦伯:《儒教与道教》,王容芬译,商务印书馆 1995 年版。

[德]韦伯:《经济·社会·宗教——马克斯·韦伯文选》,郑乐平编译,上海社会科学院出版社 1997 年版。

[德]韦伯:《社会经济史》,郑太朴译,上海商务印书馆 1936 年版。

[德]菲根:《马克斯·韦伯》,王容芬译,生活·读书·新知三联书店 1988 年版。

[德]雅斯贝尔斯:《论韦伯》,鲁燕萍译,台北桂冠图书 1992 年版。

[英]托姆·博托莫尔:《现代资本主义理论——对马克思、韦伯、熊彼特、哈耶克的比较研究》,顾海良、张雷声译,北京经济学院出版社 1989 年版。

[英]弗兰克·帕金:《马克斯·韦伯》,刘东、谢维译,四川人民出版社 1987 年版。

[德]叔本华:《作为意志和表象的世界》,石冲白译,杨一枝校,商务印书馆 1997 年版。

[英]多德:《社会理论与现代性》,陶传进译,社会科学文献出版社 2002 年版。

[德]桑巴特:《奢侈与资本主义》,王燕平,侯小河译,刘北成校,上海人民出版社 2005 年版。

[英]吉登斯:《现代性的后果》,译林出版社 2000 年版。

[美]斯特劳斯:《自然权利与历史》,彭刚译,台北左岸文化事业有限公司 2005 年版。

[德]雅斯贝尔斯:《当代的精神处境》,黄藿译,生活·读书·新知三联书店 1992 年版。

[德]齐美尔:《时尚的哲学》,费勇等译,北京文化艺术出版社 2001 年版。

陈介玄:《社会实体与方法——韦伯社会学方法论》,台北巨流图书公司 1989 年版。

姚蜀平:《现代化与文化的变迁》,陕西科学技术出版社 1988 年版。

郑湧:《韦伯》,中华书局香港有限公司 1998 年版。

胡耀华:《合理性问题》,广东人民出版社 2000 年版。

姚大志:《现代之后——20 世纪晚期西方哲学》,东方出版社 2000 年版。

[法]科赛:《社会学思想名家》,中国社会科学出版社 1989 年版。

贾春增:《外国社会学史》,中国人民大学出版社 1987 年版。

刘宗坤:《诸神时代的智者——马克斯·韦伯》,河北大学出版社 1998 年版。

唐凯麟、张怀承:《成人与成圣——儒家伦理道德精粹》,湖南大学出版社 1999 年版。

万光侠:《市场经济与人的存在方式》,中国人民公安大学出版社 2002 年版。

罗秉祥、万俊人:《宗教与道德之关系》,清华大学出版社 2003 年版。

余英时:《中国近世宗教伦理与商人精神》,中国广播电视出版社 1992 年版。

刘小枫:《施米特论政治正当性》(思想与社会第二辑),上海人民出版社 2002 年版。

张盾:《马克思当代视域中的韦伯》,载《南京师大学报》2005 年第 3 期。

王小章:《现代性自我如何可能:齐美尔与韦伯的比较》,载《社会学研究》2004 年第 5 期。

邹诗鹏:《论人学的生存论基础》,载《江海学刊》1999 年第 4 期。

吴新叶:《韦伯命题的'去帕森斯化'诠释——资本主义精神伦理的历史时效性再探讨》,载《新疆大学学报》2005 年第 3 期。

陈振明:《韦伯的理性化问题——从韦伯、卢卡奇到法兰克福学派》,载《求是学刊》1996 年第 4 期。

葛洪义:《理性化的社会和法律——略论韦伯社会理论中的法律思想》,载《比较法研究》2000 年第 3 期。

于文杰:《韦伯与桑巴特资本主义精神学说之比较》,载《学海》2003 年第 5 期。

詹世友:《韦伯与舍勒之争:经济时代的伦理精神之源》,载《南昌大学学报》2002 年第 1 期。

董翔薇:《论马克斯·韦伯的法律社会学的主题》,载《社会科学家》2004 年第 5 期。

侯均生:《"价值关联"与"价值中立"——评 M. 韦伯的社会学

的价值思想》,载《社会学研究》1995 年第 3 期。

陆自荣:《“价值无涉”与“价值关联”:韦伯思想中的一对张力》,载《西安交通大学学报》2005 年第 6 期。

徐道稳:《“理解”及其运用——韦伯个体主义方法论解析》,载《深圳大学学报》2000 年第 6 期。

王毅杰:《对韦伯社会科学方法论的几点述评》,载《社会科学研究》1999 年第 3 期。

胡玉鸿:《韦伯的“理想类型”及其法学方法论意义——兼论法学中类型的建构》,载《广西师范大学学报》2003 年第 4 期。

陆自荣、李向平:《哈贝马斯与韦伯合理化理论之比较》,载《中国青年政治学院学报》2004 年第 2 期。

艾四林:《哈贝马斯对韦伯合理性理论的改造》,载《求是学刊》1994 年第 4 期。

傅永军:《韦伯合理性理论评议》,载《文史哲》2002 年第 5 期。

桑红:《从韦伯的新教伦理与资本主义精神看宗教与现代化的关系》,载《宁夏社会科学》,1999 年第 4 期。

沈一兵:《对合理化与异化的扬弃——构建和谐社会的理论思考》,载《长白学刊》2006 年第 5 期。

刘自学:《理性化:现代化的本质——韦伯对西方兴起的解读》,载《内蒙古农业大学学报》2004 年第 6 期。

岳梁:《现代性话语:卡尔·马克思和马克斯·韦伯的不同境遇透视》,载《首都师范大学学报》2006 年第 4 期。

毕天云:《论韦伯的现代性思想》,载《云南师范大学学报》2002 年第 11 期。

李颖怡:《论法律的合理性——韦伯法律思想解读》,载《中山大学学报论丛》2005 年第 5 期。

任强:《西方法律传统的类型研究及其局限——韦伯法律思想述评》,载《中山大学学报》1998 年第 5 期。

公丕祥:《韦伯的法律现代性探微》,载《学习与探索》1995 年第 5 期。

张卓:《浅谈“理性化”到“合理化”——关于韦伯和哈贝马斯的社会理论的比较分析》,载《社会》2005 年第 4 期。

马贵侠:《理性与理性化进程——解读马克斯·韦伯的理性化》,载《安徽理工大学学报》2004 年第 4 期。

张和平:《论马尔库塞对马克斯·韦伯技术理性的评判》,载《浙江师范大学学报》2000 年第 5 期。

孙龙、邓敏:《从韦伯到哈贝马斯:合法性问题在社会学视野上的变迁》,载《理论天地》2002 年第 2 期。

张云龙:《从韦伯到哈贝马斯——论现代性批判视域中的哲学范式转换》,载《社会科学家》2006 年第 3 期。

唐涛:《哈贝马斯对韦伯形式主义法律观的批判与超越》,载《江苏科技大学学报》2005 年第 3 期。

张康之:《合法性的思维历程:从韦伯到哈贝马斯》,载《教学与研究》2002 年第 3 期。

黄陵东:《人类行为解读:韦伯与哈贝马斯的社会行动理论》,载《福建论坛》2003 年第 4 期。

王锟:《工具理性与价值理性——理解韦伯的社会学思想》,载《甘肃社会科学》2005 年第 1 期。

陈晓敏:《马克思与马克斯·韦伯——十八、十九世纪德国哲学影响下的两条道路》,载《甘肃理论学刊》2003 年第 11 期。

王茂福:《组织分类研究:韦伯与帕森斯之比较》,载《社会科学研究》1999 年第 1 期。

陈岸华:《亚当·斯密和马克斯·韦伯的启示》,载《湖北大学学报》2003 年第 1 期。

潘天群:《弗洛伊德与韦伯的文明观比较》,载《华南师范大学学报》1994 年第 3 期。

杨小柳:《怀特和韦伯“文化科学”思想之比较研究》,载《贵州民族研究》2002 年第 4 期。

董才生、徐晓海:《迪尔凯姆、韦伯、吉登斯社会学之比较》,载《湖州师范学院学报》2003 年第 10 期。

陈纪:《试比较福柯与韦伯的权力观》,载《邢台学院学报》2005年第6期。

李建立:《马克斯·韦伯的社会学方法论述评》,载《河北大学学报》1994第4期。

马庆钰:《东亚经济的发展——儒家传统文化的新时代》,载《中国人民大学学报》1996年第2期。

陈波:《价值失范与社会整合——现代化的一种辩证视角》,载《天府新论》2000年第2期。

孙龙:《社会学方法论上的两种因果解释范式——涂尔干与韦伯思想的比较及其启示》,载《江苏行政学院学报》2003年第1期。

胡玉鸿:《韦伯的"理想类型"及其法学方法论意义——兼论法学中类型的建构》,载《广西师范大学学报》2003年第4期。

郭跃:《韦伯的历史归因理论与经济史的方法》,载《广州广播电视大学学报》2003年第6期。

英文部分

Max Weber, Rationality and Modernity, Edited by Sam Whimster and Scott Lash, London, 1987.

Rationality, Romanticism and the Individual: Max Weber's "Modernism" and the confrontation with "Modernity". Andrew M · Koch, Canadian Journal of Political Science \ Revue canadiennede science politique, Vol. 26,No. 1. (Mar, 1993).

Max Weber: an introduction to his life and work, DirkKasler, Trans Phlippa Hurd. Polity Press, 1988.

Max Weber and the idea of economic sociology, Richard Swedberg, Princeton University Press, 1988.

The Consequences of modernity, Anthony Giddens, California, Stanford University Press,1990.

Cultural Theory and the Problem of Modernity, Alan

Swingewood, New York, Palgrave Macmillan, 1998.

The Protestant Ethic and the Spirit Of Capitalism, Translated By Talcott Parsons, Shanghai Foreign Language Education Press, 2004.

Max Weber, From Max Weber: Essays in Sociology, New York, Oxford University Press, 1946.

Max Weber on the Methodology of the Social Sciences, Glencoe, The Free Press, 1949.

The Theory of Social and Economic Organization, New York, Oxford University Press, 1947.

The Religion of China: Confucianism and Taoism, Glencoe, The Free Press, 1951.

The Religion ofIndia: The Sociology of Hinduism and Buddhism, Glencoe, The Free Press, 1958.

Ancient Judaism, Glencoe, The Free Press, 1952.

Max Weber on Law in Economic and Society, Cambridge, Harvard University Press, 1954.

Economy and Society: An Outline of Interpretive Sociology, New York, Bedminster Press, 1968.

Economy and Society, Guenther Roth and Claus Wittich, University of California Press, 1968.

General Economic History, Glencoe, The Free Press, 1950.

The Social Causes of the Decay of Ancient Civilization, Journal of General Education, 1950, pp. 75—88.

The City, Glencoe, The Free Press, 1958.

The Three Types of Legitimate Rule, Berkeley Publication in Society andInstitutions, 1958, pp. 1—11.

Weber: Political Writings, Cambridge, Cambridge University Press, 1994.

TheSociology of Religion, tr. by Ephraim Fischoff,

London, Methuen, 1965.

Introduction to Political Sociology, Anthony M · Oru, BeiJing University Press, 2005.

Weberian Sociological Theory, Dahrendorf, Ralf, Cambridge Mass, 1986.

Max Weber, a Bio — bibliography, Peter Kivisto and William H · Swotos, Jr. Green wood press, 1988.

Politics and Sociology in the Thought of Max Weber, Anthony Giddens, in Hong Kong, Published by Higher and Further Education Division, 1972.

Capitalism and Modern social theory: an Analysis of the writings of Marx, Durkheim and Max Weber, Anthony Giddens, printed in Great Britain at the University Press, Cambridge, 1971.

Weber and the Marxist World, Johannes Weiss, London, Routledge, 1986.

Max Weber and Karl Marx, Karl Lowith, London, Poutledge, 1993.

Max Weber: a Biography, Marianne Schniter Weber, Trans by Wiley& Sons, the United States of America, 1975.

The Limits of Rationality, Brubakew, Rogers. London, 1984.

Max Weber: An Intellectual Portrait, Bendix, Reinhard, New York, 1960.

Rationality, Human Nature, and Society in Weber's Theory. Walter L. Wallace. Theory and Society, Vol. 19, No. 2. (Apr, 1990), pp. 199—223.

Rationality and Modern Society, Barry Hindess. Sociological Theory, Vol. 9, No. 2. (Autumn, 1991), Pp. 216—227.

Nationalism, Ethnic Conflict, and Rationality. Ashutosh

Varshney. Perspectives on Politics, Vol. 1, No. 1. (Mar, 2003). pp. 85—99.

A Critique of Max Weber's Philosophy of History. Gabriel Kolko. Ethics, Vol. 70. No. 1. (Oct, 1959). pp. 21—36.

Capitalism and Individuation in the Sociology of Max Weber. Steven Seidman; Michael Gruber. The British Journal of Sociology, Vol. 28, No. 4 (Dec, 1977). pp. 498—508.

Max Weber on China. OttoB. Van Der Sprenkel. History and Theory, Vol. 3. No. 3. (1964). pp. 348—370.

TheConcept of "Rationalization" and Cultural Pessimism in Max Weber's Sociology. Ferdinand Kolegar, Sociological Quarterly, Vol. 5, No. 4. (Autumn, 1964). pp. 355—373.

Weber's Analysis of Legal Rationalization: A Critique and constructive Modification. Joyce S. Sterling; Wilbert E. Moore. Sociological Forum, Vol. 2, No. 1. (Winter, 1987). pp. 67—89.

Enchantment and Disenchantment in Modernity: The Significance of "Religon" as a Sociological Category. William H. Swatos, Jr. Sociological Analysis, Vol. 44, No. 4. (Winter, 1983). pp. 321—337.

Beyond the "Iron Cage". Rainer C. Baum. Sociological Analysis, Vol. 38, No. 4. (Winter, 1977). pp. 309—330.

Exisitentialism, Emotions, and the Cultural Limits of Rationality. Robert C. Solomon. Philosophy East and West, Vol. 42, No. 4, Mt. Abu Regional East—West philosophers' Conference, "Culture and Rationality". (Oct, 1992). pp. 597—621.

Habermas and Rationality. Fred Dallmayr. Political Theory, Vol. 16, No. 4. (Nov, 1988). pp. 553—579.

Kant as a Problem for Weber. Martin Barker. The British Journal of sociology, Vol. 31, No. 2. (Jun., 1980). pp. 224—245.

Rational Action Theory for Sociology. John H. Goldthorpe.

The British Journal of Sociology，Vol. 49，No. 2. (Jun. ,1998). pp. 167—192.

The Nature and Limitations of Economic Rationality. Paul Diesing. Ethics，Vol. 61，No. . (Oct. ,1950). pp. 12—26.

后　记

一直以来，我对关于“人”的学术问题都很感兴趣，尤其对现代社会中人的生存问题方面的研究比较关注，也作过一些这方面的思考。又逢在山东大学攻读博士学位期间，导师刘陆鹏教授给我的推荐书目中，就有马克斯·韦伯的《新教伦理与资本主义精神》，书中的一些内容触动了我最敏感的神经，引起了我浓厚的阅读兴趣，那就是韦伯对理性社会中人类生存境况的揭示。如“我感到忧虑的是无论何处，只要财富增长了，那里的宗教本质也就以同样的比例减少了”；[①]“这时，寻求上帝的天国的狂热开始逐渐转变为冷静的经济德性；宗教的根慢慢枯萎，让位于世俗的功利主义。这时如同道登所言，像在《鲁滨逊漂流记》中一样，这个在一定立场上仍在从事传教活动、与世隔绝的经济人取代了班扬笔下那个匆匆忙忙穿过名利场、在精神上寻求上帝的天国的孤独的朝圣者”。[②] 韦伯的话与我长期以来的思考领域便有了交集，我觉

① [德]韦伯：《新教伦理与资本主义精神》，于晓、陈维纲译，生活·读书·新知三联书店1992年版，第137页。

② [德]韦伯：《新教伦理与资本主义精神》，于晓、陈维纲译，生活·读书·新知三联书店1992年版，第138页。

得他的许多论述不仅适合于他所生存的时代，同样适合于我们今天生活其中的世界。毫无疑问，理性化和现代化的迅速发展已经在不知不觉间改变了我们的生存境况，它提升了我们的物质生活条件，却也使我们丧失了“本真的存在”。

于是，我如饥似渴、千方百计查找韦伯的其他作品及一系列研究韦伯思想的资料，恰在这期间，广西师范大学出版社正在陆续出版《韦伯作品集》，因而我有幸能通读韦伯的著作，并专心对其思想进行深入研究。由于韦伯是一位百科全书式的人物，其著作涉及学科广泛，不同的人由于其“前见”的不同，在阅读其著作时会有不同的看法，学术界也在社会学、宗教学、政治学、法律学、经济学等各领域对其思想进行了深入研究，并取得了丰硕的成果，这给我提供了许多有益的借鉴，同时也引发我新的思考。在阅读韦伯著作的过程中我发现，韦伯的著作始终有两条线贯穿：其一是阐释理性社会的发展问题，这是学术界公认的一条线；另一条就是对人类生存境况的深思，而这条线却没有引起学术界足够的重视。这两条线不是平行、而是互相交织的，于是我将韦伯思想的核心归结为“理性化与人类生存境况”问题，归根结底就是社会发展与人的发展的问题，进而完成了题为“理性化与人类生存境况——韦伯理性化思想研究”的博士论文。

虽然知道论文中还有许多需要完善的地方，但由于工作的繁忙、生活的琐碎以及自身的懒惰，始终没有进行这项修改工程。直到这个暑假，终于拿出书稿再次翻开，原本想把这一工程翻新，做大做强，可又不舍得毁了它本来的面貌，尽管它有许多不完美之处，但它就是自己在那个成长阶段的思想成果，自己为之倾注了两年多的心血，终究还是下不了手。最后，只好尊重自己内心的愿望，在稳固工程主体的情况下，从头至尾、从内容到形式细细修缮，如此一番整理，竟也觉得像本书的样子了。虽然对于理性化和现代化以及人类生存方式的命题，我感觉还有好多话要说，但我无法在这本书中穷尽我所有的思想，因为对我来说对于这个命题的思考将是永无止境的。当然，由于水平和学识的限制，呈现在读者面前的这本书肯定还有许多纰漏，还望方家批评指正！

在博士论文的写作和修改过程中，我的导师刘陆鹏教授给了我悉心的指导，使我受益匪浅，在此表示最衷心的感谢！另外，山东大学的傅永军教授、刘杰教授等在我博士论文的写作和修改过程中提出了很多宝贵的意见，山东师范大学的万光侠教授、崔永杰教授、宋惠芳教授等始终关心着我的成长和进步，山东社会科学院的韩民青研究员和郝立忠研究员给了我许多工作上的指导和无私的帮助，在此一并表示最诚挚的谢意！同时感谢山东社会科学院为本书提供的出版基金资助！最后，感谢我的父母、我的家人对我无私的支持和关爱，感谢我幼小、可爱的女儿在给我带来琐碎、纷繁事务的同时，给了我无尽的欢乐和最简单的幸福！

王善英

2011 年 8 月 18 日